Didiosen

iti

Camanguegan

Nobela ni
ELISEO B. CONTILLO

ec&media
STORIES · VIDEOS · MUSIC

Didiosen iti Camanguegan

Published in 2024 by ec&media
10511 Hardin Valley Road, Knoxville,
Tennessee USA 37932

ISBN: 978-1-948623-87-2

Cover Design:
Michael E. Alas

Editorial Lay-out:
Melvin Sobremonte Dato

Proofreaders:
Rhea Anne Bernardo Dominno
Rosanna Robinol Dalilis

First printing 2024
Printed in the Philippines

Disclaimer

Dedikasion

Maisagut kadagiti amin a mangipatpateg iti Literatura Ilokana, kangrunaanna dagiti naayat a nangsegsegga ken nangbasa iti pannakaipaskilna iti Facebook, ken kadagiti addaan nabalitokan a panagpuspuso a timmulong iti pannakaipablaak daytoy a nobela.

Introduksion

Iti naunday a panawen a panagserbitayo iti gobierno, manipud nasional, probinsial, ken lokal, naimutektekantayo ti sistema ken wagas ti pannakaiwardas ti serbisio publiko iti pagilian.

Pudno unay 'tay pagsasao iti Ingles a kunana: A public office is a public trust. Italek dagiti umili ti bileg kadagiti mangituray; daytoy naikawes a bileg ti maaramat koma laeng para iti pagsayaatan dagiti umili saan ketdi a para iti bukod a pagimbagan ti sumagmamano wenno iti agturay.

Kas itay kunadan, tunggal panagpipili, adu ti agpaidasig. Ngem kas iti karasay ti sabong ti kawayan laeng ti mapagasatan a pakaitalkan iti takem.

Iti panaglabas ti panawen, simmurot a nagbalbaliw ti sistema ti panangpili kadagiti mangidaulo manipud iti barangay a kabassitan a yunit ti gobierno agingga iti Pangulo ti Republika a kangatuan a poder. Nasaksiantayo no kasano nga inayat dagiti umili dagiti dadaulo a nagballigi ken nakatutop iti dardarepdepda. Nakitatayo met no kasano a naalus-os iti poder dagiti nangbarengbareng iti talek dagiti umili. Dayta ti anag ti demokrasia. Karbengan dagiti umili nga ipatugaw ti mangituray kadakuada, karbenganda met laeng nga ibabawi ti talek nga impabulodda, banag a mapaspasamak agingga kadagitoy a panawen, saan la nga iti pagilian no di pay kadagiti dadduma pay a demokratiko a nasion iti sangalubongan.

Daytoy a sistema ti imparang ni Apo Eliseo B. Contillo itoy nobelana a DIDIOSEN ITI CAMANGUEGAN. Nagballigi a nangilaga kadagiti pagsayaatan ti sistema ken wagas iti panangituray kasta met iti pagkamtudan dagiti umili ken dagiti mismo nga agtuturay.

Mayarig iti entablado ti panagserbi iti publiko a pangbuyaan dagiti umili iti panangakem dagiti mangidaulo no kasano nga ibaklayda dagiti naikomit kadakuada nga akem. Agdadata ketdi a kinapudno nga iti laksid nga aramiden amin a kabaelanda dagiti maipatugaw, adda ket addanto latta pakababalawanda. Awaganda daytoy iti "price of leadership" iti Ingles.

Wen, kas mannurat nga Ilokano (dayaw ti Narvacan ta addan dua a maipannakkel a Narvacanean a makapagkameng iti nalatak a Bannawag Magazine, daydi nobelista Apo Constante Casabar (i-Cagayungan) ti umuna ken maikadua ni Apo Contillo (i-Quinarayan) kablaawantayo ta nagballigi a nangipakita kadagiti gagangay a pasamak iti pakabuklan ti politika iti pagilian nga ibagian iti nobela ti maysa a gagangay a Barangay Camanguegan iti maysa met laeng a gagangay nga ili ti San Sebastian.

Kadagiti sagibo ni Bucaneg ken dagiti mangipatpateg iti lengguahetayo nga Ilokano, rumbeng ken maitutop la unay daytoy a gapuanan a basaen tapno ad-adda pay nga agsantak ti Literatura Ilokano.

Atty. PABLITO V. SANIDAD, SR.
Municipal Mayor, Narvacan, Ilocos Sur
Chairman Emeritus, Free Legal Assistance Group (FLAG)

Pakauna

Madamakami nga agpalpalpa iti opisinami iti Department of Agriculture idi mabasami ti umuna a paset daytoy nobela ni Apo Eliseo "Rudy" Contillo a DIDIOSEN ITI CAMANGUEGAN.

Dagus a naawis ti imatangmi iti naiduma nga estilo nga inaramatna iti panangwarwarna iti taray ti estoria. Nagustuanmi ti nalawag ken nalinis a pannakaaramat dagiti balikas, deskripsion dagiti karakter, kasta met ti inaramatna a naannayas a naratibo. Naglamuyot man a basaen. Kasla daytay sumimsimsimka iti aged wine wenno agparpara a babaakan nga arak a nalaokan iti diro, a gapu iti lamuyotna, dimo mapuotan, intangguapmo gayamen a mammaminsan.

Sinegseggaanmi ti pannakaipaskil dagiti tsapter ti nobela iti Facebook. Addakamin iti maikalima a paset ti nobela idi masiputanmi ni amigomi, Nap Agustin, a maysa kadagiti naruay nga agkomkomento ken ag-like.

Nagbalin la ket ngaruden a binggas ti inaldaw nga aramidmi, a seggaan ken basaen, sa aglumbakami ken amigo Nap nga agkomento. Idi kuan, tumuyutoykamin a mangpadpadaan!

Agsasarakkami idi damo iti seksion ti pagkomentarioan iti baba, agsisinnukatkami iti panagraman kadagiti maiposte a komentario. Idi agangay, karamankamin iti lubong dagiti naruay a karakter nga agbibiag iti nobela!

Wen, maduktalanyo no basaenyo nga addakami nga agbibiag iti nobela. Nagsiga pay ketdi, a, ti akemmi. Ditoy a raemenmi ni Manong Rudy (awagmi a kenkuana a gagayyemna) ta kas beterano a mannurat, kabisadona nga ilaga dagiti fictional characters a naaramat. Daytoy ti maysa a pagpigsaan ti nobela.

Iti agsasaruno a risiris iti nagbaetan dagiti agbalubal a kangrunaan a karakter, da Angkuan ken Kapitan Enteng, impamaysami a binasa. No dadduma, subliananmi pay manipud iti rugi, sa agsennaaykami a mangpadaan ti sumaruno a tsapter. Makapikapik. Agpugpugtokami no ania dagiti sumaruno a pasamak.

Iti lubong ti literatura, maawagan ti risiris a kas wagas ti panagsinnangdo iti kapanunotan man wenno pisikal a balubal dagiti kangrunaan nga agbibiag. Ti risiris ti mangriing rikna ken mangipaay iti segga kadagiti agbasbasa tapno ungpotenda nga ileppas a basaen ti pakabuklanna. Maaramat ti risiris tapno maiparang ti naun-uneg pay a kaipapanan, babaen ti pannakaibando ti motibasion dagiti agbibiag, nasayaat a kagagalad, kasta met ti pagkapsutanda.

Daytoy 'tay maysa pay nga impasnek ni Manong Rudy nga inlaga iti nobelana. Makatengngel anges a basaen.

Ti suspense wenno panangibitin kadagiti agbasbasa no ania dagiti sumaruno a pagteng ti ad-adda pay a mangpagagar kadagiti mangsursurot iti nobela iti Facebook. Agngatangatada. No dadduma agdanag ken agnerbiosda pay a kas mabasa kadagiti komentario ken mairamanda pay a mangdayaw iti bida ken makipaglunlunod iti kagagalad ti kontrabida. No dadduma, dagdagenda payen ti autor a mangipaskil iti sumaruno a tsapter!

Prominente daytoy iti nobela. Kas idi mapasag ni Charlito, addaytan dagiti umatipukpok a pattapatta. Agpipinnugtokami no kasano nga aggibus ti nobela iti baet ti umas-asuk a rinnapuk.

Inyuraymi.

Ket saan kami a napaay.

Basaenyo. Maduktalanyo ti adu a susik ti kagimongan, iti gobierno, iti wagas ti panangituray a naipasirip iti nobela.

Kamaudiananna, saantayo a paudi a mangkablaaw iti autor iti daytoy naidumduma a gapuanan ti plumana. Nagballigi a nangiladawan ken ni Angkuan wenno Juan dela Cruz a kas pakabuklan ni Filipino a kas maka-Dios, pagwadan a padre de pamilia, naandur, nasaldet, naasi, addaan prinsipio, mannakigayyem, ken madadaan a mangisagut iti bagi ken biagna nga agserbi iti pagilian.

FERDINAND N. CORTEZ, PhD

Manipud iti Autor

Simngay ti essemmi a mangsurat iti DIDIOSEN ITI CAMANGUEGAN idi maangay ti 2023 Barangay Elections..

Ti Facebook ti immuna a nalagipmi a pangipaskilan. Libre ken sangalubongan ti makabasa. Ngem dimi ninamnama ti nabara a pananga panangawat dagiti agbasbasa. Naitiempo kunada, ket sinegseggaanda dagiti maipaskil a pasetna. No dadduma, isuda payen ti mangdagdag kadakami no kasta a maladawkami nga agipaskil gapu ta isapitsapitmi met laeng ti panagsuratmi iti kinaadu ti obraenmi.

Nakalalagip man ta ayatmi laeng a di aglibtaw, adda dagiti tsapter ti nobela a direkta a sinuratmi iti selponmi bayat ti kaaddami iti bus nga agbibiahe. Dakkel a tulong ti teknolohia ta maipaskilen a dagus ti suraten sadino man ti ayan.

Maragsakankami a mangdakamat a mairaman kadagiti naruay a naayat a nangpadpadaan iti nobela iti Facebook dagiti nangato nga opisial ti gobierno, kameng ti AFP ken PNP, dagiti appo a mangisursuro, retirado nga opisial, dagiti kapada a mannurat ken gagayyem ditoy ken iti ballasiw-taaw, ken wen, uray pay dagiti opisial ti Commission on Elections, binasbasada! Kinunada pay a dakkel ti maitulong ti serye iti information dissemination ti ahensia.

Napaneknekan ti regget dagiti adu a nagngangay nga agserbi iti barangay iti eleksion. No lagipentayo pay, awaganda idi iti teniente del barrio dagiti mangidaulo iti barrio. Nagbalin a kapitan idi agangay, sa nabaliwan manen a barangay chairman, agingga a nagbalin a punong barangay. Konsehal met idi ti awag kadagiti barangay kagawad. Awan idi ti limit ti termino dagiti opisial ti barangay. Agtakemda iti um-umada. Isu nga adda nagkapitan wenno nagkonsehal iti pinullo a tawen nupay awan pay idi ti sueldoda isu a tagabo ti turay ti awagda idi kadakuada.

Ngem ita, dakdakkelen ti sueldoda ngem kadagiti gagangay nga eskribiente iti gobierno wenno pribado. Ala, rumbeng laeng gapu iti dumakdakkel met a responsibilidadda.

Ti panangidaulo, kabuybuyogna ketdi ti panagsakripisio. Agserbida a patas iti beinte kuatro oras. Uray matmaturogda, uray agbagbagyo, isuda ti maipasungalngal. Subadanda ti talek dagiti nangisaad kadakuada iti takem.

Iti nobelatayo a DIDIOSEN ITI CAMANGUEGAN, pinadastayo a winarwar ti pakabuklan ti nailian a sistema ti panagpipili. Ti Barangay Camanguegan a paggargarawan dagiti karakter, ipakitana dagiti gagangay a pasamak, ken ti napintas nga aspeto ti demokrasia.

Gagem ti nobela ti mangray-aw ken kangrunaanna, mangipaay iti inspirasion ken mangibati adal kadagiti amin a managbasa iti sinurat nga Ilokano.

Agyamantayo ngarud kadagiti gagayyemtayo ken amin a nangipaay iti di mabubos a suportada ta isuda ti nangpatibker kadatayo tapno maikur -ittayo   dagiti bin-i ti kapampanunotan iti daytoy a nobela.

Sapay koma ta mataginayon daytoy a piesa ti literatura kadagiti pempen ken agamang ti tunggal managbasa iti nakayanakantayo a pagsasao. Gapuanan daytoy ti maysa a nanumo a mannurat nga anak ti ili a Narvacan ken Santa, probinsia ti Ilocos Sur.

Abril 2, 2024.

ELISEO B. CONTILLO

Nagasat ti tao a di mangipangag iti pammagbaga dagiti managdakdakes, dina tuladen ti aramid dagiti managbasol, ken di makikadua kadagiti mangrabrabak iti Dios. - Dagiti Salmo 1-1

ANGKUAN, am-ammonak! Dimon ituloy ti panagkandidatom a para kapitan. Napintas ti diayak kenka. Ulitek, adda kenkan nga agdesision." Naimayeng ni Angkuan. Agsao koma pay. Ngem awan ti nagaon a balikas iti bibigna. Kasla nailansa iti nagtakderanna a nangperreng ken ni Kapitan Enteng.

Napawingiwing. Maikatlon daytoy a pannakisarita kenkuana ni Kapitan Enteng. Idi damo, imbaga daytoy kenkuana a palubosanna a mangileppas iti maikatlo a terminona.

"Ngem dagiti kabarangayan ti nangidagadag nga agkandidatoak," inlawlawagna.

"Adu la amin!" inridis ni Kapitan Enteng. "Ibagam ketdi, a, nga agbibisinka!"

Kasla napleng ni Angkuan iti nangngegna. Napaneknekannan ti sangkasao dagiti kalugaranda a saan a nasayaat ti tabas ti dila ti kapitan. Pinagkalmana ti riknana. Awan ti panggepna a makiriri iti asinoman. Aglalo no politika ti gapuna.

Nasakit ti kusilap ni Kapitan Enteng. Sintagari daytoy a timmallikud idi saanna a mauray ti sungbat ni Angkuan.

Napangilangil ni Angkuan. Idi damo a kinasarita ti kapitan, imbaga daytoy kenkuana nga adu pay ti proyekto a kayatna nga ituloy iti Barangay Camanguegan. Idi maikadua a kasaritana, indiayaanen ti kapitan iti dakkel a gatad. Nabayag a minulmulmolan ni Angkuan ti diaya kenkuana. Saanna a mautob no apay a nasken a kayat a gatangen ti kapitan ti prinsipiona.

Iti naudi a yaay ni Kapitan Enteng pannakisarita kenkuana, maysamaysan ti nangbagbaga ken ni Angkuan. Nasken kunada nga agannad. Kabisadodan ti galad ni Kapitan Enteng.

"Napigsa ti kapetna iti ngato isu a natured!" kinuna ni Maestro Amante a mapispiselna a maysa a para kagawadna. Nasingpet ngem natured ti retirado a mangisursuro. Kabuteng dagiti sarangusong iti Barangay Camanguegan. Maituredna ti lumitak.

"Sabali ti galad ni kapitan , Angkuan. Umuna, kasaritanaka. No dinaka maala iti sarsarita, idiayaannaka. No dimo awaten ti idiayana, pangtaannakan!" Kinuna met ni Manang Ellen a taga Sitio Namaltotan.

"Agan-annadka, adingko..." innayon pay ti baket a balasang.

Nabayag nga inam-amiris ni Angkuan no ituloyna ti gagemna a paidasig iti umadanin nga eleksion iti barangay. Nabiit pay a nagretiro nga empleado iti Agrario. Awanen ti parikutna iti biag. Maymaysanan ta adda aminen iti America dagiti tallo nga annakda ken ni Carlota. Tallo metten a tawen ti asawana iti US. Innala dagiti annakda tapno tumulong nga agaw-awir kadagiti appokoda.

Sumipngeten. Nadagaang. Nagtugaw ni Angkuan iti kulumpio. Inkidemna idi umagibas iti panunotna ti pannakisarita kenkuana ni Kapitan Enteng. Napaanges iti nauneg. Apay a kasla pagkulimbitinan ni Kapitan Enteng ti takem? Nauneg ti taray ti panunotna. Nagallaalla iti isipna ti pakabuklan ti Barangay Camanguegan, ti lugar nga umuna a nakasirayanna iti lawag.

Ti barangayda ti kalawaan a barrio iti San Sebastian. Bineltak daytoy ti kalsada nasional. Napawingiwing iti pannakalagipna nga aglulumban dagiti nabangon a pasdek iti agsumbangir nga abaga ti kalsada. Damagna a dandani bagi amin ni Kapitan Enteng dagiti solar iti igid ti kalsada. Paupaanna dagiti pasdek. Kas kuna dagiti gagayyemna, kaaduan kadagitoy ti intangad dagiti kalugaranda iti nalaka iti kapitan idinto a ginuyguyodna met dagiti dadduma kadagiti nakautang kenkuana iti pinagabrodda wenno pinagpaadalda kadagiti annakda. Naammuanna pay nga adu ti dumayamudom ta idi sakaenda koma kano dagiti naisalda a daga, nakaturturay ni Kapitan Enteng a nangibaga a nagpason ti panangsakada koma. Saan a mailibak, kasla bassisaw, napardas a simmaliwanwan ti biag ni Kapitan Enteng. Agsasallupang dagiti lugan a sumrek rummuar iti nalawa a laongda.

Nagsuyaab a nangtaliaw iti pagorasan iti diding. Rumabiin. Timmallikud tapno umunegen iti kuartona. Ngem apagunegna pay laeng, addaytan a nagallangogan ti nagsasaruno a kanarpaak.

Nagmalanga ni Angkuan. Nagsasaruno ti ranipak iti di unay adayo. Rimmuar a dagus iti salas. Tinurongna ti ridaw. Ngem nagsarimadeng idi maamirisna a napeggad no rummuar. Iti lawag ti silaw iti ruangan, maanninaganna ti kalsada. Nagin-inayad a nanglukip iti kurtina. Iti ruar, naparaipusanna ti andar ti owner jeep a nagpaamianan. Nalawag a naipasirna. Nagtagiarmas dagiti lallaki a nakitana a nagdardaras a kimmalab a naglugan.

Kasla nakaad-adu a kabalio ti aglulumba iti panagdalagudog ti barukongna. Isu pay la ti pannakaipasirna ken ni Oppong, ti barito a kaanakanna nga innalana a kadkaduana iti balayda manipud nagpa-America ni Carlota. Bumbumsag ti kaanakanna.

"N-nagpaputokda, angkel! Nagpaltopaltogda dita paraangan!" Kinuna ti barito nga agpigpigerger.

Madamdama pay, addaytan ti wanangwang ti patrol car. Nakagin-awa ni Angkuan. Uray kaskasano, mapangnamnamaan dagiti polis iti ilida. Dinagdagusna ti rimmuar. Pinaraipusan ni Blackeye idi sabtenna dagiti dua a polis.

"Apo Juan Dela Cruz? Ania napasamak, sir?" nagdaydayawen ti laklakay a polis idi maibaskag ni Angkuan iti pathway. "Agpatpatruliakami itay mangngegmi ti parakapak!"

Inlawlawag ni Angkuan ti napasamak.

"Adda atapenyo, sir?" simmublat a nagdamag ti ub-ubing a polis.

Nagsennaay ni Angkuan. Nagwingingwing. Saan a nagbayag, pimmanaw met laeng dagiti polis idi mapidutda dagiti kapsula iti kalsada.

Inted dagiti polis ti numero ti kuerpo ti polisia sakbayda a nagpakada. Imbaga dagiti polis nga umawag a dagus no adda madlaw ni Angkuan nga umarubayan.

Adalemen ti rabii ngem naatap ti ridep ken ni Angkuan. Itay pay a nagkallatik ti nagiinnallawat a taraok dagiti abuyo iti dayaenda a kabakiran. Dagiti laengen mangrabrabii ti mangmangegna a pasaray danggayan dagiti agtaguob nga aso dagiti kaarrubada. Itay pay a nailibay ni Oppong iti nagtugawanna. Naiturogna ti nerbiosna.

Iti iddana, mulmulmolan ti isip ni Angkuan a pamutbutengda kenkuana ti inaramid dagiti nagpaputok. No rantada a patayen, nalakada la a serken ti balayda. Maaramidda ti kaykayatda no asinoda man ken no ania ti panggepda kenkuana. Ngem nakasagana a mangitabla iti bagina no bilang. Kabaelanna a salakniban ti bagina. Saanda la ketdi a magulpe. Adda lisensiado a Caliber .40-na. Isyuna idi adda pay iti Agrario. Binayadanna idi agretiro kas pakalaglagipanna iti trabahona.

Nagsanamtek. Plamplanuenna pay laeng ti panagkandidatona ngem panagriknana, kasla agsusukoten dagiti badeng iti dalanna. Ti saanna a maawatan, apay a paglan ni Kapitan Enteng nga agkandidato? Adu ti kuarta ti kapitan. Kabaelanna nga idiayaan iti dakkel a gatad tapno yatrasna ti panagkandidatona. Ngem nagbiddut ti kapitan no ipagarupna a magatangna ti prinsipiona. Nalipatan sa ti kapitan a saanna a masapul ti kuarta. Adda pensionna. Adda ti pamiliana iti ballasiw taaw.

Maisarsarakka laeng, Angkuan, sangkakuna ketdi ti isipna. Itay pay a balikid a balikid. Ania ngamin ti adda iti Barangay Camanguegan a di mapanawan ti kapitan? Adayo koma a nadurdur-as ti barangayda no idilig kadagiti kabangibang a barangay. Nabangon iti Camanguegan ti Gavion Power Plant a pamataudan iti koriente. Naipatakder daytoy iti napalabas nga administration ti ili. Katugtugaw idi ni Kapitan Enteng a kapitan a nangsublat ken ni baketna idi agpaso ti panagtakem ti asawana. Ammona, dakkel ti apag ti barangay iti ibaybayad a buis ti pribado a planta ti koriente. Ngem apay a kasla awan ti nagluposan ti Camanguegan? Malaksid kadagiti pasdek ti negosio ti kapitan ken dagiti pagiinuman ken pagraragsakan a kukua met la ti kapitan, awan ti makitana a dinur-asan ti barangay. Kuna dagiti kaarrubada, awan ti makastrek a negosio iti barangay no saan a maisosio ni Kapitan Enteng. Nalawag, mabilbilang ti dimmur-as iti barangay.

Inay-ay ni Angkuan ti kasasaad dagiti kalugaranna. Ammona, dagiti opisial iti Barangay Camanguegan ti kadakkelan iti sueldo kadagiti barangay iti probinsia gapu iti dakkel nga ibaybayad a buis ti planta ti koriente. Ngem uray no ti la koma pannakakompleto dagiti street lights, di man la pinailatangan dagiti opisial ti barangay iti pundo.

Pinilit ni Angkuan ti nagkidem. Sakbay a nairidep, naikeddengnan ti aramidenna. Kasaritana, lalaki iti lalaki ni Kapitan Enteng.

2

NASAPA pay ngem addaytan dagiti arimbangaw a nakariingan ni Angkuan. Nagsuyaab a nanglidlid kadagiti nasupnet a matana. Idi maalana ti riknana, nagin-inayad a bimmangon iti iddana. Simmirip iti tawa.

Agaarimutong dagiti tao iti paraanganda. Kasarsaritada ni Oppong a mangipurpurruak iti giniling a mais kadagiti manok iti paraangan. Pasaray tumangad dagiti kasarsarita ti kaanakanna a mangitudo iti kuartona.

Naimasanna ti naturog. Naladawen idi maalana ti turogna idi rabii gapu iti nagsisimparat a pinampanunotna. Rimmuar idi maidalimanekna ti nagidaanna. Mariknana nga isu ti ranta a kasarita dagiti kaarrubada.

"Naimbag a bigatyo, Pari Angkuan," inlugay ti narapis a lalaki a nakadiaket iti maong nga agarup kataebna. "Sinapsapamin ti immay. Agdinamag ngamin iti radio ti napasamak..."

"Naimbag a bigatyo met, maestro," inyisem ni Angkuan idi mailasinna ni Maestro Pitong. Sinabetna nga inalamano iti nairut ti retirado a prinsipal iti Camanguegan Elementary School. Linugayanna kalpasanna dagiti kakadua ti maestro.

Kataeb ni Angkuan ni Maestro Pitong. Nabiit pay a nagretiro. Bigbigen ni Maestro Pitong ti dakkel a naitulongna iti pannakairupir ti kalinteganda maipapan iti panglawaen a daga a nabayagen a sinuksukay dagiti dadakkelna. Kayat idi nga alsaen dagiti agtagikua iti daga idi pumusay dagiti dadakkelna. Ngem isu ti kangrunaan a timmulong idi mayamang daytoy iti Agrario.

Inyawisna ti iseserrekda iti terasa ti panglawaen a bungalow a pagtaenganda. Napalikmutan ti marmolisado a barandilias ti terasa. Iti paladpad, naiparabaw dagiti agsabsabong a nadumaduma a nakamasetera a masetas.

"Imbag man ta saankayo a naan-ano, Mr. Dela Cruz? Agruar manen dagiti sakasaka. Kastoy latta no umasideg ti basingkawel!" imbagi ti maysa a babai a langana pay laeng, maibagan a deadal ken adda mabalbalinna. Napino ti tigtignayna. Nalayak ti derosas a bestidana. Branded ti sapatosna, ken dadakkel dagiti gumilapgilap a bato dagiti alahasna.

"Kaasi ti Apo, awan met ti dakes a napasamak, madam. Naisapada la siguro ti immay nagtapat!" inyisem ni Angkuan.

Limmag-an ti rikna ni Angkuan. Adda rag-o iti kaungganna. Mariknana ti panangisakit dagiti kalugaranna nupay awan ti ammona a pabor a naipaayna kadagiti dadduma malaksid kadagiti naasistiranna kadagiti parikutda iti Agrario.

"Agan-annadkayo, Mr. Dela Cruz, sabali a harana ti ammo dagiti pasurot ti didiosen!" imperreng ti babai.

"Thank you, kakabsat iti panangisakityo itoy numo," inkurno ni Angkuan ti panagyamanna iti grupo ni Maestro Pitong.

"Addakami iti likudanyo, Pari Angkuan! Ammomi nga addaankayo iti prinsipio. Nasayaatkayo a tao. Adun ti natulonganyo a babassit a mannalon. Dakayo laeng ti ammomi a makapekka iti gamat a nangbalud kadagiti agindeg ditoy Camanguegan!" indir-i ni Maestro Pitong a nagpapalakpakan dagiti kakaduana.

"Diak pay nakaikeddeng no agkandidatoak wenno saan," inyisem ni Angkuan. "Nupay adda met dagiti napintas nga arapaaptayo koma a para iti barangaytayo. Ngem panagkitak, kasla narigat ti basak a basak, aglalo ket awan ti palikudtayo!"

"Namnamaem ti naan-anay a suportami!" sangsangkamaysa da Maestro Pitong ken dagiti kakaduana a nangidir-i.

Madamdama pay, malaksid ken ni Maestro Pitong, nagpakadan ti grupo. Insursurot ni Angkuan ti panagkitana kadagiti kalugaranna. Mariknana ti sinseridadda. Nasiputanna a nakisarsarita pay ti babai kadagiti kakaduana sakbay a limmugan iti agur-uray nga SUV.

"Napaneknekamon ti karirikna dagiti kabarangayantayo, Pari Angkuan. Kayatda ti panagbalbalbaliw. Pagsinsinnublatan met la ngaminen da Kapitan Enteng ken ti asawana a ni Lily ti Barangay Camanguegan. Idi malpas ti terminona, sinublat ni baketna ti takem. Idi agpaso ti termino ni baketna, kasla nangyawat la iti mama ti inaramidna idi maisubli manen ken ni Angkuan ti rienda! Uray kitaem, inton malpas ti terminona, agsublinto manen ni baketna a kapitana! Kitaem, nag- SK Chairman amin dagiti annakda! Imbag ta ipawil itan ti linteg dayta. Kagawad pay ti kabsat ni baketna ken ti kasinsinna. Sa kaanakanna diay tresorera ti barangay! Diay la sekretariana ti saanna a kabagian!" ingngilangil ni Maestro Pitong.

"Kukuada ti turay. Maaramidda ti kaykayatda," intung-ed ni Angkuan.

"Adu ti rumbeng a maammuam, Pari Angkuan. Napintas no mailawlawag dagitoy kadagiti umili. Kas koma iti daga a nakabangonan ti planta ti koriente..." insanamtek ni Maestro Pitong.

Napangilangil ni Angkuan. Adun ti nakaidanon kenkuana dagiti ibagbaga ti retirado a maestro. Iti nabayag a pannakaidestinona iti regional office ti Department of Agrarian Reform, naidanonen kenkuana dagiti sayangguseng iti barangayda. Mamati nga agkakaarngi ti parikut dagiti barangay. Adun ti nadamdamagna a kasta met laeng ti problema dagiti dadduma pay a lugar. Maymaysa ti ramut amin dagitoy. No agari ti sileng ti pirak, agtugaw dagiti saan a maiparbeng a mangituray. No apay ngamin a malipatan dagiti dadduma ti prinsipioda.

"Agan-annadka laeng, Pari Angkuan," impalagip ni Maestro Pitong. "Ulitek, addakami a kalugaram iti likudam aniaman ti planom..."

"Agyamanak, maestro.," nagtung-ed ni Angkuan. "Wen, gayam, dispensar, ngem asino itayen daydiay kaduayo a babai a naka-van? Ammom metten, diak unayen kabisado dagiti kalugarantayo…" inamad ni Angkuan.

"Ay, ni Atty. Myrna Juanario daydiay!" intung-ed ni Maestro Pitong.

"Isu met laeng a nabagas dagiti balikasna. Natadem, ngem husto dagiti imbagana..." immurareg ni Angkuan. "Juanario, kunam?" kinunana a nagtungtung-ed idi ta adda naggilap iti isipna.

"Adda kaeskuelaak idi iti high school a Juanario. Nagbalin met la nga abogado."

"Exactly! Daydi Atty. Chris Juanario!" insippaw ni Maestro Pitong.

"Balo daydi Chris ni Attorney Myrna Juanario? Wen, gayam, malagipkon. Nagdinamag ti napasamak ken ni Chris. Pinatayda iti maysa a restaurant iti Manila," inkatek ni Angkuan.

"Atiddog nga estoria. Ngem agingga ita, adda pay laeng problema iti paset ti daga a nakaipatakderan ti power plant. Nalawa gayam a paset ti daga a nakaipatakderan ti planta ti kukua ti pamilia daydi Abogado Chris. Damagko a saan pay kano a fully paid, segun ken ni Abogada Juanario," kinuna ni Maestro Pitong.

Nagtungtung-ed ni Angkuan. Agparparikna kenkuana, adu pay ti nasken a maammuanna. Pinukkawanna ni Oppong nga agsibsibog kadagiti masetas. Imbilinna nga itemplaanna ida iti kape ken ni Maestro Pitong. Adu ti kayatna nga ammuen iti maestro.

"Umunegta pay, maestro, ta pagsarsaritaanta," pinikpikna ti abaga ni Maestro Pitong.

Apagisu nga agkapeda idi pagam-ammuan ta mangngegda ti danarudor ti lugan. Napatakder ni Angkuan a nangtannawag iti kalsada. Iggemna ti tasa ti kape a simmirip iti dialosi. Adayo pay ngem naipasirna a dagus ti sumungad nga stainless nga owner jeep. Nagkebba. Saan nga agbiddut. Ti jeep ti nagluganan dagiti immay nangarubayan kenkuana idi rabii!

"Maestro, agsiputka. Dayta a lugan ti nangassisaw kaniak idi rabii!" intung-edna ken ni Maestro Pitong a napamalanga.

NAGDALAGUDOG ti barukong ni Angkuan. Addaytan ti owner type jeep. Nalagipna ti paltogna iti kuartona. Ngem kasla adda naibattuon kadagiti dapanna. Agkuti a saan iti nagtakderanda ken ni Maestro Pitong.

Nagsaiddek ti dyip idi makaasideg ken makabatog iti paraanganda.

"Ditoyka laeng, maestro," kinuna ni Angkuan a nagbuelta. Nakapalikud ti iggemna a tasa a nagturong iti ridaw.

Ngem kasla awan nangngeg ni Maestro Pitong. Alisto daytoy a nangsaruno ken ni Angkuan. Nasiputanna ti panangikaut ti maestro iti gemgemna iti bolsa ti diaketna. Madlaw ti agdukdukol iti bolsa ti diaket ti maestro iti panagplastarna iti abay ni Angkuan idi turongenda ti nakalukat a landok a ruangan.

Napintek ti panangmatmat ni Angkuan kadagiti tallo a lallaki iti lugan. Nagsalip dagiti matada idi aggutad ti dyip iti panagsardengda. Nairteng ti langa ti barbasan a drayber. Saanna nga iniddep ti makina. Kasla agsabat met dagiti napuskol a kiday ti bulay-og a nakatugaw iti likudan. Agdawdawadaw ti kanion ti riple a nailemmeng iti linged ti diaketna.

Iti panagrikna ni Angkuan, kasla nagsardeng ti pitik dagiti darikmat. Nagmaga ti karabukobna a nangkita ken Maestro Pitong a mangsipsiput iti garaw dagiti lallaki iti lugan. Dumukdukol ti iskuala iti sibet ti nakatugaw iti passenger seat.

"Adda kadi masapulyo, kakabsat?" di pay nagkirem ni Angkuan a nangperreng kadagiti lallaki. Tinengngelna ti panagpigerger ti nakapalikud nga imana. "Asinotayo kadi?"

Bigbigat ngem mangrugin a ling-eten ni Maestro Pitong. Nagtalinaed a nakapundo ti gemgemna iti bolsa ti diaketna. Saanna nga insina dagiti matana kadagiti lallaki.

Saan a simmungbat dagiti lallaki. Mangrukrukod ti panagkitada. Pinangato pinababada a kinita ni Angkuan. Nakaturong dagiti matada iti nakapalikud nga imana ken iti nakabolsa nga ima ni Maestro Pitong.

Nakaikeddengen ni Angkuan. Gasanggasat. No maalada ida ti pamutbuteng, nataldenganton ida. Tinung-edanna ni Maestro Pitong. Umasidegda iti lugan. Saan a nagkir-in dagiti lallaki. Ngem sakbay pay a makaasidegda, pinabanurboren ti drayber ti dyip. Insiwetda a nagpaamianan.

Pinunasna ti ling-etna, nakaanges ni Angkuan iti nalukay. Apagdarikmat nga inarub-obna ti kape nga itay pay nga ilinglingedna. Sintagari, nagdardaras met ni Maestro Pitong a nangturong iti suli ti alad da Angkuan iti nerbiosna. Agkinkintayeg a nangibulos iti awag ti nakaparsuaan.

"Adda gayam kargadam, maestro?" nagmulagat ni Angkuan a nangisungo iti bolsa ti diaket ti maestro idi agsangodan.

"Paltog kunam? Awan. Alaak koma ida iti video no adda aramidenda a dakes," insungbat ti maestro a nangiruar iti selpon iti bolsa ti diaketna. Agsasaruno nga impunasna ti manggas ti diaketna iti ling-et iti pispisna.

Kunam pay, saan a nagawidan ni Angkuan ti nagmulagat. Ket nagdanggay ti paggaakda a nakakigtotan pay ni Blackeye a nagbuatit a nangibaag iti ipusna.

Nagyaman ni Angkuan iti maestro. Impanamnama ni Maestro Pitong ti suportana. No ituloyna ti agtaray, kinunana a dayawna no mairaman daytoy iti tiketna a para kagawad.

"Mangbuangaytayo iti baro a grupo a mangitandudo iti panagbalbaliw ken panagdur-as ti Barangay Camanguegan," kinuna pay ni Maestro Pitong.

Nairut ti alamanoda idi agpakada ti maestro.

IMMADU pay ti nangallukoy ken ni Angkuan. Idagadagda ti panagkandidatona. Umasidegen ti panagipilaan iti kandidatura. Maysamaysa mangikari iti suportana. Adda pay mangibaga a tumulong iti magastos iti kampania.

No namin-ano la ket ngarud a naitantan ti planona a pannakisaritana koma ken ni Kapitan Enteng.

Iti maysa nga agsapa, nasdaaw ni Angkuan idi adda agparada a van iti paraanganda. Nasdaaw idi mailasinna ti lugan ni Atty. Myrna Juanario. Napamurareg. Ania ti ranta ti abogada?

"Good morning, abogada, dakayo met gayam," naragsak ni Angkuan a nangsabet a nangalamano ken ni Atty. Juanario idi dumsaag iti lugan. "Umunegkayo, attorney."

"Ditoyta lattan terasa, Mr. Dela Cruz. Saanak met nga agbayag," inyisem ti abogada nga agarup kataebna.

Insalaysay ti abogada a kinaadalanna iti UP College of Law daydi Atty. Chris Juanario a kinaeskuelaan ni Angkuan. Agpadadan a kameng ti bar idi agkallaysada.

"Pinilik ti private practice. Nagpaayak a corporate lawyer iti maysa a dakkel a kompania iti Makati a nagretiruak. Pinili ni Chris ti serbisio publiko. Nadutokan a city fiscal iti Manila. Ngem daksanggasat ta napapatay ti asawak, kaduana ti sabali pay a gayyemna nga abogado, sumagmamanon a tawen ti napalabas," insalaysay ni Atty. Juanario.

"Nabasak ngarud iti pagiwarnak, attorney. Nakaay-ay-ay met ti napasamak ken ni Chris," inlingaling ni Angkuan.

"Agingga ita, saan pay a nasolbar ti kaso ti pannakapapatayna," insanamtek ni Atty. Juanario. "Ngem naibagbaga idi ni Chris ti maipapan kadakayo. He was very proud of you," inyisem ti abogada.

"Uray daydi Chris, nasingpet. Maysa kadagiti maipannakkel a nakaadalak," insungbat ni Angkuan.

Napaanges iti nauneg ni Atty. Juanario.

"Madama idi nga ipagpagna ni Chris ti pannakasingir ti balanse iti bayad ti daga ti pamiliada a paset ti nakaipatakderan ti Gavion Electric Power Plant idi mapapatay…"

Saan a nakatimek ni Angkuan. Namatmatanna ni Atty. Juanario. Iti rissik dagiti mata ti abogada, ammona nga adda pempempenen daytoy iti kaungganna.

"Adda idi dagiti rimsua a parikut idi mabangon ti planta nangruna iti kombersion ti daga manipud agrikultural a nagbalin nga industrial. Saan a sinurot ti management dagiti allagaden isu nga adda dagiti nagpanggep a mangipila iti kaso. Ngem iti di mailawlawag a rason, napandagan ti kaso. Agingga a nalipatanen daytoy. Utro ti report a saan pay a pannakabayad dagiti babassit a mannalon a nairamraman iti nasakupan ti planta," insalaysay ni Atty. Juanario.

Napamurareg ni Angkuan. Awan nga agpayso ti malagipna a dimmanon a kaso iti opisina ti Agrario maipapan iti kombersion dagiti nadakamat nga agrikultural a daga a nagbalin nga industrial wenno komersial. Nalabit a gapu iti bileg ti koneksion, napandagan ti kaso.

"Ania itan ti status dagiti kunayo a di pay nabayadan a daga, attorney?"

"Dayta ngarud, kas nakunakon, saan pay a naan-anay a nabayadan ti parte ti pamilia daydi lakay. Saan a natungpal ti tulagan. Awan ti ebidensiak, ngem atapek nga adda koneksion daytoy iti pannakapapatayna. Ti abogado a kaduana a napapatay ti mangkalkalkal idi iti kaso. Ngem daksanggasat. Napukaw dagiti rekord ken ebidensia nga adda iti ikutda idi mapasamak ti krimen."

Napaumel ni Angkuan iti nangngegna.

"Dagiti kunayo a babassit a mannalon a naisaguraman dagiti dagada iti nakaipatakderan ti planta, komustadan, attorney?"

"Dagiti dadduma, awan ti naaramidanda no di nagpirma ken inawatda lattan ti naidiaya a gatad nupay lugida. Maysa ni Kapitan Enteng a gamat ti mabigbig a negosiante nga akinkukua iti planta!"

Kasla adda nagsullat iti karabukob ni Angkuan. Adda nagkallatik iti isipna. Namatmatanna ni Atty. Juanario. Maysa a pabelo ti abogada nga agur-uray a mangrissik iti pakaseknan ti Barangay Camanguegan.

"Anyway, maysaak kadagiti mangsuporta kadakayo. Aniaman ti planoyo itoy nga eleksion, Mr. Dela Cruz, namnamaenyo ti tulongko," kinuna ti abogada idi agpakadan daytoy.

Nagyaman ni Angkuan. Nauneg ti agay-ay-ayam iti isipna a nangisurot iti panagkitana iti abogada a rumrummuraren iti inaladanda.

4

MADAMA a kasarsarita ni Angkuan dagiti nangpasiar manen kenkuana a kabarangayanna iti Camanguegan iti dayta a malem idi sumangpet ni Maestro   Pitong. Kadua daytoy ti grupo dagiti agpapada a nataengan a lallaki. Iti tigtignay ken aruatenda pay laeng, masinunuon ni Angkuan a mararaem dagitoy iti kagimongan.

"Panieros, yam-ammok ni Mr. Juan Dela Cruz, ti ibagbagak a naaweng ti naganna a sumaruno nga agkapitan iti barangaytayo!" kinuna ni Maestro Pitong.

"Angkuan kad' lattan, apo, ti pangawagyo kaniak. Agyamanak iti ibibisitayo," naragsak a nangalamano kadagiti sangsangpet.

"Isuda dagiti kakaduak iti Los Maestros y Companieros, Pari Angkuan!" kunam no konduktor iti orkestra ni Maestro Pitong a nangikompas iti imana a nangitudo kadagiti kakaduana.

Napaisem   ni Angkuan. Los Maestros y Companieros? Ita laeng a mangngegna dayta a nagan ti gunglo iti Camanguegan.

Nagtungtung-ed ni Angkuan idi saggaysaen nga inyam-ammo ti maestro dagiti kakaduana.

"Agpapadakamin a retirado," panangirugi ni Maestro Pitong "Ni Engr. Redong, naggapu iti Napocor. Ni Dr. Arsing, retirado nga Assistant Division Superintendent, ni Mr. Peregrino, retirado met a district supervisor, ni Pare Amante, retirado met laeng a prinsipal. Ni Pastor Prudencio ti spiritual adviser, ken da General Loreto, agpadada a retirado iti AFP ken ni Teniente Charlito," intung-edna pay a nangisungo kadagiti kakaduana.

Nairut ti pannakiinnabrasa ni Angkuan iti grupo. Saanna unay a mailasin dagiti dadduma kadagitoy.

"Saanmo unay nga am-ammo ida ta agpapadada a naidestino iti nadumaduma a rehion. Ngem kas kenka, nagsublida iti Camanguegan ita ta nakapagretirodan. Kayatda met ti tumulong para iti masakbayan ti nakayanakantayo a lugar," panangilawlawag ni Maestro Pitong.

Nakarikna iti naglabbet a rag-o ken bain ni Angkuan. Nangnangegnan dagiti naganda. Ngem ita laeng a makasangonsangona ida. Agkakatakneng ken mabigbig a tattao iti kagimongan, naisipna. Ket kasla tagibassitenna ti bagina. Puling ti kayariganna a makapulapol kadagiti mararaem iti sosiedad.

"Pakaidayawak a maam-ammokayo,   apo! Nagsayaaten!"   mababain ni Angkuan a nangtung-ed kadagiti bisitana.

"Nadamagmi ti nasayaat a panggepyo, apo. Isu nga addakami ita. Madadaankami a tumulong iti ania man a tignay a mangpasayaat iti lugartayo," kinuna ni General Loreto.

"No bilang, tumulongak iti pannakaitandudo ti panangsaluad iti nakaparsuaan, dagiti rekursostayo ken iti aglawlaw. Dayta ti maysa a makitak a pagkurangan ti barangay," imbagi ni Engr. Redong.

"Tumulongkami ken ni Mr. Peregrino iti pannakaitag-ay ti edukasion!" Imbagi ni Dr. Arsing a nangtung-ed ken ni Mr. Peregrino.

"Kaniak a biang, iti benneg espiritual. Masapul a mairusat ti moral recovery program tapno saan a mailuod dagiti umili iti ania a maiparit a bisio, sugal, ken agbalin a nalinteg ti panangidaulo iti turay tapno mayasideg dagiti tao iti Dios," imbagi met ni Pastor Prudencio.

Nagrimat dagiti mata ni Angkuan. Umad-adu dagiti mangiduron kenkuana nga agkandidato. Kasano a pagkedkedanna ida? Ngem sakbay a mangeddeng, adu dagiti nasken a timbangenna. Nupay kayatna nga idaton ti bagina nga agserbi, nasken nga ipakaammona ti planona iti pamiliana. Ammuenna ti kapanunotanda, nangruna iti kaingungotna a ni Carlota.

ITI maysa nga aldaw, umanangsab ni Maestro Pitong a napasangpetna.

"Gapgapumi a nagrekorida iti Los Maestros kadagiti barbarangay. Adayo pay ti panagpipilaan iti kandidatura ken panagkampania. Ngem apay a perme metten ti waras da Kapitan Enteng? Personal kano nga ayudana ti it-itedna!"

"Ala, bay-anyo latta, maestro. Nasayaat dayta tapno mairanud dagiti bumarangay," inyisem laeng ni Angkuan.

"Wen, a, ngem saan kadi a panagsalungasing dayta iti linteg?" nagmulagat ni Maestro Pitong.

Nagtungtung-ed ni Angkuan. Malagipna nga addan dagiti nabasbasana a desision ti Korte Suprema a nangideklara nga agsalungasing laeng ti kandidato no nakaipilan daytoy iti kandidaturana. Ngem saan koma a gundawayan dayta dagiti agngayangay a paidasig. Ammona a nalawag met a maiparit ti nasapsapa a panagkampania ngem iti intuding ti linteg.

Napasennaay ni Angkuan. Iti suli ti panunotna, no maitured ni Kapitan Enteng ti gumastos iti dakkel uray adayo pay ti eleksion, anianto ti aramidenna no mangabak? Masapul a pasublienna ti gastosna. Nagsanamtek aglalo idi ibaga ni Maestro Pitong a nangrugin a kasla inaldaw a punsionan iti laong da Kapitan Enteng.

Kasta kadi ti kinapateg ti panagserbi? Nasken a gumastos ti kandidato iti dakkel tapno maguyugoyna dagiti botante? Mano laeng ti sueldo ti kapitan? Apay a kasla ketdin agubbog ti kuarta ni Kapitan Enteng?

KINA-VIDEO call iti maysa a sardam ni Angkuan ni Carlota. Nasken a kasaritana ti asawana. Ipakaammona nga umad-adu dagiti mangal-allukoy kenkuana nga agkandidato. Kayat dagiti kakabagian ken gagayyemna nga agdesision a nasapsapa. Awan, kunada, ti makabael a mangsangdo ken ni Kapitan Enteng no saan la nga isuna.

"Sweetheart, komustakan? Komusta dagiti ubbing?" kinuna a dagus ni Angkuan a maragragsakan idi allawaten ni Carlota ti awagna iti messenger.

"Okeykami ditoy, kaasi ti Apo. Kaanoka nga umay? Mailiwen dagiti ubbing kenka. Dagiti appokom, dadakkeldan!" kinuna ni Carlota a nangpunas iti mangrugi a manaraigid a luana.

Nalunag ti rikna ni Angkuan

"Agluasitka manen, sweetheart!" inkatawana iti nalag-an tapno madismolarna ti riknana. Mariknana ti panaggarasugas ti asawana a no mabalin, agdedennadan iti America.

Tunggal agsaritada, sangkasaludsod daytoy no ania pay laeng ti mangigawgawid kenkuana a sumurot kadakuada iti America ita ta nakapagretiron iti trabahona. Kinapudnona, nakapan idin iti US a kas turista idi sakbay nga agretiro. Gapu ta sangkauyot ni Carlota a sumurot, binisitana ti pamiliana. Idi ibaga dagiti annakna a total, magmagnan ti petisionna, ipagnadan ti panagnaedna a permanente iti America. Saanen nga agsubli iti Filipinas. Ngem inlawlawagna a nasken nga agretiro met laeng tapno maalana ti benepisiona iti gobierno. Uray ta nakaala met iti sangapulo a tawen a visa, mabalinna ti agpasiar iti US ania man nga oras a kayatna.

Nagsennaay ni Angkuan a nanglagip iti ibibisitana iti America. Agpayso, innalana daydi a gundaway a nangkita iti kasasaad ti biag sadiay. Tapno ammona ti sasaadenna no bilang ikeddengna ti agpermanente iti US. Ngem napaneknekanna a saan a kas iti Filipinas, saan a kabukbukodan ti oras iti America. Saanna a malipatan ti nakitana a kasasaad ti kasinsinna a retirado a hues iti Regional Trial Court, ni Judge Guillermo a napan iti US idi inorderan ti baketna a doktora. Saan a nakapagbayag sadiay ti kasinsinna. Agasem met a maysa a mararaem a hues iti Filipinas. Idi makadanon iti America, nagbalin a gagangay laeng nga empleado a baombaonen dagiti Amerikano? Idi laisenda a naibaba ti kinataona iti ipapanna iti America, nagawid daytoy a dina oras iti Filipinas.

Iti biang ni Angkuan, ipambarna a narigat no awan ti mabati a mangtaripato iti bassit a naipundarda a sanikua iti Camanguegan.

"Ania ngarud ti planom? Uray umayka laeng met bumakasion manen a!" inlailo ni Carlota.

"Dayta ti immawagak, sweetheart. Kayatko nga ipakaammo kenka ti planok," binaliwan ni Angkuan ti saritaan. "Siak met ti itandudo dagiti kakabagian ken gagayyem a para kapitan ditoy Camanguegan. Diak ida a mapagkedkedan," inkatawana.

Napaulimek ni Carlota. Ammo ni Angkuan. Naklaat la ketdi iti imbagana.

"Dayta kadi ti dimo pangsurotan kadakami kadagiti annakmo, Johnny?" kinunana ti asawana idi agangay a nagsennaay. "Isu pay la ti kunami kadagitoy ubbing. Napatpateg dayta ngem kadakami a pamiliam? Panunotem a nasayaat. Narigat dayta serkem. Ammom metten ti kinarugit ti politika dita Filipinas!" indagsen ni Carlota.

Adu a palawag. No ania la ditan ti naarikap ni Angkuan nga inrasrason ken ni Carlota tapno maallukoyna laeng ti asawana.

"No mapagasatanak, agdedennatayton kalpasan ti dua a tawen!"

Idi malpasda nga agsarita, marikna ni Angkuan a nadagsen ti rikna ti asawana. Ngem ammona, maawatanto met laeng daytoy.

Inkeddengna, kasaritana dagiti kakaduana. Nasken a maammuanda ti pangeddengna.

5

SAAN pay a nadanon ti aldaw a panagipilaan iti kandidatura ngem kumaribuson dagiti agpanggep a paidasig iti Barangay Camanguegan. Iti biang ni Kapitan Enteng, mayat ti parasapas ti grupona. Pailayon amin a kagawadna malaksid iti nasuktan a maysa nga agturposen ti terminona. Kabagian met la a mismo ni Kapitan Enteng ti pinilina a maisukat.

Kompleto met ti tiket da Angkuan. Ni Maestro Pitong ti mangibagi iti Sitio Dasil, ni Manang Ellen iti Sitio Namaltotan, ni Maestro Amante ti Sitio Kakaldingan, ni Engr. Redong iti Sitio Nagsangalan, ken ni retirado a Teniente Charlito iti Sitio Nagbakalan, ni Alberto ti Sitio Corrales. Ni Patricio, maysa a mannurat, ti mangibagi iti Sitio Karayanan. Nagtutulagdan a mammaminsan ti panangipilada iti COC-da.

Natalek ni Angkuan a natalged ti eleksion. Nainget ti pammilin ti Comelec maipapan iti maisapsapa a pannakaipaulog ti Election Gun Ban. Kas kinuna dagiti polis, ingetanda nga ipatungpal ti pammilin tapno agtalinaed a natalna ti eleksion iti intero a San Sebastian.

Nagkaykaysa da Atty. Myrna Juanario, General Loreto, Pastor Prudencio, ken Dr. Arsing a nangikari iti moral ken pinansial a suportada iti grupo ni Angkuan.

Namnamaen ti Panagdur-as ti Camanguegan iti Grupo ni Angkuan!

Dayta ti slogan ti grupo da a nagnanamingan Angkuan.

INAWAGAN ni Angkuan iti naminsan ni Carlota. Kinasaritana ti asawana agraman dagiti annakda.

"Alwadam dayta bagim, agmaymaysaka dita, lakay," sangkabilin ni Carlota.

"Saanka nga agdanag, sweetheart, adu a kabagiantayo ti mangsuporta kaniak," insungbatna. "Dagiti dadduma inkarida a kaduaendak inton rugi ti kampania agingga iti malpas ti eleksion," kinunana pay.

Tapno saan unay nga agpampanunot ti asawana, inkarina a dua laeng a tawen nga agserbi no mapagasatan. Sumurotton iti America kalpasanna tapno makapagdedennadanton a sangapamilia.

No mano nga aldaw a nagpalpaliiw ni Angkuan. Awanen ti nadlawna pay nga immagibas iti arubayanda. Ngem naimulan iti isipna a nasken nga agannad nupay impanamnama dagiti polis nga agbalin a natalna ti eleksion. Saanna a linaksid iti isipna a mabalin nga adda latta lutlutuen ti grupo ti kapitan nga aramiden kontra kenkuana.

Saan a nailinged kada Angkuan ti inkurimed a panangal-allukoy ti grupo ni Kapitan Enteng kadagiti kalugaranda. Bumalaybalay dagiti pasurot ti kapitan. Damagenda no ania ti masapulda. Subliananda dagitoy kalpasanna tapno mangtedda iti saranay. Ngem pagkarienda ida nga awan sabali nga ibutosda no saan a ti grupo ni Kapitan Enteng.

"Sa la makalagip dayta a kapitan no eleksion!" adda nagkuna a kalugaranda.

"No awan ti eleksion awan met ti am-ammona!" kinunada pay.

Naamiris ni Angkuan nga adda kinapudno iti agdinamag a garit ni Kapitan Enteng. Kasla saan a maibusan iti pirak. Adun ti nangipalapayag kenkuana a gamat daytoy dagiti kapitalista nga akinkukua iti planta ti koriente. Sabali la ti anomalia dagiti saan a nasayaat iti pannakayimplementarna a proyekto iti barangay malaksid iti pannakaibiangna kadagiti ilegal a pamastrekan.

"Pati mapastrek iti ilegal a sugalan, adda pay mabagina!" nalagipna ti kinuna iti naminsan kenkuana ni Maestro Amante.

Nagsennaay. Napigsa ti hueteng ken dadduma pay a sugalan iti ilida. Dakkel ti mapaspastrekda ta manmano a maappog ti bangka. Malaksid itoy, damagna pay a naisugpon ti kapitan iti ilegal a panagtroso iti kabakiran ti San Sebastian. Patienna dayta ta mismo nga isuna, no namin-anon a nalabsanna nga adda dagiti logging truck a pasaray agparada iti nalawa a laong ti kapitan. Maysa a lamberia iti poblasion nga addaan iti tableria ti pakaitartarusan dagiti mapukan ken matistis a kayo. Dakkel a burburtia kenkuana no apay a kasla awan sawsawir ni Kapitan Enteng a mangidaliasat kadagiti troso.

Lumawlawag ti amin ken ni Angkuan. No pagsasaipenna dagiti impormasion, masungbatan ti saludsodna no kasano a napardas a rimmamut ni Kapitan Enteng. No kasano a bimsog a kasla butiti ti panagbiagna. Gapu iti koneksionna, simmaliwanwan. Nairanud iti parsiak dagiti pagbitbitinanna a bileg.

Iti naminsan nga idadaw-as ni Angkuan iti asesoria ti San Sebastian, napaneknekanna nga adu kadagiti dagdaga a saan idi a matuntonan ti kinaasino dagiti agtagikua iti nainaganen kadagiti dadakkel a tao iti ilida. Maysa ni Kapitan Enteng kadagiti nakainaganan dagiti dagdaga, a no ania a rason, naliwayan dagiti nagkauna nga akinkukua nga inrehistro wenno inyaltas iti naganda.

Iti asesoria a naammuanna a malaksid iti parsela ti daga a kukua ti Pamilia Juanario, adda paset ti nalawa a laong a nakabangonan ti electric power plant iti Camanguegan ti agparparang a nainagan iti kapitan ken isu ti nangilako iti kompania. Ni laeng Kapitan Enteng ti namutittit. Nabati a nakakaasi dagiti taga-Camanguegan.

NAGSASARUNO a rabii a narabaw ti tuturogan ni Angkuan. Pasaray malukag iti sinardam a panagwangwangwang dagiti polis nga agrekorida. Segun iti nangngegna a damag iti radio, adda dagiti dayo a nasalamaan dagiti polis nga aglaklako iti maiparit a droga a nagkamang iti barangay. Gapu dayta iti kinasipnget ti kaaduan a kalsada iti barangay. Saan a masiputan dagiti polis ti nagkamkamanganda.

Nagsanamtek ni Angkuan. Sardam manen. Kidem manen ti sipnget kadagiti langalang malaksid iti sumagmamano a nasilawan a kalsada iti barangay.

Napawingiwing a timmannawag iti pakabuklan ti purokda. Ti kinakurang ti street lights ti umuna a nadlawna idi agretiro ken agawid iti Barangay Camanguegan. No adda man silaw iti kalsada iti batog ti balayda, personal a tulongna dayta.

Nakakoneksion iti balayda ti waya ti koriente. Karaman ti kalsada iti sango ti balayda a napaidaman iti silaw.

"Dayta ti problema ditoy. No adda agkurimes iti manok, saanen a makita ta awan met ti silaw!" kinuna ni Manang Ellen nga immay nangyawis iti grupo ni Angkuan a pumasiar iti Sitio Namaltotan iti umadani a panagkasangayna.

"Diyo kadi kiniddaw iti konseho iti barangay, manang, a mapasilawan?" immurareg ni Angkuan. "Dagitoy koma ti rumbeng a mayuna a maisayangkat ta pagsayaatan dagiti bumarangay…"

"Adun a kiddaw kada surat, adingko. Ngem wen a papaaweng da kapitan! Sumrek ditoy rummuar iti bangir!" insanamtek ni Manang Ellen a nangimuestra ti agsumbangir a lapayagna.

Adda marmaratimat ni Manang Ellen. Ngem magustuan dayta ni Angkuan. Bagayna ti parawaragawag. Saan a maserregan ti ngiwatna a kasla masinggan.

Saanen a rinubroban ni Angkuan ti rikna ni Manang Ellen. Ngem adu a talaga ti rumbeng a maisimpa iti barangay. Kas iti agraira a droga. Natured dagiti kriminal ta sarikedkedda ti kasipngetan. Ti nakadadanag no adda pay nakarkaro a mapasamak. Kasanon no iti barangayda ti pagaponan dagiti dakes nga elemento?

Nalawa a kabakiran ti dayaenda. Iti kinasamek ti bakir, kasla agbirok iti dagum iti ginaramian ti mapasamak no kaspangarigan adda agkamang a managdakdakes.

INKEDDENG ni Angkuan nga agpaili iti maysa nga agsapa. Masapul a gumulpe iti rasionda. Saanda pay a nagipila iti kandidaturada. Adayo pay a mangrugi ti kampania. Ngem agsasarunon dagiti umay a bisitada. Mabain nga awan ti ipasangona kadakuada. Adu met ketdi ti tarakenna a netib a manok. Ngem di masasaan a maibus iti kinaburnok dagiti mayat nga agbulontario a sumurotto iti kampania. Awan ti pagsueldona. Ngem nasken a pakanen ken pagmeriendaenna ida a kas sukat ti bambannogda. Sa maysa, umayen ti panagtutudo. Imbag koma no nasimpan ti marmarpuog a rangtay a mangikonektar iti Camanguegan iti poblasion ti San Sebastian. Kayat ni Oppong ti sumurot itay lugananna ti Navara, ngem imbagana nga agbati laengen ta amangan no adda agsangpet a sangaili.

Nainayad a nangunor iti kalsada nga agpaabagatan. Kasla maginggined ti lugan iti kinakillaong ti nabisel ken natapok a dalan. Napasennaay. Nabayagen a kastoy ti kasasaad ti barangayda. Libre pulbos a tapok iti kalgaw. Nalubo met a kurangna laengen a maraepan iti panagtutudo. Kapilitan nga inserrana ti tawa idi umatipukpok ti tapok a sumrek iti lugan. Inandarna ti aircon. Simmina a nagpakanawan tapno liklikanna ti nalubo a dalan iti maatiananen a bassit a waig. Manglikaw laeng ngem anusannan. Idi malagipna a nalipatanna gayam ti paltogna.

Awan met ngata ti mangkursunada kenkuana. Idi makadanon iti nagsangalan, nalabsanna ti ummong dagiti tao. Saanna a mairupaan dagiti dadduma. Ngem maysamaysa nanglugay kenkuana. Nailasinda. Sinubadanna iti isem ti payapayda.

Nagmenor ni Angkuan idi malabsanna ti planta ti koriente. Napangilangil. Kasla awan gunggona ti kaadda ti planta ta saan met a direkta a maaramat ti San Sebastian ti partuatenna a koriente. Ilako dagiti independent power producers ti maparnuayda a koriente kadagiti national electricity networks. Sa babaen ti power distribution, mailako met ti koriente a maidanon kadagiti electric cooperatives iti pagilian. Naisursurot ti panagkita ni Angkuan iti nangisit nga asuk a parnuayen ti planta. Diesel ti mangpatpataray iti makina ti planta. Maysa a kangrunaan a pagtaudan ti polusion ti asuk a parnuayen dagiti diesel power plants. Nupay panagdur-as ti itdenda, kabuybuyogna met dayta ti pannakadadael ti nakaparsuaan gapu iti polusion. Immallatiw ti panagkitana kadagiti nalayug a torre a naaramid iti landok a pinagkakamang dagiti waya. Naayatan a nakakita kadagiti naintar a billit kadagiti waya. Apay ngata nga agpayso a dida met makoriente dagiti billit? No ania la ditan ti nagballatekan ti isipna. Agingga a nagsaltek ti panunotna kadagiti baknang a kapitalista.

Naisipna a pudno a dakkel a bumaknangan dagiti kapitalista ti kinangato ti pagbaybayad iti koriente. Nangina ti singir ti electric cooperative iti koriente ta nasken a nayonanda ti panangilako kadakuada dagiti kompania a paggatanganda iti koriente. Iti lagipna, awan pay ti nadamagna a nalugi a kompania a paggatgatangan dagiti electric cooperatives iti koriente. Dagiti kompania a mangipangruna iti power generation, petroleo, ken telekomunikasion, dagitoy ti ad-adda a bumakbaknang.

Nataliaw ni Angkuan ti pakabuklan ti laong ti planta. Anian a naglawa. Kasla di maungpot iti panagkitana ti nangato a naiwanet nga interlink nga alad ti planta.

Adu a talon a pangapitan koma dagiti taga-Camanguegan ti naisakripisio nupay pakapalag-anan met ti biag ti iburay ti koriente a parnuayen ti planta.

Nagdespasio idi addan iti abagatan a paset ti planta. Nayapiring iti planta ti nalawa a laong a nagbangonan ni Kapitan Enteng iti dakkel a balay. Kaabay laeng ti solarna ti nalawa met laeng a bodega ti kapitan a tantannawagan ti nalawa a covered court a masansan a pagummongan dagiti tao no kasta nga agpamiting wenno agpasken ti kapitan.

Nagin-inayad idi makabatog iti balay da Kapitan Enteng. Adda dagiti sumagmamano a lugan a naintar iti agsumbangir nga abaga ti kalsada. Ti laeng kalsada iti sango ti balay ti kapitan a sumalpot iti kamino real ti sementado ken adda silawna.

Nagpreno idi makitana nga agkakaribuso dagiti tao. Rummuar sumrekda iti inaladan ti kapitan. Umariwawada. Kasla nadanumanda a tukak. Isu pay la ti pannakailasin ni Angkuan iti butiog a lalaki a kasarsarita dagiti tao. Ni Kapitan Enteng. Nakatakder a nakabannikes iti nakalukat a landok a ruangan. Nagsabet ti panagkitada.

6

NAGSABAT dagiti kiday ni Kapitan Enteng idi agsabet ti panagkitada ken ni Angkuan. Kayat ni Angkuan nga iparpardas ti panagpatarayna. Madi ti nagparikna kenkuana. Kayatnan ti makapanaw. Ngem kumaribuso dagiti tao a pasaray agpatengnga iti kalsada. Isu pay la ti pannakadlaw ni Angkuan nga adda amin petpet dagitoy a papel de banko. Madama ti waras!

Nasiputan ni Angkuan ti ibaballasiw ni Kapitan Enteng. Husto ti atapna. Agturongen ti kapitan iti ayanna. Nagulimek dagiti tao a nagkikinnita. Insurotda ti panagkitada iti nagdadakkelan ti askawna a kapitan. Alisto dagiti bayabay ni Kapitan Enteng a nangabay kenkuana idi umaskaw nga umasideg iti ayanna.

Nagmalanga ni Angkuan. Kinarayaman iti aripapa idi mailasinna ti dua kadagiti bulay-ogan a lallaki a bayabay ni Kapitan Enteng. Saan nga agbiddut, dagiti dua ti nakalugan iti owner jeep nga immarubayan iti balayda!

Naggiteb ti pispis ni Angkuan. Awan gawayna no adda aramidenda a saan a nasayaat. Agdudukol ti bakrang dagiti badigard ti kapitan. Pinasimbengna ti riknana. Ipakitana a saan nga agbuteng. Agtalinaed a kalmado. Inkeddengna a dumsaag iti lugana. Saan a nasayaat a kitaen no paandaren ken pakayaskasenna lattan ti lugan. Ibagadanton a taray kugit! A kabutengna ni Kapitan Enteng!

"Apo Kapitan," inyisem ni Angkuan a nagdaydayaw a nangsabet ken ni Kapitan Enteng.

"Adda met ditoy ti malalaki iti Camanguegan!" nagubsang ti timek ni Kapitan Enteng a nangtippay iti dakulap ni Angkuan idi gandaten daytoy ti makiabrasa.

"Nagturedkan a sumardeng iti sango ti balayko!" intudona ni Angkuan.

Pinababa pinangato ni Kapitan Enteng ni Angkuan. Mangtagibassit ti ngirsina a nangmulengleng iti daytoy.

Kasla napapispisan ni Angkuan iti nangngegna. Ngem awan ti gawayna. Kasla agsebba a simotsimot no sumungbat. Pagraranggasanda laeng no agkibaltang ti garawna. Baliktadendanto. Ibagadanto payen nga isu ti rimmaut!

"Ah, ammokon. Umaymo la ketdi ipakaammo nga agatraskan a para kapitan!" inggarakgak ni Kapitan Enteng a nangtaliaw kadagiti kakaduana.

Saan a nakauni ni Angkuan. Saanna nga ammo no ania ti kasayaatan nga ibagana. Tinipedna ti rumasrasuk a darana.

"Apay a dika aguni? Naamirismon a masayang laeng ti bannog ken gastosmo? Mano ti masapulmo? Ibagamon!" nagbusi a kasla masinggan ti ngiwat ni Kapitan Enteng.

Immanges iti nauneg ni Angkuan. Naikeddengen. Agparbeng. Saan a daytoy ti gundaway tapno kasaritana ni Kapitan Enteng.

Nariparna dagiti tao a kumitkita kadakuada. Agiinnarasaasda. No adda dakes nga aramiden da Kapitan Enteng kenkuana, aduda a makasaksi. Nakitana nga agirekrekord iti selpon ti dadduma.

"Awan sabali a panggepko, Apo Kapitan, no di agserbi iti barangaytayo no bilang maikkanakto iti gundaway," nababa ngem nabatad dagiti balikas ni Angkuan.

"Aginlalaing! Ania met ti ammom iti politika? Mano, aya, ti masapulmo ta bayadankan?" imbugkaw ni Kapitan Enteng. Rumrumsik dagiti matana.

"Nainggayyeman laeng nga ay-ayam koma, Apo Kapitan. Saan a nasken a daytoy ti puon ti di pagkikinnaawatan. Agkakabarangayantayo," nababa latta ti timek ni Angkuan nupay sipsiputanna iti suli ti matana ti garaw dagiti pasurot ti kapitan.

"Pangas!" imbugkaw ni Kapitan Enteng ket dinuklosnan ni Angkuan.

Ngem napakadaan ni Angkuan ti garaw ti kapitan. Alisto a nagatras sa naglikig. Nagangayanna, saan a nakontrol ni Kapitan Enteng ti bagina ket nasippadongna ti saka ni Angkuan. Nayugyog ti butiogna idi maidaramudom idi agkallasawan ti danogna.

"Kap! " naipigsa dagiti taona idi sarapaenda. Ngem iti dagsen ni Kapitan Enteng, kalsa nambaan daytoy a nadaluson.

"Aysus!" kinuna ti maysa kadagiti bulay-og a bayabayna.

Napadusngida idi makitada a namalamalan iti naglaok a pitak ken takki ti nuang ti rupa ni Kapitan Enteng.

"Sinal-itnan!" intabbaaw ti kapitan.

Umanangsab idi assibayen dagiti taona. Impunas ken impulagidna lattan ti rugit iti rupa ken imana iti manggas ti badona.

Napanganga dagiti tao a nakaimatang iti napasamak.

Sintagari, ginundawayan ni Angkuan ti pannakaimayeng dagiti pasurot ni Kapitan Enteng. Daras a linugananna ti Navara. Pinaandarna a dagus daytoy. Insiwet a nagturong iti national highway.

Napaanges iti nalukay. Addan iti kawatiwatan ti kalsada idi mapasublina ti riknana. Napangilangil. Nadursok a talaga, naisipna idi malagipna ni Kapitan Enteng ken ti napasamak. Pulos a di pinagsao ti kapitan. No napuruan iti danog ti kapitan, saan a mabalin a di lumaban. Ngem isu ket ngata koman ti nakapasaganna! Awan duadua, tateken la ketdi dagiti pasurot ti kapitan! Nagkullayaw idi mangegna ti ranipak ti paltog!

Kasla limmabba ti ulona. Naamirisna a dandanin naisarsarak! Nalagipna nga amangan no pinakamat ni Kapitan Enteng! Isu a nagpaputokda. Insiwet ti luganna idi baddekanna ti siliniador.

Napaanges iti nauneg. Sumsumreken iti poblasion. Ngem kasla tumaytayab pay laeng ti panunotna. Dina ninamnama nga agkuros ti dalanda ken ni Kapitan Enteng. Kasdiay gayam ti galadna. Sapay no di panggepna pay koma a kasarita.

Sa la nagkalma ti riknana idi makadanon iti sentro. Nagpainayad. Nagtaltalangkiaw sakbay a dimsaag iti luganna. Im-impenna nga adda nangsaruno kenkuana. Saan a bale koma no naitugotna ti paltogna. Idi masinunuona a natalged, pinidutna ti papel a nakailistaan dagiti gatangenna ket intarengtengnan ti nagturong iti groseria. Saan a nasken nga agbayag iti ili. Adda pay la kebbakebbana. Im-impenna nga adda nangsurot kenkuana a pasurot ti kapitan.

Idi magatangna amin a rantana, dimmagas iti Jenny's Store. Gumatang man ketdi iti dua karton a gin. Kaaduanna a lallaki dagiti nangipresenta iti bagida a tumulong iti kampania. Kaykayatda ti gin nga agua de pataranta.

Idi agawid, ideretsona koman a panurnoren ti kalsada a rummuar iti highway idi nataldiapanna ti kuerpo ti polisia nga adda laeng iti amianan a paset ti poblasion. Adda naggilap iti panunotna. Dumagas iti police station. Nasken nga ireportna ti napasamakda ken ni Kapitan Enteng.

Nagin-inayad ni Angkuan a nangipaigid iti luganna idi makabatog iti kuerpo ti polisia. Adda sumagmamano a nakaparada a lugan iti laong. Nakaparada met ti maysa a patrol car iti sikigan ti pasdek. Agsasarita ti sumagmamano a polis a nalabsanna iti lobby idi sumrek. Inisemanna dagitoy idi lugayanda.

"Adda ni Apo Hepe, sir?" dinamagna iti nakatugaw desk officer.

"Umunegkayo lattan, sir, iti opisinana. Kaserserrekna!" impatuldo ti polis ti opisina ti Chief of Police.

Naipasabet ken ni Angkuan ti lamiis ti aircon idi umuneg kalpasan ti panagkatokna. Saan unay a nalawa ngem naurnos ti opisina ti Chief of Police. Nakabitin iti diding dagiti ladawan da Presidente Ferdinand Marcos, Jr., DILG Secretary Benhur Abalos, Jr. ken Chief PNP General Benjamin Acorda, Jr.

Iti lamisaan ti hepe, nabuddak ti naikitikit iti tikap ti narra a: P/Major Rene Salvador, Public Servant. Agkabannuag a hepe. Agtawen ngata iti nasurok a kuarenta.

"Naimbag nga aldawyo, hepe," nagdaydayaw ni Angkuan idi iseman ken idiaya ti hepe ti panagtugawna.

Magustuan ni Angkuan ti naikabil a public servant. Pudno a tagabo dagiti umili dagiti empleado ken opisial ti gobierno. Agserbida, saan nga isuda ti paserbian.

Inyam-ammo ni Angkuan ti bagina. Insalaysayna kalpasanna ti napasamakda ken ni Kapitan Enteng.

"Wen, sir, adda dagiti report nga adda nagpaputok itay iti ayan da Kapitan Enteng," kinuna ti hepe a nagsanamtek. "Napan a dagus dagiti polis. Ngem awan met ti mayat nga agreklamo. Ngem saan a bale, uray ta dandanin ti election gun ban!"

Nagtungtung-ed ni Angkuan. Iimmag-an ti riknana. Nadlawna a

mannakaawat ti nadayaw a hepe. Impanamnama pay daytoy kenkuana a pasiputanna ti garaw dagiti tao ni Kapitan Enteng.

"Saan a mabalin nga agari ti saan a nasayaat nga aramid ditoy San Sebastian, aglalo itoy nga umasidegen ti basingkawel," kinuna ti hepe.

Nagyaman ni Angkuan. Idi agangay, dinawatna ti numero ti selpon ti hepe sa nagpakada. Inkeddengna a manglikaw pay laeng iti Sitio Corrales. Liklikanna pay laeng ti dumalan iti purok da Kapitan Enteng. Nasken nga agannad.

KASANGSANGPETNA iti balayda idi ipasabet kenkuana ni Oppong a kapampanaw dagiti kameng ti Los Maestros Y Companieros.

"Immayda impabuya ti agwarwaras a video, angkel!" kinuna ti barito.

"Agsublidanto kano tapno kasaritadaka."

"Ania a video?" nagmalanga ni Angkuan a napasardeng iti panangidissaagna iti dua karton a gin nga adda iti likud ti lugan.

"Ayna, viral met ti video-yo kada Kapitan Enteng, angkel! Batbataken met dagiti pasurotna ti kapitan! Agwarwaras ti damag a pinasubsobanyo kano!"

Nagparang dagiti piligis iti muging ni Angkuan. Daras a linuktanna ti selponna nga itay pay a tanittit a tanittit. Naipasabet kenkuana ti video nga impasa ni Manang Ellen kenkuana.

Iti nabuyana, kasla makitkitanan, ingarngariet la ketdi ita ni Kapitan Enteng ti pungtotna. Aglalaok ti komentario dagiti netizens iti pannakaipasubsobna iti takki ti nuang a mangwitwitwit kenkuana. Adda nga agpayso dagiti mangibagbaga a pinasubsobanna ti kapitan isu a natumba!

7

NAPANGILANGIL ni Angkuan. No namin-ano nga inulitna a binuya ti nagwarasen a video iti Facebook. Adun ti nangi-share. Trending, kunada payen. Aglalaok ti komentarioda. Nalawag iti video a naidaramudom ni Kapitan Enteng iti panangdarup daytoy kenkuana. Adda pay mangibaga a napangas unay ni Kapitan Enteng isu a ganabenna kano ti napasamakna.

Napangilangil ni Angkuan. Biddut ti ibagbaga dagiti dadduma a nagdinnanoganda kano ket napasubsoban ti bulay-og a kapitan isu a nadaleb. Saan nga agulbod ti video. Nalawag a naidaramudom ti kapitan iti panangdarup daytoy kenkuana. Nagsanamtek. No maminsan, talaga a masurokan wenno makissayan ti damag.

No ad-adalen ketdi ni Angkuan dagiti aglalaok a komentario iti nagwaras a video iti Facebook, adu dagiti pabor kenkuana. Ad-adda a negatibo ti komentoda ken ni Kapitan Enteng. Nagsanamtek. Mariknana, adda la ketdi madi nga ibunga daytoy a napasamak. Nagwarasen ti damag. Amangan no isunto payen ti ngawngawen dagiti sumanao a komentarista iti telebision ken radio. Nupay saan nga isu ti akimbasol, maala latta ni Angkuan ti agbain. Ania laengen ti kunaen dagiti tao? Awan manaknakemda a kandidato? Ad-adda la ketdi nga agbabara ni Kapitan Enteng. Nabuyana la ketdin ti video. Ammona, maysa met laeng kadagiti naitallaong a napan iti balay ti kapitan ti nangi-video iti napasamak. Ti nakababain, nairekord pati panagbasbassawangna. Nalagip ni Angkuan nga i-save ti video.

Kabigatanna, madama nga agsasarita da Angkuan ken ti grupo ti Los Maestros maipapan iti napasamakda ken ni Kapitan Enteng idi mapasungadanda ti patrol ti polis. Apaman a nakababa ti polis iti lugan, nagturong a dagus daytoy iti terasa a pagtutungtonganda.

"Good morning, Mr. De la Cruz. Sir, imbilin ni hepe, no adda kano wayayo umaykayo ita idiay station. 'Dadiay ni Kapitan Enteng. Immay nagreklamo!"

Nagkikinnita da Angkuan ken dagiti sangailina.

"Intayo kaduaen ni Pari Angkuan idiay presinto!" kinuna ni General Loreto.

"Rumbeng laeng. Saantayo nga ammo amangan no adda sabali a panggepda kenkuana," insungbat ni Maestro Amante.

Sinaruno ti komboy da Angkuan ti patrol car. Adda amin lugan dagiti kameng ti Los Maestros. Nagyaman iti nalimed ni Angkuan. Natangtangken ti pakinakemna ta adda dagiti kakaduana a mangbayabay kenkuana.

Idi makasangpetda iti presinto, naripar ni Angkuan ti nakaparada a nangisit a Fortuner a lugan ni Kapitan Enteng iti sango ti presinto. Nailasinna pay ti owner jeep a nakaparada met laeng iti abay daytoy.

Nairupaan pay ni Angkuan dagiti sumagmamano a kakadua ti kapitan nga agaarimutong iti ruar. Nagulimekda idi makitada ida a nagkukuyog a simrek iti kuerpo ti polisia.

"Good morning, sir!" nagsaludo dagiti polis.

Naklaat ni Angkuan a napataliaw kadagiti kakaduana. Isu pay la ti pannakalagipna a ni General Loreto ti sinaluduan dagiti polis.

"Good morning, gentlemen!" ismarte ti heneral a nangsungbat iti saludo dagiti polis.

Napaisem. Timmangken ti sangi ni Angkuan. Nangato ti respeto dagiti polis ken ni General Loreto!

"Naimbag a bigatyo, hepe, kakabsat," nagdaydayaw ni Angkuan ken ni Major Salvador. Nairut ti alamanoda.

"Yes, sir, thank you ta immaykayo!" kinuna ti hepe nga immisem.

"Sir!" Nagsaludo ti hepe ken ni General Loreto.

"Carry on, major!" intung-ed ti heneral a nagtapik iti abaga ti hepe.

Inyawis ti hepe a mapanda iti conference room a pagur-urayan da Kapitan Enteng.

"Nalawlawa bassit idiay, sir!" kinuna ti hepe a nangalamano iti heneral.

Nadlaw ni Angkuan ti nairut a dinnakulap ti hepe ken ti heneral. Iti nakitana, uray iti panagpinnerreng laeng dagiti dua nga opisial, ammona nga agkikinnaawatanda.

Idi maibuang ti ridaw iti conference room, rumrumsik dagiti mata ni Kapitan Enteng a naipasabet kadakuada.

"Dayta! Addayta ti malalaki ken agbibisin nga agkapitan a ni Angkuan! Idarumko!" inridis ni Kapitan Enteng ti panangitudona ken ni Angkuan. Kadua ti kapitan dagiti dua a matabeg a lallaki. Naka-sling bag dagitoy iti likudanna.

Naklaat ni Angkuan ken ti grupo ti Los Maestros. Isu ti nabainan iti kinadursok ti kapitan. Awan man la ti panagparbengna!

"Nairamramankayon a dina oras, sir," inyarasaasna ken ni General Loreto.

Nagpadispensar pay kadagiti gagayyemna.

Napardas dagiti pasamak. Timmakder ni Kapitan Enteng. Tinarayna a sineppeg ni Angkuan. Ngem kasla kimat ni Major Salvador a nagpatengnga. Kasla landok dagiti imana a nanggammat iti takiag ni Kapitan Enteng.

"Agparbengtayo, kap. Laglagipenyo, addatayo ditoy presinto. Pagsasaritaantayo iti nasayaat no ania man ti problema," kinunana iti nabatad ken naturay a timek.

Kunam pay, iti bainna, kasla limnek a kigaw ni Kapitan Enteng. Nagdumog daytoy.

"Agtugawtayo, sir," indiaya ti hepe kada Angkuan ken iti grupona dagiti tugaw a naipalikmut iti oval a lamisaan.

Insaruno ti hepe a tinung-edan da Kapitan Enteng.

"Apo Kapitan, umaykayo agtugaw ditoy," insenias ti hepe ti yaasideg da Kapitan Enteng iti lamisaan.

Iti panagtugaw ni Kapitan Enteng ken dagiti dua a kaduana, saan a naigagara a naitupa ti sling bag ti maysa a bayabayna iti iking ti lamisaan.

Nagmulagat ni Major Salvador a nangkita ken ni Kapitan Enteng.

"Addan sa kargada dagiti kaduayo, kap?" kinunana a nangisungo iti sling bag dagiti pasurot ni Kapitan Enteng.

Kasla kimat ti sarhento iti ridaw. Apagsenias ti hepe, ginammatanna a dagus ti bag dagiti nagabay a kadua ti kapitan.

Saan a nakatimek ni Angkuan.

Tinung-edan ni General Loreto ni Major Salvador.

Kasla nasukaan ni Kapitan Enteng iti nagtugawanna.

Saan a nakatimek dagiti dua a badigard ti kapitan idi ibaskag ti sarhento ti nagyan dagiti dua nga sling bag.

"Adda lisensia dagita! Nakanagan kaniak!" awan daydayaw ni Kapitan Enteng a nangiruar iti petakana idi rugian a bidingen ti polis dagiti dua a Kalibre .45 a fully loaded. "Daytoy! Dadtoy ti lisensia dagita paltog!" agpigpigerger a nangipakita kadagiti lisensia dagiti paltog.

Matartaranta, adda inawagan ti kapitan iti selpon kalpasanna..

Nakaul-ulimek dagiti dua a lallaki a nakadumog idi sukimaten ti polis dagiti armas. Insublatda a biniding kalpasanna dagiti lisensia nga impakita ni Kapitan Enteng.

"Palagipankayo laeng, apo, a dandanin ti election gun ban," inyawat ti Major dagiti lisensia ken LTOFP ken ni Kapitan Enteng.

Inlawlawag ti hepe kalpasanna nga awan ti permit to carry firearms outside residence ni Kapitan Enteng.

"Saan a mabalin nga iruar dagiti armas iti pagtaenganyo, Apo Kapitan!" ingngilangil ti hepe.

Saan a naituloy ti hepe ti panagsaritana idi agkiriring ti selponna.

Nagkikinnita da Angkuan ken dagiti kakaduana. Agkalkaling-etan ni Kapitan Enteng a mangtangtangad iti hepe bayat ti pannakisaritana iti selpon.

Panay a tung-ed ken 'yes sir' ti sungbat ti hepe iti kasarsaritana.

Saan a nagbayag, iniddepna met laeng ti selpon. Nakapaspasnek kalpasanna a nagtugaw a nangsango ken ni Angkuan.

"Okey, kastoy, Mr. Dela Cruz, immay nagreklamo ni Kapitan Enteng," tinaliaw ti hepe ti kapitan. "Nagsinnungbatkayo kano ket kinaritmo, pudno kadi dayta, sir?"

"Awan ti kinapudnona dayta, hepe. Kas inreportko idi kadakayo, adu ti nakaimatang iti napasamak. Awan gapgapuna a dinarupnak. Uray dagitoy dua a badigardna, no saanda la ketdi nga agulbod, isuda ti makapaneknek iti amin," naalumamay ti sungbat ni Angkuan.

Nagkaling-etan dagiti dua a kadua ti kapitan idi perngen ida ni Angkuan. Tinaliaw dagitoy ti nakarupanget a kapitan. Nagdumogda idi kitaen ida ni Major Salvador.

"Am-ammoyo dagitoy a lallaki, Mr. Dela Cruz?" dinamag ti hepe.

Naisip ni Angkuan a nupay nailasinna a dagiti dua ti immay immagibas iti paaranganda, saanna ketdi a maibaga no dagitoy ti immay nagibers iti sango ti balayda.

"Makitkitak laeng ida, sir. Ngem diak am-ammo ida a personal…" kinuna ni Angkuan.

"Okey, okey… Ngem imbideom kano pay ti pannakaidaramudomna saka impasapasa, sir? Pudno kadi?" Sinaludsod manen ti hepe a nangisem ken ni General Loreto.

"Saan nga agpayso, sir. Adda selponko, ngem nakabolsa idi. Dagiti sangailina a nangaribungbong kadakami ti nangibideo, sir," nalawag ti nainayad a sungbat ni Angkuan.

"Ulbod! Immayka a kasla kalalaingan rimmaut iti laongko!" intudo ni Kapitan Enteng ni Angkuan. Uray la agwarsi ti katayna iti pungtotna. Kasla bumegbeggang dagiti matana iti pungtotna.

"Dispensarenyon, hepe, kakabsat, ngem palubosandak kadi a sumarita," intayag ni General Loreto ti imana a bulonna a timmakder. "Tapno nalawag a mapaneknekan no asino ti agul-ulbod, apay a ditayo pay la buyaen ti video?" naturay ti timek ti heneral.

Nagtungung-ed dagiti kameng ti Los Maestros.

Kasla tinukel ti mais dagiti ling-et ni Kapitan Enteng idi buyaen da hepe ken ti imbestigador ti video. Nakipagbuya pay dagiti kameng ti Los Maestros. Napangilangilda a sumanamtek.

"Apo Kapitan, saan met gayam a ni Mr. Dela Cruz ti kimmarit. Ken saan a rimmaut. Awan ti riri a napasamak. Nalawag a dakayo ti nangirugi iti amin. Naipasubsobkayo gayam iti takki ti nuang iti pannakaidaramudomyo idi duklosenyo ni Mr. dela Cruz," makais-isem ti hepe a nangsango ken ni Kapitan Enteng nga itay pay nga alusiisen iti nagtugawanna a mangkudkudkod uray iti saan a nagatel a teltelna.

8

SAAN nakatimek ni Kapitan Enteng iti nangngegna. Saanna a maawat ti pannakaibabainna. Makapungtot a nangsango ken ni Major Salvador.

"Hepe, kasanon ti pannakaibabainko?" impettengna. Nadarugsoyen iti ling-et. Bumanang-es. Mayugyog ti akakna iti panangkamatna iti angesna.

"Ti maibalakadko, kap, no kayatyo ti mangyuli iti reklamo iti cyber libel, awan sabali nga idarumyo no saan a dagiti bisitayo a mismo a nangi-video ken nag-upload!" kinuna ti hepe. "Nasaysayaat pay, kasaritayo laengen no asinoman dayta. Tapno i-delete-dan daytoy!"

Awan ti nakatagari iti kinuna ti hepe. Nagtitinnung-ed dagiti kameng ti Los Maestros. Agpapadada a mangdayaw iti kinapatas ni Major Salvador.

"Ken ipalagipko laeng, asino man a matiliwan nga agimet iti armas apaman a mangrugi ti gun ban, dispensarenyo, ngem linteg ti linteg!" kinuna ti hepe a nangkita ken ni Kapitan Enteng.

Sintagari, timmakder ti kapitan. Nakatangtangig a nangtaliaw ken ni Angkuan.

"Saanta pay a nalpas! Ibbongenka inton eleksion!" inwitwitna.

Nakaal-alisto a nagturong iti ridaw kalpasanna. Immipus kenkuana dagiti pasurotna.

Iti panagdardarasna, dandani nadungpar ni Kapitan Enteng ni Atty. Myrna Juanario nga apagisu met a sumrek iti naibuang a ridaw. Kasla nasukaan ti kapitan idi maikuadro ti abogada iti ridaw. Pimmuraddaw idi agsabat dagiti matada iti abogada. Agatras a saan. Idi kuan, kasla nagpayaken dagiti askawna a nangturong iti Fortuner-na.

Naisurot ni Atty. Juanario ti panagkitana iti lugan ni Kapitan Enteng. Napangilangil. Nabayagen a kayatna a makasangonsango. Ngem kasla masilsilian ti ubet ti kapitan tunggal agkitada. Nagbuelta sa nagtarus iti ayan da Angkuan ken dagiti kakaduana a kasarsarita ni Hepe Salvador.

"Attorney, kasla kigaw a timmaray itay nakitanakayo ni Kapitan Enteng!" Impasabet ni Angkuan idi agalamanoda.

"Addan sa kabutengna!" ni Maestro Pitong ti simmungbat. "Sayang ta saan a naabutan ni abogada ti napasamak. Nakitana koma no kasano a nagkulpa ni Kapitan Enteng!"

Immisem ni Atty. Juanario. Nagdaydayawen iti grupo da Angkuan ken ni Major Salvador.

"Kasibsibetyo kano itay sumangpetak iti balay da Mr. Dela Cruz," kinuna ni Atty. Juanario.

Inlawlawag ti abogada nga ayonanna ti panagbaliw ti wagas ti panangituray iti Camanguegan.

"Masapul a maguped dagiti saan a nasayaat nga aramid dagiti nakatugaw!" kinunana pay.

Nagtungtung-ed ni General Loreto.

"Dayta a talaga ti kayat ti grupo a mapasamak, attorney. Mangabaruanan ti Camanguegan tapno magun-od ti sapasap a panagdur-as!"

Saanen a nagbayag ti panagsasaritada, nagpakada met laeng ni Atty. Juanario. Simmaruno metten a nagpakada dagiti kadua ni Angkuan.

Sakbay a rimmuar ni General Loreto, inasitgan daytoy ni Major Salvador. Nakita ni Angkuan ti napasnek a panagsaritada. Kayatna ti dumngeg. Ngem naunaanna ti nagbain. Inin-inayadnan ti nangsurot kadagiti kakaduana a nagturong iti luganda.

NASAPA a nagriing ni Angkuan iti dayta nga agsapa. Aldaw ti panagipilaan iti kandidatura. Nagtutulagda kadagiti kakaduana nga aggigiddanda a mapan iti Comelec. Agpapadada amin iti grupo a damona ti agngayangay. Ngem ammona, no padas ti pagsasaritaan, saan a paatiw dagiti kakaduana. Malaksid ken ni Manang Ellen, Alberto, ken ni Patricio, retiradoda amin iti gobierno.

Adu ti lugan a nakaparada iti sango ti pasdek ti Comelec idi sumangpet da Angkuan. Naragsakan iti panangkadua kadakuada ni General Loreto. Dakkel a tulong kadakuada ti panagplastar ti heneral a mangsuporta iti kandidaturana.

Idi makadanon ti komboyda iti sango ti pasdek ti Comelec, nadlaw ni Angkuan nga awan pay ti lugan ni Kapitan Enteng kadagiti naintar a nakaparada a lugan. Kumunolkunol dagiti tao a nakaiggem iti pormas ti COC. Isu pay la ti pannakalagip ni Angkuan a saan la a para barangay dagiti agipila no di pay dagiti para Sangguniang Kabataan. Naggapu iti sabasabali a barangay dagiti agipila iti kandidaturana.

Nagtarus ti grupo iti opisina ni Atty. Baldos, ti Comelec officer. Adda ti opisina iti maikadua a kadsaaran. Nadayaw a makisarsarita ti agkabannuag nga abogado kadagiti naintar a kandidato a nakapila iti uneg.

Kompleto da Angkuan iti dokumentoda. Ti laengen mangidatag iti COC ti aramidenda.

"Komustakayo, apo?" inyisem ni Atty. Baldos kada Angkuan. Sinaggaysana nga inalamano dagitoy.

Nabara ti pannakikomusta ni Angkuan iti Comelec officer. Nalag-an ti riknana kenkuana.

Napardas ti panangasikaso ti sekretaria ni Atty. Baldos kadagiti papelesda. Sinaggaysana a kinita no adda nalibtawan dagitoy.

Adu pay ti impalagip ni Atty. Baldos kada Angkuan. Inyunay-unayna ti panangsurotda iti election gun ban. Imbagana pay a nasken a suroten dagiti naituding a kadakkel dagiti posters ken maiparit a pagisab-itan iti poster dagiti kayo ken poste ti koriente. Insakbayna nga addanto maangay a candidates forum.

Nagtungtung-ed da Angkuan.

"Okey ngaruden, sir!" kinuna ti Comelec officer a nangpalabas pay naminsan kadagiti COC ti grupo da Angkuan. "Laglagipenyo nga urayenyo ti naituding nga aldaw ti panagkampania. Ken diyonto met liplipatan nga ipila no mano ti nagastosyo iti eleksion, apo. Awan ti substitution iti eleksion ti barangay ta awan ti partipartido. No asino ti ilanadyo a kameng ti pamiliayo a kaap-apiliedoyo, isu laeng ti mabalin a mang-substitute no bilang man, kakabsat!" kinuna ni Atty. Baldos a nangtungtung-ed kada Angkuan.

Nagyaman da Angkuan ken ti grupona iti Comelec officer. Saan a nagbayag, nagpakadan dagitoy.

Nalag-an ti riknada idi rummuarda iti opisina ni Atty. Baldos. Naragsak ti saritaanda.

"Ti grupom ti pangnamnamaan iti Camanguegan!" intag-ay ni General Loreto ti ima ni Angkuan idi adda mangpalakpak kadakuada a kandidato iti kabangibang a barangay.

"Ni Angkuan ti naraniag a bituen iti langit ti Camanguegan!" impasaruno ni Patricio nga ad-addan a nagpalakpakan dagiti makaam-ammo kadakuada.

Umul-ulogdan iti agdan idi mangngegda ti ariwawa. Iti umuna a kadsaaran, nailasin a dagus ni Angkuan ni Kapitan Enteng ken dagiti kakaduana nga umulin iti agdan.

No mabalbalin, kayat ni Angkuan a liklikan ti panagkuros pay laeng ti dalanda ken ni Kapitan Enteng. Saanna a kabuteng ti kapitan. Ngem ammonan ti saan a nasayaat a galad daytoy. Nabara ti dara daytoy kenkuana. Agtultuloy ti pannakaiwaras ti video maipapan iti napasamakda. Aglalaok dagiti makasugat rikna a komentario kontra iti kapitan dagiti netizens. Pasig a negatibo. Yar-arigda ti kapitan kadagiti butangero a kontrabida iti pelikula.

Awan ti pannakainaigna iti panagwaras ti video a pannakaibutaktak ti saan a nasayaat a kababalin ni Kapitan Enteng. Ngem ammona a gapu iti panagbalubalda itoy nga eleksion, kumarkaro ti gura kenkuana ti kapitan. Abusta inaldaw pay a kutkutkoten dagiti labid a komentarista iti DWTP ken DWBB ti rekord ti nagapuananna iti Barangay Camanguegan, matagtagamtam pay ti saan a nasayaat a pannakaipataray ti barangay gapu iti maatap a saan a nalawag a pannakaigastos ti pundo.

Napasarimadeng ni Angkuan. Uray kasano nga ayatna a mangliklik iti panagsabatda iti agdan ken ni Kapitan Enteng, addaytan a kasla ketdin iturturong ti gasat ti panagsabetda.

Nakapolo iti garitan ti kapitan a naakar ti widawidna nga umuli iti agdan.

Kaduana dagiti   katiketna ken dagiti pasurotna a nakaigpil iti folder. Iti kinapangenda, dandani mabangenanda ti antigo a narra nga agdan iti yuulida. Napigsa ti paggaakda aglalo idi makitada ti grupo ni Angkuan a napasarimadeng. Iti kinaadu dagiti sumarsaruno kadakuada, kunam no adda napigsa a dalluyon ti nadawel a baybay a mangiwalin kadagiti masabetda.

Nakagin-awa ketdi ni Angkuan. Awan ti makitana a kargada dagiti pasurotna ni Kapitan Enteng. Nupay kasta, nadlawna a kabarbaro a rupa dagiti dadduma a kadua ti kapitan. Iti taktakderda pay laeng, atapen ni Angkuan a saan a sibilian dagitoy gapu iti kasla napadalanan iti landmower a pukisda.

"Pari Angkuan, agsiputka!" inyarasaas ni Maestro Amante a nakaal-alisto nga immasideg kenkuana. Uray la mayugyog ti abaga ti retirado a maestro iti pardas daytoy a nangaskaw iti tukad ti agdan. Kasla sumo wrestler ni Maestro Amante iti tayag ken kadakkel ti bagina.

Addaytan ni Kapitan Enteng. Nakangirsi. Kasla kumilaw dagiti kigaw a matana idi agsabet ti panagkitada ken ni Angkuan. Nagparikna ken ni Angkuan nga adda sabali a panggep ni Kapitan Enteng ta kasla inggagara ti kapitan a sabten iti ngalay ti agdan. Kayat ni Angkuan ti aglisi ngem awan ti itiitanna.

Saan a nagbiddut, addaytan ti kapitan a mangdungpar kenkuana. Nagiiriag dagiti tao idi kasla kimat a simngat ni Maestro Amante. Kunam pay, kasla nakibor da Angkuan idi agtupa a kasla balyena ti bagi ni Maestro Amante ken ni Kapitan Enteng. Napatugaw da Angkuan ken ni General Loreto a kimpet iti barandilias.

Nagiiriag dagiti nabuak a tao idi kasla agdeppes nga aanien a pagay a kapiged ti pannakaruros da Kapitan Enteng ken dagiti saan a nakapasimad a kakaduana a nadalapus iti panagtulidda iti agdan. Umanikki dagiti nataladtad. Adda dagiti nanggandat a mangsarapa iti kasla agtulid a bariles a bagi ti kapitan a kinayetketan ni Maestro Amante. Ngem iti dagsenda ken ni Maestro Amante, naisaguraman dagitoy a natulid a kasla drum a nagpababa.

9

KUMKUMIES, saan a nakatimek ni Angkuan ken dagiti kakaduana. Kimpetda iti barandilias idi agdadarison dagiti natulatid iti agdan. Napakadaan ni Maestro Pitong ti napasamak. Nakapapasnek daytoy a nangivideo iti napasamak. Uray la mapakirem no manalteek dagiti maitupa nga ulo ken rupa iti tukad ti agdan.

Nagari ti ulimek idi madalusonda a naikaranukon iti baba. Maysamaysa agasug. Ngem kasla ketdi awan aniamanna ken ni Maestro Amante. Nakaal-alisto a timmakder ken nangiwalin ken ni Kapitan Enteng a nadaluson iti sakaananna. Umanikki ti kapitan iti baldosa a kunam no agkurimes iti bisukol iti kasuysuyod nga alog iti Abuor iti panagkaradapna. Tinulongan dagiti bayabayna nga imbangon. Nagtalangkiaw sana indalupisak lattan. Nagpustora a nangibutones iti naray-ab a polona.

"Sinalbagen!" intabbaawna idi madlawna nga agdardara ti ngiwngiwna.

Agkaraiwara iti baldosa dagiti COC ken dadduma pay a papeles. Naglabbet ti asug ken saning-i dagiti kakadua ni Kapitan Enteng a kunam no napadso a mapadara a kababoyan. Agkarkarayamda.

"A-annayko, ti sibetko, apo!" inyanikki ni Kapitan Enteng a nangapput iti agdardara a ngiwngiwna.

Naray-ab ti badona a kasla nagpapasan a nagkulimbitinan ti ubing a kumarayo iti agudong nga inana. Nauksot ti maysa a sapatosna ket kunam la no agkammel iti bennek iti Tagtaginting. Nagkadkadapa a nagar-arikap a nangsapul iti nauksot a sapatosna. Naglabbet a rurod ken ut-ot ti mariknana.

"Kap! Kap!" alisto a binatak dagiti pasurotna idi tumakder.

"Punieta!" inggulagol ti kapitan. Makapungtot a nangitudo ken ni Angkuan.

"Han---!" Saan a naituloy ti kapitan ket naapputna ti ngiwngiwna.

"Ayy!" napairiag a napataliaw dagiti kakaduana idi simmurot a naruros ti tallo a ngipen ti kapitan iti panagsaona koma.

"Hanak ti hal-it!" ingngalngalna nga intabbaaw.

Adda saan a nakatiped iti ayek-ekna kadagiti nagusiyuso.

"La su, ney, sal-ot, awanen 'ta ngipen!" adda nangisawang.

Ad-addan a rurod ni Kapitan Enteng. Umanangsab, ginandatna a duklosen ni Angkuan a nakaulogen iti agdan. Ngem alisto dagiti kakaduana a nangigawid iti daytoy. Kasla agungor a toro a naggulagol. Ania pay, naglalaoken ti buteg ken dara a nayamloy iti ngiwngiwna.

Tengtenglen ni General Loreto ti riknana a nagpatengnga.

"Siak a mismo ti nakaimatang, Kapitan Enteng! Ginandatmo a dungparen ni Mr. Dela Cruz. Imbag ta adda a nagsalida ni Maestro Amante!" gimluong ti timek ti heneral a nangitudo ken n Kapitan Enteng. "Agpakataokayo! Dakayo a nakatugaw ti ad-adda koma nga agbalin a pagwadan!".

Bimsag, saan a nakatimek ni Kapitan Enteng idi asitgan ni General Loreto. Nataliawna dagiti kakaduana a langana ti agpatulong. Ngem nakadalupisak pay laeng dagiti dadduma nga agil-ilos iti baldosa.

"Kapitan, no adda reklamom, agkikitayonton iti husgado!" kinuna ni General Loreto nga agtigtigerger pay laeng a nangitudo ken ni Kapitan Enteng.

Kasla nakukkokan a bisukol ti kapitan. Nataliawna dagiti kakaduana. Idi agdumog dagitoy, indumogna metten. Awan turedna a makipinerreng ken ni General Loreto.

Uray idi isenias ti heneral kada Angkuan a mapandan, nakaul-ulimek pay laeng ti grupo ni Kapitan Enteng. Kasla napal-idanda iti napigsa nga allawig. Awan ti mangngeg kadakuada no di laeng a ti mamedmedmedan nga anikki.

Idi agandar nga umadayo dagiti lugan ti bunggoy da Angkuan, maysamaysan ti mangagal iti sakit dagiti naitupa a paset ti bagida kadagiti tukad ti narra nga agdan.

NAKAPANAWEN dagiti gagayyemna a nangitulod kenkuana. Nabayag a nagsasaritada. Kinasangona ida iti pangaldaw. Dandani nagmalmalem a nagnanaminganda dagiti plataporma da. Adayo pay ti naituding a panagkampania ngem nagtutulagdan no ania ti estratehiada.

Napawingiwing ni Angkuan. Saanen a makapagatras. Pasaray sumelsel iti isipna, saan ngata a nagbiddut iti itatapogna iti politika? Maamirisna itan nga agpayso a natalalna nga adayo idi ti biagna. Ita, saan pay a kaisuan ti kampania, addaytan nga agsisimparat dagiti paspasamak. Ngem kasano a paayenna ti kiddaw dagiti kalugaranna? No apay nga isu ti intandudoda, saanna a maawatan. Maysa laeng a nanumo ken gagangay a naiparsua.

Nagsenaay idi malagipna ti napasamakda kada Kapitan Enteng. Ngem makaanay ketdi a pammatibkerna ti pammatina a makatulong iti barangayda no maikkan iti gundaway nga agserbi. Napudno ti tarigagayna. Agserbi. Saan a paserbian.

Napasuyaab a naginat. Napakiet. Isu pay laeng ti pannakariknana iti bannogna. Nalagipna ni Maestro Amante. Mapangnamnamaan ti maestro. Ni General Loreto, saan a matukkol dagiti isawangna a balikas. Nai-video ni Maestro Pitong ti napasamak. Binuybuyada amin itay. Saannan a malagip no namin-ano a nagtulid da Maestro Amante ken ni Kapitan Enteng. Nga iti dagsenda, nairamraman a naruros dagiti kadua ti kapitan a nagtulid iti baba. Imbagana ken ni Maestro Pitong a saanna nga i-upload ti video iti Facebook. Nakababain no pagpiestaanen manen dagiti tao ti napasamak. Isunto manen ti pagmamaritesanda. Aglalo no maiwaragawag iti radio ken telebision.

Idi makapangrabii, inkeddengna nga aginanan. Sakbay a simrek iti siledna, binilinna ni Oppong ken dagiti sumagmamano a lallaki a kakabagianda nga agridamda. Saanna nga ammo ti mabalin nga aramiden dagiti pasurot ni Kapitan Enteng. Nalagipna ti inkissiim itay ni General Loreto kenkuana maipapan iti panagsaritada ken ni Hepe Salvador.

Nangato gayam nga opisial ti hepe ti immawag kenkuana. Nasinged kano a gayyem daytoy ni Kapitan Enteng. Ngem kinuna ti heneral nga impanamnama ni Major Salvador nga ammona ti aramidenna no aglablabes ken agkibaltang ti kapitan. Saan nga agpangadua, isu a mismo ti mangposas kenkuana no saanna nga ammo a bigbigen ti linteg.

Ad-addan ti panagyaman ni Angkuan. Dakkel ita a tulong kenkuana dagiti gagayyemna. Isuda ti sarikedkedna a mangdupir iti didiosen iti Camanguegan. Dakkel a laban ti sinerrekna. Ngem ituloyna ti nairusatnan a dangadang. Uray kaipapananna pay nga ibuisna ti biagna.

Idi agidda, iniddepna ti selponna. Dina kayat a maisturbo iti pannaturogna. Kasla napaksuyan iti panagriknana.

Inkidemna ti nangitanamitim iti ababa a kararag. Kiniddawna iti Dios a tarabayenna iti daytoy nga iseserrekna iti lubong ti politika. Inkararagna a sagutan ti Apo iti kabaelan ken salun-at a kasapulanna tapno maibanagnanto dagiti arapaapna no ited ti Dios ti napintas a gasatna.

Saan a napupuotan ni Angkuan, ngem idi malpas ti panagkararagna, immapayen ti nakaim-imnas a ridep.

Saanna nga ammo no kasanon a kapaut ti pannakairidepna idi pagam-ammuan ta addaytan dagiti nagsasaruno a ranipak. Makatitileng. Kasla mabalsig dagiti kayo a diding ti kadaanan a balayda a salputen dagiti bumegbeggang a buli! Nalagipna ti paltogna iti pandag ti punganna. Bimmaba iti katre sa nagkaradap nga immapiring iti adigi. Simmirip. Nalawag a naipasirna iti aragaag a bulan ni Kapitan Enteng. Adu ti kaduana. Nagtagiarmasda amin. Saanda a biagen. Saanda a mauma a mangtatek iti balay.

"Apo Dios! Kanibusanak kadin? Apo, kaasiannak!" naipigsana idi mariknana a kasla mapirpirsay dagiti lasagna a salputen dagiti bala. Madamdama pay, mariknana lattan ti panagkapsutna. Aglanglangoyen iti bukodna a dara. Naibbatanna ti paltogna.

Nakalua a nakalagip iti pamiliana.

"Carlota! Carlota… Annakko…" nakunana a mangkamkamat iti angesna.

10

"A NGKEL Angkuan, agriingkayo!"
Napasardeng ti napigsa nga urok ni Angkuan a kunam la no nakaprimera a weapons carrier a sumangsang-at iti Tangadan iti nagsasaruno a pannakagunggon ti abagana.

"Agriingkayo, angkel!" kinuna ni Oppong a nakatakder iti sikigan ti katre.

Napamulagat ni Angkuan. Agkalkaling-etan. Nakasikig a nakaturog. Iti kigtotna, uray la a natarimbangon idi mabigbigna ni Oppong. Mataltalimpungaw iti kellaat nga ibabangonna. Uray la naitupa ti ulona iti uluanan ti katre iti pannakabaringkuasna.

"N-napaltognak, Oppong!" umanangsab a nangkarkarawa iti bagina. Nagkintayeg idi mariknana a nabasa ti pagan-anayna.

"Nagtagtagainepkayo, angkel! Isu a nagdardarasak nga immay nangriing kenka ta mangngegmi pay iti baba ti pigsa ti urok ken ngangawyo! Kasla adda ipukpukkawyo a nagan itay!" kinuna ni Oppong a nangmulengleng kenkuana.

"A-ania? Saan nga agpayso a... " kinuna ni Angkuan a nangulit a nangkarkarawa iti bagina. . Nakagin-awa idi maamirisna a saan a daradara ti bagina. Nadaripespes iti ling-et. Nagkalamiisan.

Susapo, nakunana iti nakemna. Impagarupna itayen no pudno a napaltopaltogan. Ket napalua ta napalua lattan. Nagyaman iti Apo ta tagtagainep la gayam ti amin.

Saanen nga indoble ni Angkuan ti nagidda. Agalas dies pay laeng iti rabii. Bimmaba a simmurot ken ni Oppong. Yiladna laengen iti butaka iti salas. Saanna a kayat nga amangan no batibaten manen iti kuartona.

Inkidemna iti butaka. Anian a nagamak a tagtagainep, sangkaduldol ti isipna idi malagipna ti nakauy-uyong a langa ni Kapitan Enteng iti tagtagainepna. Wenno partaan kadi dayta? Naisipna, nasken a nayonanna ti panagannadna.

Kinabigatanna, ngawngawngawen dagiti komentarista iti radio ti maipapan iti bumarbara a politika iti nadumaduma a paset ti pagilian. Adda dagiti report ti agpipinnangta a kandidato. Adda pay damag nga agkakabsat ken asideg nga aggagayyem ti agbabalubal a para kapitan. Sabali pay ti damag nga addan napapatay a natambang kadagiti sabasabali a lugar nupay di pay nangrugi ti kampania.

Maysa a pagpiestaan dagiti komentarista isu ti napasamak iti opisina ti Comelec iti San Sebastian.

Iti NPT TV ken DWTP a paboritona nga estasion, magustuan ni Angkuan ti nalawag ti birada ni Ronald Unnoy iti nasapa a programana. Awan ti al-alaen ti komentarista. Patas. Balanse ti komentariona. Agpada ti DWTP ken DWBB a mangbabbabalaw iti galad ni Kapitan Enteng. Kidkiddawenda nga agpainterbiu koma ti kapitan tapno mailawlawagna ti biangna iti napasamak ta isu ti maitudtudo nga akimbasol iti karambola iti Comelec.

Madamdama pay, napatengngaag ni Angkuan idi maitimkanna ni Kapitan Enteng a main-interbiun iti radio. In-interbiuwen ni Ronald Unnoy. Napangilangil. Binaliktad ni Kapitan Enteng ti napasamak. Imbagana a ti grupoda ti nangdungpar iti grupo ti kapitan.

"Ulbod! Salawasaw dayta nga Angkuan dela Cruz! Agbibisin!" inridis pay ni Kapitan Enteng.

"Ket, kasano ngarud, apo kapitan, mangipilakayo iti reklamo kontra ken ni Mr. Dela Cruz?" sinaludsod ni Ronald Unnoy.

"Saanen! Awan serbi ti darum darum! Inton panagbubutos, dagiti kabarangayakto ti mangsentensia iti dayta nga Angkuan! Ania met ti pangabak dayta a kattiliw? Uray ringudandak! Di pay kayat nga ibutos dagiti kakabagianna!" kinuna pay ti kapitan a sigugubsang.

Napangilangil ni Angkuan. Naisardengna ti panagkapena. Talaga a napangas ti kapitanda. Nababa ti pagkitkitaanna iti padana a tao. Nagsanamtek. Tumakder koman idi maallingagna manen ni Ronald Unnoy. Padasenda kano a tawagan tapno alaenda met ti palawagna.

Agpayso, saan a nagbayag, addaytan ti kiriring ti selpon ni Angkuan. Apagsungbatna, naitimkanna a dagus ni Ronald Unnoy iti bangir a linia.

"Apo Juan dela Cruz, ni Ronald Unnoy daytoy. Live-tayo iti DWTP ken NTP Network, sir. No adda pannakabalinna, alaenmi koma met ti palawagyo, maipapan iti kinuna ni Kapitan Enteng tapno patas met laeng ditoy programatayo a Banat, Birada!" kinuna ti anaunser.

Apagapaman a nagpanunot ni Angkuan. Naisipna nga amangan no ad-adda laeng a marubroban ti gura ni Kapitan Enteng kenkuana no ibagana ti agpayso. No mabalin, saannan a kayat a rubroban ti sakit ti nakem ti kapitan kenkuana. Ammon ti kaaduan a kailianda iti San Sebastian ti galad ni Kapitan Enteng. Aglalo iti barangayda a Camanguegan. Amkenna a surokan wenno kissayan manen dagiti marites dagiti damag. Ngem nagpakpakaasi ti anaunser ken ni Angkuan.

"Uray ababa laeng nga statement, Mr. dela Cruz, tapno agbalintayo a patas tapno mangngegan dagiti kalugaranyo ti biangyo," kinuna ni Ronald Unnoy.

"Kinaagpaysona, bassit laeng a banag ti napasamak, Apo Ronald. Saantay koma laengen a padakkelen pay," kinuna ni Angkuan a nagpadispensar iti anaunser ken kadagiti agdengdengeg. "Ammoyo metten, bunga la ti politika dayta. Ngem maurnosto ti amin. Masapul nga agsisinnakit dagiti agkakabarangayan. Asino man kadakami ti mapagasatan, maymaysa ti panggepmi ken ni Apo Kapitan Enteng. Ti agserbi para iti pagsayaatan dagiti taga Barangay Camanguegan," innayonna.

Gapu ta live iti ere ti interbiu, adu a netizens ti nagkomentario iti programa ni Ronald Unnoy. Pasig a panagraem ti reaksionda ken ni Angkuan. Dayawenda ti kinapakumbabana. Rumbeng, kunada pay nga isu ti agkapitan tapno dumur-as met ti Camanguegan.

Ngem adda dagiti sutil a nangibaga nga agpapustiso kano ketdi ni Kapitan Enteng tapno masuktan dagiti napusi a ngipenna a naitupa iti agdan! Kuna pay dagiti miron a gunggonana a natuppolan. Dayta ti pagbaraan ti piditpidit ti kapitan.

NASAPA a sinarungkaran ti grupo ti Los Maestros ni Angkuan iti dayta a bigat. Napasnek ti saritaanda iti terasa idi adda mapasungadanda a grupo dagiti lallaki. Nagmalanga ni Angkuan. Saanna a mailasin dagiti lallaki.

Timmakder ni Angkuan idi agsarimadeng dagiti lallaki idi makaasidegda iti ruangan. Adda naggilap iti panunotna. Tao la ketdi dagitoy ni Kapitan Enteng, nakunana. Timmakder. Imbagana nga adda laeng mapanna alaen iti kuartona. Ngem idi umuli koman tapno alaenna ti paltogna iti siledna, inarasaasan ni Teniente Charlito.

"Barangay Tanod dagita, Angkuan!" kinuna ti teniente a nangsabet kadagiti lallaki iti ruar ti inaladan. Nakarikep ti landok a ruangan. Arintukiaden ken agpipinnatudon dagiti lallaki nga umuneg idi ibaga ti teniente nga umunegda.

"Umunegkayo," inyawis ni Angkuan idi mariknana a maala dagiti tanod ti agbain. Imbilinna ken ni Oppong nga igalut pay laeng daytoy ni Blackeye idi ngerngeran daytoy dagiti sangsangpet.

"Naimbag nga agsapayo, Apo Angkuan," nagdaydayaw dagiti Barangay Tanod.

"Kasta met, kakabsat. Ania ti napintas nga angin ti nangidanon kadakayo iti nanumo a pagtaenganmmi," inyisemna a nangipatuldo kadagiti walo a lallaki kadagiti naintar a panghardin a semento a tugaw iti asideg met laeng iti ayan ti grupo ti Los Maestros. Dinamagna no ania ti gagara dagiti tanod a sinaggaysana nga inalamano.

Iti ayanda a lamisaan, mirmiraen da Maestro Amante ken Maestro Pitong dagiti tanod. Kabisadoda unay dagitoy. Nagaget dagitoy a tanod ta pasaray tangdananda ida no kasta nga adda ipatrabahoda idi iti pagisuruanda.
Timmakder ni General Loreto. Immasideg kada Angkuan. Mababain dagiti tanod a nagdumog idi tung-edan ida ti heneral.

"Ala, sikan ti mangiruangan iti rantatayo," inkidag ti kalakayan nga agnagan iti Nelson ti kaab-abayna idi awan ti mayat nga agtimek iti bunggoyda.

"Kastoy ngamin, sir," insig-am ni Billy, ti kaubingan kadagiti tanod. "Agikkatkamin a tanod iti barangay!"

Naklaat ni Angkuan iti nangngegna. Nagkikinnita da General Loreto ken dagiti kakaduana.

"Aguraykayo, kakabsat. Saankayo a maawatan. Apay a kunayo nga agikkatkayo a tanod?" nagmurareg ni Angkuan.

Sinaggaysa nga imburay ni Billy dagiti ir-irukenda ken ni Kapitan Enteng. Saanda kano a magustuan ti wagas ti kapitan a mangidaulo. Imbagada pay a tallon a bulan dagiti uppat a kakaduada a tanod. Ngem saanda kano pay a nagsueldo. Irason kano ti kapitan a paset ti training-da ti panagpaayda iti tallo a bulan isu a libre ti serbisioda.

"No maipakitami kano a nasayaat ti serbisiomi, ituloymi ti agserbi a tanod, sir," kinuna ti maysa kadagiti barangay tanod.

"Ania?" nagsabat dagiti kiday ti heneral a nangmulagat kadagiti tanod. "Apay, manokayo amin a tanod ditoy Camanguegan?"

"Duapulokami amin, sir," insungbat ti kalakayan. "Ngem ti dimi magustuan, ultimo panagpatrabaho ni Kapitan Enteng kadagiti pugonna, panagpapukanna iti kayo ken kawayan, ipaaramidna metten amin kadakami. Dinakami met ngarud tangdanan, sir! Kasanon ti pamiliami?"

"Ken pagtraktoren ken pagparaepennakami pay, sir!" kinuna ti sabali pay a tanod.

Nagsanamtek ni Angkuan. Ania metten, nagawan met nga asinan kadagiti tao, nakunana iti nakemna.

"No saankami nga agtungpal, ikkatennakami met, sir. Isu nga adu ti kabarbaro a kaduami. Dagiti dati, nagikkatdan. Saanda a naanusan, sir!"

Ad-addan ti sanamtek ni Angkuan. Adu pay ti imbaga dagiti tanod. Bassit usit ti ganarda ta kagudua laeng iti sueldo dagiti padada a tanod iti kabangibang a barangay ti sueldoda.

"No ikan koma, siit la gayam ti it-itedna kadakayo ni kapitan! Bagina ti lasag!" napangilangil ni General Loreto.

"Isu nga agikkatkamin a tanod, sir. Umaykami laengen tumulong ken ni Mr. Dela Cruz. Bareng nasaysayaatto ti kasasaadmi no agbaliw ti turay ditoy Camanguegan," kinuna pay ti kalakayan.

11

NAGRIMAT dagiti mata ni Angkuan iti kinuna dagiti tanod. Inisemanna dagitoy a nagtungtung-ed. Ammonan ti aramidenna. Dakkel ti maitulong dagitoy kenkuana iti panawen ti kampania.

Nagdinamag iti Camanguegan ti panaglusulos ken ibaballasiw dagiti walo a Barangay Tanod iti grupo da Angkuan. Maysamaysa agkuna a dakkel a pukaw ni Kapitan Enteng dagiti walo. Asidegen ti eleksion. Malaksid a maikissay iti butosna dagitoy agraman pamiliada, mapukolan pay ti kapitan. Awanen ti pamigsaenna a baombaonen.

Aglalaok ti komentario iti social media kontra ken ni Kapitan Enteng. Babalawenda ti kapitan iti saan a maiparbeng a panangtratona kadagiti tanod. Adda mangibaga nga ibolbolsana ti sueldo dagitoy. Adda pay agkuna a pagtanoden, saan ketdi a paggatoden ken pagpugonen dagiti tanod. Rimmuar la ket ti isyu nga isu met la a kanayon a makauna a makatalon ti kapitan iti Camanguegan ta para traktor, para bunubon, ken para raepna gayam dagiti barangay tanod.

Makapungtot ni Kapitan Enteng idi dida sardayan a kritikaren iti social media. Saanna a magustuan ti ibagbagada a mananggundaway a kapitan! Buklis! Kupitan ken no ania ditan a sao. Saan a maserregan ti dila dagiti miron. Ti pagsiudotanna la unay, adda nangipangta nga ipa-Tulfo-da tapno agpatinggan! Iti pungtotna, ilunlunodna dagiti tanod.

Saan a ninamnama ni Angkuan nga adda dakes nga ibunga ti panangawatna kadagiti tanod iti grupoda. Inawatna ida gapu iti asina kadakuada. Ngem nakigtot idi ipadamag dagiti nagikkat a tanod nga agpupungtot ni Kapitan Enteng a nangpaayab kadagitoy. Awan ti nagtungpal kadakuada iti butengda.

Gapu ta saan a nauray ni Kapitan Enteng dagiti tanod, impadamagna a saanna nga inikkat no di ket nagboluntario a nagikkatda. Ngem gapu ta sakup ti election ban, saan a mabalin ti kapitan ti mangdutok iti kasukatda.

"Daydiay nga Angkuan ti nangdurog kadagiti tanod nga agikkat!" sangkakuna pay ti kapitan no kasta nga adda agdamag kenkuana.

Nagsennaay ni Angkuan iti panangpabpabasol ni Kapitan Enteng kenkuana. Ngem saanna a mabalin a baybay-an dagiti tanod. Nagagetda. No awan ti pakitangdananda, umayda tumulong iti balayda. Uray awan pangsueldona kadakuada.

Iti maysa a malem a panagmimitingda da Angkuan ken ti grupona, nakigtotda idi mapasangpetda ni Billy a nakapurpuraddaw.

"Sir, ni Manong Nelson, binugbog ni Kapitan Enteng!" kinunana nga umanangsab.

Napanganga ni Angkuan. Napatengngaag met dagiti kakaduana. Nagipapasan la ketdi ni Kapitan Enteng iti pungtotna ni Mang Nelson.

Segun ken ni Billy, agbisbisikleta ni Mang Nelson. Agreport koma kada Angkuan iti dayta nga aldaw idi nalabsanna ti ummong da Kapitan Enteng iti dalan. Pinasardeng ti kapitan. Pinagsasawan ken binugbogna idi sumungbat daytoy.

"Ayan ngarud itan ni Mang Nelson?" dinamag ni Maestro Amante.

"Intaray dagiti immarayat iti emergency hospital, maestro," kinuna ni Billy nga agpigpigerger.

"Kaasi met. Napakaruan la ketdi," imbagi ni Maestro Pitong.

"Ania ngata no pungnguentayo dayta a kapitan, kakadua? Saan met la nga agpatpatinggan!" nangmesmes ni Engr. Redong.

"Aguraykayo. Surotentayo koma ti nasayaat," insenias ni Angkuan ti panagtalna dagiti kakaduana.

"Idarumtayo tapno maikkan iti pagnakmanna!" kinuna ni Teniente Charlito.

"Ti nasayaat, intayo kitaen ni Mang Nelson iti ospital. Tulongantayo no ania man ti masapulna," kinuna ni Angkuan a nagdardaras a simrek iti kuartona tapno agpelles. Mangitugot iti gastosenda. Ammona, awan la ketdi ti pangalapkapan ti pamilia ni Mang Nelson.

Apaglikud ni Angkuan, inawagan a dagus ni General Loreto ni Major Salvador. Impakaammona iti hepe ti napasamak iti tanod.

"Imbestigarenmi, sir. Mangibaonak iti taok iti ospital ita met laeng!" insungbat ti hepe.

Tallon nga aldaw iti ospital ni Mang Nelson. Binisita ni Angkuan iti ospital. Sumayaaten ti kasasaadna. Natukkolan iti paragpag iti panangdanog ken panangkugtar kenkuana ni Kapitan Enteng. Inkari ni Angkuan iti asawa ni Mang Nelson a tumulongda iti aniaman a magastos. Idi agpakadada, pinapetpetanna ni Mang Nelson.

"Pagnayonmo iti igatangmo iti agasmo, manong," pinetpetan ni Angkuan ti takiag ni Mang Nelson.

"Dakkel a tulong daytoy, sir," napalua ti asawa ni Mang Nelson iti panagyamanna.

"Bassit la dayta a banag, manang. Pia la a pagnayonyo a paggatang iti kasapulanyo. Ulitek, diyo pagdanagan ti gastosyo ta pagtitinnulonganminto," intung-ed ni Angkuan.

Dimmagas ni Angkuan iti presinto. Kinasaritana ni Major Salvador maipapan iti kaso ni Mang Nelson. Kinuna ti hepe nga apaman a rummuar ni Mang Nelson iti ospital, mapanto iti police station tapno maalaanda iti palawag ken maipila iti reklamona. Yulidanto ti darum. Kuyogendanto a mapan iti piskalia.

Binanatan manen dagiti komentarista iti radio ken telebision ni Kapitan Enteng. Maysa a beterano a komentarista, ni Ben Birador, ti nangibaga nga awan karbengan a maikkan iti poder dagiti agari-ari a kas ken ni Kapitan Enteng. Kinuna met ni Ka Dante Pantaleon ti DWTP ken NTP nga awan respeto ni Kapitan Enteng kadagiti babassit a tattao. Adda pay nangibaga a nalabit pagpannakkel ti kapitan ti kinadekketna kadagiti adda iti ngato isu a nakarit.

Kayat dagiti komentarista a padakkelen ti isyu. Ngem idi interbiuwenda ni

Mang Nelson, nagkedked daytoy gapu iti amakna nga adda dakes a mapasamak kenkuana.

NAGDINAMAG iti Barangay Camanguegan ti panagpabalawbaw ni Kapitan Enteng iti nalawa nga arubayanda a naisilpo iti covered court. Manamnama nga adu ti makipunsion iti panagkasangay ti kapitan. Naawis amin a kabarangayanna.

"Adu la ketdi ti mapan, Pari Angkuan," kinuna ni Maestro Pitong. "Ammom metten, dayta ti magustuan dagiti tao, ti malanitan ti subsobda. Itoy a kinarigat ti biag, pagawisna dayta iti tao."

Napaisem ni Angkuan. Awan manen serreg ti dila ni Maestro Pitong. Ipasaksakna latta ti saona.

"Am-ammokon dagiti taga-Camanguegan, Pari Pitong. No punsionan, alistoda. Uray dimo yawis, kutonen, darupenda! Uray ngata kasano kaadu ti sagana ni kapitan, ad-adunto latta ti mabutostayo!" insalingbat ni Maestro Amante a tumultulong a mangbagkat kadagiti kinarton a polietosda.

Nagkatawa ni Maestro Pitong a nangkita ken ni Angkuan.

"Ala, bay-an ida, isu pay a pakairanudanda!" inyisem ni Angkuan a nangbiding kadagiti polietos a pinaimprentanna iti Obraku Printing iti Quezon City.

Gayyemna ni Dawnis, ti akinkukua iti imprenta. Inted daytoy a libre dagiti polietos a kas tulongna iti panagkandidatona.

Nagpaaramid pay ni Angkuan iti jingle ti grupo a kinanta ni Vhen Bautista, ti nalatak a kumakanta a patanor ti Laoag ken Cagayan a nakabase itan iti US. Nagayyemna ni Vhen iti panagbuyana iti konsierto daytoy iti Bay Area idi agturista iti US.

"Idiay Sitio Namaltotan, adu la ketdi ti makipunsion. Ngem amangan ta ibbongenda. Adu ti pabor iti grupotayo, kakadua," imbagi ni Manang Ellen a nangtaliaw ken ni Maestro Pitong. "No mapanda man iti punsion ti kapitan, mapanda laeng agpasar. Ngem saanen a matukkol ti desisionda a saanen mangibutos kenkuana. Binaybay-anna ti purokmi! Nakalublubo ti dalan, marigatankami. Idinto nga iti purokda, ultimo lipit, pati paraanganna, pinasementona!" inridisna ti saning-ina.

Nagtungtung-ed ni Angkuan. Makapatibker iti pakinakem dagiti ibagbaga dagiti kakaduana. Agpapadada nga adu ti ir-irukenna.

Idi pagammuan ta nalagip ni Angkuan ni Mang Nelson. Wen, mapananto pasiaren manen iti ospital. Nalaingan laket itan, naisipna.

Idi malpasda nga agsasarita, imbaga ni Angkuan a pasiarenna iti ospital ni Mang Nelson. Imbaga a dagus da Maestro Pitong ken Maestro Amante a kaduaenda daytoy a mapan iti ospital. Napanunot ni Angkuan nga amangan no mabalindan nga iruar ni Mang Nelson iti ospital. Nabengbeng ti imbolsana idi sumrek iti kuartona.

Linasat da Angkuan ti kalsada a lumabas iti balay da Kapitan Enteng. Adu ti tao. Kumaribusoda. Inton bigat pay laeng ti kasangay ni Kapitan Enteng. Makaawis imatang dagiti nagdadakkel a tarpolin dagiti mabigbig a politiko a nangkablaaw iti kapitan.

"Sigurado, mapanda la ketdi dagita," insungo ni Maestro Pitong dagiti politiko nga adda naka-tarpolin a kablaawna. Adda kablaaw ni Gobernadora Alconis, Bise Gobernador Remy Negre, Diputado Vilmer, ken dadduma pay a politiko. Kadakkelan iti tarpolin ni Senador Magtolis.

Arig saan nga agkirem ni Angkuan idi tangadenna ti ladawan dagiti nagdadakkelan a politiko. Sikat ni Kapitan Enteng. Adda payen senador ti republika a gayyem ni Kapitan Enteng!

Sabali a talaga no nakaramuten ti politiko, naisip ni Angkuan. Magayyemna amin dagiti adda iti ngato. Ket naamirisna no apay a kasla tekka ti pigsa ti kapet ni Kapitan Enteng iti ngato.

Dimsaag a dagus idi makadanonda iti ospital. Tinung-edanna ti guardia a nangkablaaw kenkuana. Sumarsaruno kenkuana da Maestro Pitong ken Maestro Amante.

Nagtarusda iti ward a yan ni Mang Nelson. Ngem nasdaawda idi makitada a nadalus ken bakanten ti katre daytoy. Nagmalanga ni Angkuan. Nayakar iti kuarto ni Mang Nelson?

"Asino ti sapsapulenyo, sir? Ni kadi Mang Nelson?" kinuna ti babai nga agbambantay iti maysa a lakay a pasiente iti ward.

"Wen, manang. Nayakar kadi?" intung-ed ni Angkuan.

"Kua, sir, inruarda metten idi kalman," insungbat ti baket.

Nagkikinnita da Angkuan ken dagiti kakaduana. Rimmuarda iti ward. Naisipna nga amangan no nagpirma ketdi iti promissory note ti asawana ket subliandanto laengen a bayadan ti hospital bill-da.

Nagtarusda iti billing section. Nagdamag ni Angkuan iti kahera.

"Rimmuardan, sir. Idi kalman pay!" kinuna ti narapis a babai a kunam no namaseliaan ti rupana iti puskol ti palitadana. Napuskol met laeng ti anteparrana a nangpadakkel la ket ngarud iti datin a nabuddak a matana. "Apay, kadi, sir?" tiningigan a tinangad ti babai nga umis-isem.

"Ay, kua, ma'am, mano ngarud ti mabayadan?" sinaludsod ni Angkuan.

"Nabayadandan, sir!" impallilit ti kahera." Kasla taon sa ni Apo Gobernadora ti immay nangiruar kadakuada," intungtung-ed ti kahera ken ni Angkuan.

Saan a nakatimek ni Angkuan a nangtaliaw kadagiti kakaduana. Agsalsaludsod dagiti matana. Napan nagpatulong ti pamilia ni Mang Nelson ken ni Gobernadora Alconis? Napamurareg. Inkeddengna nga agtarusda iti kuerpo ti polisia.

12

S UMSUMREK pay laeng da Angkuan iti kuerpo ti polisia, addaytan a nakitana a sumabet kenkuana ni Major Salvador. Adda igpil daytoy a folder.

"Naimbag nga aldawyo, hepe," inkablaaw ni Angkuan idi alamanuen ti hepe.

"Good morning, sir," inyisem ti hepe a nangyawis iti iseserrekda iti opisinana.

"Agtugawkayo!" kinunana idi makapagplastar iti lamisaanna.

"Kastoy, hepe, gapgapumi idiay ospital. Ngem nakaruar gayamen ni Mang Nelson. Damagenmi koma no immaydan nangted iti palawagda ken no naipilan ti reklamoda iti piskalia," sinaludsod ni Angkuan.

"Ay, wen, sir, immayda," intung-ed ti hepe. "Ngem adda met nangkuyog kadakuada nga abogado. Masdaawak ngarud ta adda metten nakasagana nga affidavit ni Mang Nelson. Saanen a mangyuli pay iti ania man a darum kontra ken ni Kapitan Enteng. Bassit kano laeng a banag ti saanda a nagkinnaawatan ken ni kapitan!" inlawlawag ti hepe a nangipakita iti kopia ti notariado nga affidavit a pirmado ni Mang Nelson.

Napanganga ni Angkuan. Agngilngilangil met a sumanamtek da Maestro Pitong ken Maestro Amante.

"Kayatyo a sawen, hepe, awanen, saanen a makasuan pay ni Kapitan Enteng?" nagmulagat ni Angkuan a kasla saan a mamati iti kellaat a panagbaliw ti angin.

"Kasta nga agpayso, Mr. Dela Cruz. Awan mabalintayo. Mismo a ti biktima ti nangibabawi iti darumna. Kinapudnona, patiek a kinasaritada ni Mang Nelson a yatras daytoy ti kasona. Am-ammok ti abogado a nangkuyog kenkuana, ni Atty. Ventura. Maysa kadagiti talken ni Gobernadora Alconis."

Nagsennaay a napawingiwing ni Angkuan. Nalawag itan ti amin kenkuana. Tao ti gobernadora ni Kapitan Enteng. Isu ti nangurnos iti kasona. Saanna a patien a nagdisnudo ni Mang Nelson a nangyatras iti kaso. Ammona, saan a karuprupa ti kuarta ti tanod. Adda la ketdi naun-uneg a gapuna.

AGSISINNABAT dagiti lugan iti kalsada iti barangay. Maymaysa ti ayoda. Mapanda amin ken ni Kapitan Enteng. Nagdinamag ti adu a padaraen ti kapitan. Lima a baka ti pinaisalogna iti Bantay Abot a yan ti nalawa a pasto ken pukridona. Sabali pay ti duapulo a sagsisien kilos a baboy nga inorderna iti Roy's Piggery, ti nalawa a pagtaraknan iti baboy iti Barangay Rissang. Pinullo a kalding ken ginasut a manok.

No labsen ti agsao, sentro ti imatang ti probinsia ti Barangay Camanguegan. Sangaili ni Kapitan Enteng dagiti nangangato nga opisial. Adu ti makipunsion a bumarangay. Mano nga aldaw a nagudaod ti dyip a nakatrompa a nagiwarwaragawag iti awis ni Kapitan Enteng a panagkasangayna.

"Isapsapan ni Kapitan Enteng ti panangrambakna iti pannakailayonna!" kinuna dagiti dadduma a bumarangay.

"Kasano nga abakem ti abunaw ti kuartana?" adda pay nagkuna.

Ngem saan a naliklikan ni Kapitan Enteng ti tirada dagiti miron.

"Gimmanansia pay, a! Awan ti gastos ti kapitan ta regalo dagiti gagayyemna dagiti naparti ken binagi la ketdi ti kompania ti electric power plant ti gastos iti catering!" sangkakunada.

Iti kaaldawan ti parambak ni Kapitan Enteng, adda amin dagiti kakadua ni Angkuan iti balayda. Pagsasaritaanda ti naidanon a damag a nainget a bilin ni Kapitan Enteng a mabantayan ti tunggal pamilia. Dagiti saan a mapan makipunsion, ammodan a saanda a kadua.

Iti inaladan, adda dagiti volunteers-da nga agur-uray iti aniaman nga ipaaramid da Angkuan. Naalisto dagiti walo a tanod a tumultulong iti ania man nga ibaonda kadakuada. Nakasagana met ti mirienda, pagpalamiis, ken kape kadagiti bisita ken kakaduada.

"Adu ti kaduatayo. Ngem dagiti dadduma, nagpakadada a mapan makipunsion ken ni Kapitan Enteng. Uray isu la kano a pagabrotanda. Ngem datayo kano ti ibutosda," kinuna ni Manang Ellen ken ni Angkuan.

"Dayta met la ti kuna dagiti kaarrubak. Mapanda kano met makipangan tapno awan makunkuna dagiti para siput ti kapitan. Ngem solidoda a mangsuportar iti grupotayo," imbagi met ni Maestro Pitong.

"Bay-antayo ida, kakabsat. Nasirib itan dagiti botante iti Camanguegan," intungtung-ed ni Angkuan. "Ammodan no ania ti nasayaat a para kadakuada ken iti barangay…"

"Ti napintas a damag, kuna dagiti kaarrubak, a no agiwaras kano iti kuarta ni Kapitan Enteng, ay, ket awatenda kano! Uray ta saandanto met la kanon nga ammo no asinonto ti ibutosda!" impaggaak ni Maestro Amante.

Napaisem ni Angkuan. Nangnangegnan dayta kadagiti kabarangayanda.

Dayta ti maysa pay a mangpatpatibker iti nakemna. Mariknana ti ir-iruken dagiti taga Camanguegan. Maymaysa ti ibagbagada. Kayatda ti panagbalbaliw!

NAKAPANGALDAWEN da Angkuan ken dagiti kakaduana. Lumabasen dagiti agaawid a naggapu iti balay da Kapitan Enteng iti kalsada.

"Adda amin sakitda a supotsupot!" insanamtek ni Maestro Pitong.

Nagmalanga ni Angkuan. Agsakit dagiti kalugaranda iti supotsupot? Kinitana ni Maestro Pitong nga agkatkatawa a nangsango kenkuana.

"Pari Angkuan, kitaem, adda amin bitbitda a supot! Insakemdan ti pangrabii ken pammigatda iti inyawidda!" impaggaakna.

Kunam pay, saanen a nakontrol ni Angkuan ti katawana. Talaga a ti la malablabid ni Maestro Pitong! Kunana itayen no anian a sakit a supotsupot ti ibagbagana.

"Lumabaskami pay, sir!' impayapay dagiti tao ken ni Angkuan.Umis-isem daytoy a nanglugay kadakuada.

Umuneg koman iti balayda idi pagam-ammuan ta naipasirna ti napardas a tinted a Ford Raptor a nagsardeng iti sango ti landok a ruangan. Sinaruno daytoy ti maysa pay a lugan. Pasig a nakapaisano dagiti lallaki iti maikadua a lugan a napardas a nagdisaag. Nakaturong amin a mata kadakuada.

Nagkikinnita da Angkuan ken dagiti kakaduana.

13

ALISTO ti maysa kadagiti lallaki a dimsaag iti back-up a pick-up a napan nangilukat iti ridaw ti Ford Raptor. Nagiinnarasaas dagiti kakadua da Angkuan. Nairupaanda ti dimsaag iti lugan.

"Ni gayam Mayor Marcelino!" kinuna ni Manang Ellen a nangtannawag iti agkabannuag a lalaki a nangripar iti ayanda. Naka-Hawaiian polo ken nakapantalon iti maong. Adu ti atiwen ti mayor nga artista iti taktakderna. Bigotilio. Adda kain-innawag daytoy iti selpon. Linugayanna ida idi makadissaag iti lugan.

Nagmalanga ni Angkuan. Ania nga angin ti nangiturong iti mayor tapno danonenna iti nanumo a pagtaenganda? Dina ninamnama ti yaay ni Mayor Marcelino. Adda la ketdi napateg a gagara daytoy kenkuana.

Matartaranta, sinabetna ti mayor idi sumrek iti nakalukat a landok a ruangan.

"Mayor, naimbag nga aldawyo!" kinuna ni Angkuan a nangalamano ken ni Mayor Marcelino.

Insenias ni Mayor Marcelino nga agbati lattan iti ruar dagiti kakaduana idi agtarusda ken ni Angkuan iti terasa nga ayan ti grupo.

"Naimbag nga aldawyo, Apo Mayor!" nagkurno da Maestro Amante ken dagiti kakaduana idi saggaysaen daytoy ida nga alamanuen.

"Umunegtayo, mayor," inturong ni Angkuan ni Mayor Marcelino iti salasda.

Inseniasna kalpasanna iti grupona ti yuunegda. Kayatna a kasangoda amin nga agkakadua ti mayor no aniaman ti importante a gagarana kadakuada.

"Nagpintas ti balayyo, Mr. Dela Cruz," indayaw ti ama ti ili a nangipalawlaw iti panagkitana iti salas. "Antigo amin dagitoy mueblesyo!" intungtung-edna a nangmira kadagiti narra a kagamitan.

"Tinawidko pay la kadagiti dadakkelko dagita, mayor. Daytoy balay, isu ti pinadakkelmi laeng. Napia la a pakakitkitaan iti panagempleotayo iti gobierno," insungbat ni Angkuan.

"Ah, okey, wen, Mang Angkuan," inyisemna. "Dayta man lattan ti awagko kenka ta isu met ti nalatak a birngasyo ditoy Camanguegan. Immayak ta nadamagko a nagipilakayo iti kandidaturayo a para kapitan?" pinerreng ti mayor ni Angkuan.

"Wen, Apo Mayor, isuda, dagiti kakaduak nga agngayangay," insungo ni Angkuan ti grupona a nakatugaw iti salas.

"Ay, wen, am-ammok amin ida, Mang Angkuan. Mararaemda a mangisursuro, enhiniero, ken lider sibiko, soldado ken mannurat. Grupo dagiti natakneng a tattao ti bunggoyyo!" kinunana nga umis-isem a nangtaliaw kadagiti kagrupo ni Angkuan.

Kasla timmangken ti gurong ni Angkuan iti panangpadayaw ti mayor kadakuada. Tinung-edanna dagiti kakaduana. Ania nga agpayso ti gagara ni Mayor

Marcelino kadakuada? Maburburtiaan. Pawilan kadi ida ti mayor nga agtaray?

Sabagay, am-ammodan ni Mayor Marcelino. Damo pay laeng a terminona kas ama ti ili a San Sebastian. Adu ti mangraem kenkuana. Adda prinsipiona. Nadayaw, estrikto ken awan ti damagda a pakasarsaritaan ti panangiturayna. Aktibista idi agbasbasa iti Manila. Inleppasna ti abogasia. Ngem saan a nakapag-bar gapu iti a pasamak a saanna a nagay-ayatan. Nautek. Topnotcher idi ageksamen iti Civil Service. Nakastrek a dagus a clerk of court iti Regional Trial Court kalpasanna. Agingga nga induron dagiti umili a para mayor. Adu ti di mamati idi ibalatna ti langilangan a mayor iti San Sebastian nga asideg a gayyem ken minanok pay ti gobernadora. Nagsaksakit ti nakem ti naabak a mayor. Naatake daytoy kalpasan ti sumagmamano a bulan. Nagdinamag a saanna a naawat ti pannakaabakna.

Iti panangabak ni Mayor Marcelino, nupay agdadamo a mayor, nagkaykaysaan dagiti kakaduana nga impatugaw a presidente ti Liga dagiti Mayores iti probinsia.

"No italek dagiti bumarangay ti butosda kadakami, mayor," kinuna ni Angkuan. "Mangnamnamada a subadanminto ida iti napudno a panagserbi."

"Agpapadatayo. Kasta met laeng ti prinsipiok," intungtung-ed ni Mayor Marcelino.

"Maatiwkami laeng iti logistics, mayor. Adda makinaria ti nakatugaw malaksid a kaduana pay dagiti adda iti ngato!" imbagi ni Engr. Redong.

Nagtungtung-ed ni Mayor Marcelino. Pasarayna pagrittuoken dagiti ramayna. Napuskol ti anteparrana a pasaray ikkatenna no kasta nga agsarita.

"Kinapudnona, inawisdak iti kasangay ni Kapitan Enteng. Ngem saanak a napan ta daddiay da Gobernadora Alconis ken Diputado Vilmer. Ammoyo met siguron ti napasamak iti napalabas nga eleksion…" insanamtek ti mayor. "Ti kayatko nga agkapitan, daytay deadal met koma, 'tay ammona ti ar-aramidenna, kabisadona dagiti rebbengen ti kapitan. Saan a daytay italek lattan amin a trabaho iti konseho wenno iti sekretario ti barangay!"

Nagkikinnita da Angkuan ken dagiti kakaduana. Adda ikalkallatik ti isipda. Idealistiko ni Mayor Marcelino. Saan a nataldengan ti asino man. Naamirisda, ti bise mayor iti ilida ti agdinamag a tao ni Gobernadora Alconis ken kabagian ni Kapitan Enteng.

"Namnamaenyo, no para iti pagsayaatan ti ili ken barangay, suportarankayo. Agkakaduatayo!" kinuna ni Mayor Marcelino.

Nagrimat dagiti mata ni Angkuan. Mangigis met ti isem dagiti kakaduana iti nangngegda.

Saanen a nagbayag pay ni Mayor Marcelino. Sakbay a nagpakada, inulitna nga impanamnama ti suportana iti grupo da Angkuan.

NAGDINAMAG iti Camanguegan ti ipapasiar ni Mayor Marcelino ken ni Angkuan. Adda mangibaga nga isu a dida nakita ti alimunumonna iti panagkasangay ni Kapitan Enteng ta ni Angkuan ti manokenna nga agkapitan.

"Nakuyem la ketdi ti rupa ni Kapitan Enteng, Pari Angkuan!" impaggaak ni Maestro Amante idi pumasiar ti grupoda iti Sitio Namaltotan iti awis ni Manang Ellen iti kasangayna.

Inayaban ni Manang Ellen da Angkuan tapno makasaritada dagiti kapurokanna.

"No saan la ketdi a pasisirap iti pirak dagiti kalugarantayo, dakkel ti namnama! Agangerto iti kalalaki a dangla dayta a Kapitan Enteng a paggulgolna!" inkatawa ni Maestro Pitong.

"Kalalaki a dangla, maestro?" intaliaw ni Engr. Redong.

"Wen, engineer. Pangikkat iti malas! Isu ti masapulna!" inkatawana.

Nagdanggay ti paggaakda.

Kaadaywan a sitio ti Camanguegan ti Namaltotan. Naiballaballaet daytoy kadagiti bantay iti deppaarna iti daya. Nalatak ti Namaltotan ta segun iti pakasaritaan ti San Sebastian, adu ti napasag idi iti lugar a soldado nga Amerikano idi mapasamak ti gubat iti nagbaetan ti Filipinas ken America idi 1900. Adu ti Katipunero iti lugar nga indauluan kano ti maysa a mammaltot. Dayta ti puon ti nakaipanaganan ti sitio iti Namaltotan.

Naragsak dagiti kalugaran ni Manang Ellen idi mapasungadanda da Angkuan. Maysamaysa nangkablaaw kadakuada. Naimas dagiti sagana ta adda pay lechon a naipatengnga.

"Impaitulod met ni Apo Mayor," kinuna ni Manang Ellen a nangitudo iti lechon iti lamisaan.

"Apo manamnama a sumaruno nga agkapitan iti Camanguegan, Kapitan Angkuan!" pagammuan adda nangipukkaw iti tallaong.

Kunam pay, awanen ti aridenggan iti kumpas dagiti palakpak ken palagapag. Kasla malmes ti puso ni Angkuan. Mariknana ti ayat ken suporta dagiti taga Sitio Namaltotan.

"No mapagasatan ti grupomi, umunanto nga asikasuentayo, apo, ti energization ti purokyo! Idanontayo ti serbisio ti koriente ditoy!" kinuna ni Angkuan.

Ad-addan ti panagpalakpak dagiti naitallaong. Iririawda ti nagan ni Angkuan!

"Angkuan mapangnamnamaan!" indir-ida.

Napasardengda laeng idi pagam-ammuan ta agkakaribuso dagiti adda iti likudan.

"Ni Kapitan Enteng ti butosan!" adda nangiraed.

14

NI Kapitan Enteng ti ibutostayo!"

Napataliaw da Angkuan iti likudan a naggappuan ti pukkaw. Nagkakaribuso dagiti tao. Naitalimudok ti panagkitada iti tallo a lallaki a nakasanggir iti nagiray a mangga iti igid ti bit-ang.

"Anak ti---!"

Saan a naituloy ni Maestro Amante ti idadap-asna a mangseppeg koma iti nagpukkaw idi atipaen ni Angkuan.

"Saan a datayo ti mangirugi iti riri, maestro. Kababain kadagiti sangaili ni Manang Ellen," kinunana.

Nangmesmes ni Maestro Amante. Naanus ngem saan a makaliklikmot iti kelleb.

"Nawayakayo a mangpili no asino ti kayatayo nga ibutos, kakabsat," natanang ni Angkuan a nagsarita.

Nagpatengnga iti tallaong ni Manang Ellen. Nagkakaribuso dagiti sangailina. Dumayamudomda.

"Laglagipenyo, addakayo iti laongko!" indagsen ni Manang Ellen.

"Agparbengkayo!" Agpigpigerger a nangitudo kadagiti tallo a lallaki. Ammona, saanda a taga Namaltotan. Kabarbaroda a rupa. Madlaw a nakainumda.

"Ania met ti ammom, Angkuan? Dika pay nagkonsehal! Apay, pagsursuruam ti Camanguegan?" inridis ketdi ti kalakayan kadagiti lallaki.

Kunam pay, kasla nangliteng ti panagdengngeg ni Angkuan. Nangemkem. Kalma! Kalma! Imbalakad ti suli ti isipna. Nangmesmes.

"Uray agkabalioka iti puraw! Agbibisin!" Immulagat la ket ngarud ti kaubingan kadagiti tallo a lallaki.

Nagtupa dagiti sangi ni Maestro Amante. Naladawen idi igawid ni Angkuan. Kasla kimat a timmayab ti gemgemna. Nagiiriag dagiti tattao. Nabuakda idi madaleb ti lalaki. Saan a nakatimek dagiti kakaduana. Matataltalimpungawda. Batakenda a saan ti naudatal a kaduada. Nagal-aludoyda a pimmanaw idi bumangon daytoy kalpasan a buyatan ni Teniente Charlito iti sangatimba a danum.

"Dispensarendak, Manang Ellen. Ngem awan babainda!" ingngilangil ni Maestro Amante nga agpigpigerger pay laeng iti pungtotna.

NAGDINAMAG manen iti Barangay Camanguegan ti napasamak.

Agduduma ti reaksion dagiti komentarista iti radio. Adda mangibaga a pasurot ni Kapitan Enteng dagiti lallaki a nanglilibeg iti okasion. Kuna met dagiti dadduma nga agkurang ti inaramid ni Maestro Amante. Rumbeng koma kano ketdi a binulbullona ida tapno agnakemda.

Kinuyog ni Angkuan ni Maestro Amante a napan iti kuerpo ti polisia. Saanna a kayat a dumakkel ti napasamak. Kasaritada ni Hepe Salvador. Masapul a maaregloda ti nadissuan ti maestro.

Impanamnama ti hepe nga urnosenna ti amin.

"Paayabak ta agsasangokayto, sir," kinuna ti hepe.

Makalawas a nagur-uray ni Angkuan. Ngem awan ti naurayna a tawag ti hepe. Inkeddengna a rantaenna laengen ti COP iti opisinana.

"Adda problema, Mr. Dela Cruz. Namin-adun a nagsublisubli ti polisko a nangtunton iti napasaktan. Ngem saanna kano a kayat ti paareglo!"

"Agdarumda?" Nagmulagat ni Angkuan.

"Sabali ti atapko, sir. Agan-annadkayo pay laeng. Adda naipalapayag kaniak. Balembales kano!"

Napamurareg a napangilangil ni Angkuan. Balembales? Napukaw kadin ti panangbigbig dagiti tao iti linteg? Ngipen iti ngipen? Saan a ti grupoda ti nangirugi iti riri. Baribar ti utek dagiti immay iti pasken ni Manang Ellen a saan met a naaw-awis. Nagsanamtek. Naisipna nga adda la ketdi agpayso madi nga aramiden dagiti tallo. Pasurot ni Kapitan Enteng dagitoy. Nakaritda. Adda pangtangtangkenda.

Saanen a nagbayag, nagpakadan iti hepe. Inisemanna dagiti nalabsanna a polis nga agsasarita iti lobby. Agtarus koman iti nakaparada a luganna idi makaruar iti police station idi makitana ti idisdissaag dagiti polis iti patrol car. Pasig a nataengan. Lallakay ken babbaket. Nagaarimutong dagiti tao idi makababada iti lugan. Ammo lattan ni Angkuan a natiliw dagitoy a nagtotong-it. Adda iggem dagiti polis a nakasupot a baraha.

Napawingiwing. Dayta ti maysa a problema iti Camanguegan. Saanna a maawatan. Sangkasapulan sangkaapuyan la ngaruden ti kaaduan iti lugarda, adu pay la ti agsusugal! Malaksid iti hueteng, tong-it, pusoy, dado wenno pallot ti sugalda. Ti madi, ti panagdadoda kadagiti natayan. Saan a madlaw ta upaanda ti balay ti kaarruba ti agminatay a pagdadauanda. Agmalem. Agpatnag. Agingga a di maitabon ti pimmusay. Adu ti dayo a makisugal. Dagiti agmamalas, pasaray ibatida lattan ti motorsikloda no maappogda. Dagiti dadduma, isaldada ti agbugbugi pay laeng a pagayda. Saan a balen nga agbisindanto manen basta adda maisugalda. Adda pay nadamagna a mangisalda iti paltogna. Ti siddaawenna, kasla bulsek dagiti tanod. Bale awan ken ni Kapitan Enteng dagiti pammabalaw dagiti bumarangay. Malaksid ngamid iti maited a tong iti nagminatay, dakkel ti maited iti kapitan. Nasikapda. Adda para siimda no adda ag-raid a polis.

Naparupanget ni Angkuan. Kaanonto nga agsardeng dagiti balitungeg nga aramid iti Camanguegan? Kaanonto nga agbalbaliw ti adu kadagiti kalugaranna?

Nakadumog dagiti natiliw nga agsusugal idi labasan ni Angkuan ida idi turongenna ti luganna. Sintagari a pinaandarna ti luganna. Maasian kadagiti natiliw.

Ngem awan ti maaramidanna. Saanna a mabalin a biangan ti trabaho dagiti polis.

Nagtarus iti balay da Maestro Amante. Nasangpetanna nga agpakpakadan dagiti sumagmamano a bisita ti maestro a kabarangayanda . Adda bitbit dagitoy a naisupot a bagas.

Nagdaydayaw dagitoy ken ni Angkuan. Iniseman ken inalamanona amin ni Angkuan ida.

"Namnamaenyo ti butosmi, sir. Dakayo ti namnama ti barangaytayo," kinuna dagiti sangaili ni Maestro Amante sakbay a nagpakadada.

"Immayda nagpakpakaasi iti apuyenda. Imbagak a pagbibingayanda ti kagudua kaban a bagas. Dayta laeng ti maitulongko kadakuada. Awan met ti nawadwad a kuartata, Pari Angkuan. Saan met ngata a dakes ti tumulong…" kinuna ni Maestro Amante idi agsangodan iti salas a dudua.

Nagtungtung-ed ni Angkuan. Kinapudnona, ayonanna dayta nga inaramid ti maestro. Nakatulong kadagiti marigrigat a kabarangayanda. Para kenkuana, saranay ti inaramidna. Saan a panaggatang iti butos a kas iti ar-aramiden ti kalabanda.

"Adda madi a damag, maestro," kinuna ni Angkuan idi agangay. "Gapgapuk iti presinto. Kalkalpasmi a nagsarita ken ni hepe."

Sumanamtek ni Maestro Amante idi isalaysay ni Angkuan ti amin.

"Dika agdanag, saanko a kabuteng ida, pari. Uray talloda pay! Rimpongekto pay la ket ida a kasla baboy no agkamkamalida!" ingngayemngem ti maestro.

"Ammok a kabaelam ida no manomano. Ngem ti danagek, no lib-atendaka. Diak kayat nga adda maisarsarak iti grupotayo gapu laeng iti politika," ingngilangil ni Angkuan.

"Relax, pari!" inkatek ni Maestro Amante. "Kinapudnona, katawtawag itay ni General Loreto. Inusarnan dagiti intelna. Ammom kadi a saan a taga Camanguegan dagiti nakabanggatayo? Imported dagidiay a sanggano! Ngem nagbiddutda no ipagarupda a mabutbutengdatayo!" nagtupa dagiti sangi ni Maestro Amante.

"Agan-annadtayo laeng," kinuna laengen ni Angkuan. Ammona a nasikkil ni Maestro Amante. A nakasagana iti aniaman a mapasamak. Daytoy ti tao a malaksid a saan a makaliklikmut iti kelleb, saanna pay nga imbaag ti ipusna!

MALEM ti Sabado. Buybuyaen ni Angkuan iti telebision ti programa a Punto de Vista iti NTP network. Magustuanna ti diskusion ti host a ni Ka Eleazar ken ti sangailina iti dayta nga aldaw, ni Colonel Joe Fajardo, ti kabarbaro a Provincial Director ti PNP iti probinsia. Maipapan iti mapasungad nga eleksion ti barangay ti topikoda. Napintas ti panangipalawag ti Provincial Director no ania dagiti addang nga insagana ti PNP tapno agbalin a natalna ken naurnos ti eleksion iti probinsia.

"Awan ti maidumduma. Amin nga aglabsing iti election law, nangruna iti gun ban, matiliw ken maidarumda," kinuna ni Colonel Fajardo.

"Colonel, ania ti makunayo iti report nga adda dagiti paspasurot ti maysa a kandidato iti Barangay Camanguegan nga agiberberko iti armas?" sinaludsod ni Ka Eleazar.

Napasardeng ni Angkuan iti panagkapena. Arig di agkirem a nanguray iti sungbat ti Provincial Director nga immanges iti nauneg. Nagsabet dagiti naraber a kiday ti koronel. Nagparang dagiti piligis iti akaba a mugingna.

"Ulitek, awan ti pilpilien ti linteg, apo. Uray no asino pay ti amoda, saantayo ida a santuen! Ita pay laeng, ballaagakon dagiti politiko nga agaramat iti goons. Saandak a padpadasen!" kinunana ti koronel a nagitudo pay iti screen a kunam no kasarsaritana dagiti agbuybuya.

Kasla limmukay ti aangsan ni Angkuan iti kinuna ti Provincial Director. Nasikkil ti koronel. Adda sangina. Saan nga agang-angaw.

15

NALAG-AN ti rikna ni Angkuan a nangileppas iti diskusion da Ka Eleazar ken ni Colonel Fajardo iti NTP TV. Ammona, saan nga agang-angaw ti Provincial Director. Agpadada ken ni Major Salvador nga adda sangina. Kasta koma amin nga opisial. Saanda a nataldengan, naisipna.

Iti pannakaiwaragawag a nagepekton ti Comelec gun ban iti intero a pagilian, adayo pay ti kampania ngem naibanderan ti damag iti kinaadu ti nagsalungasing iti nadumaduma a paset ti pagilian. Awan ti santuen dagiti polis. Militar, guardia, ken sibilian dagiti natiliw. Nadagsen ti pannusa dagiti matiliwan aglalo no saan a lisensiado ti armas.

Iti probinsia, addan nasampolan ti polisia. Masansan a mainterbiu iti radio ken telebision ni Colonel Fajardo. Paspasurot dagiti kandidato dagiti dadduma a natiliwan iti armas. Adu ti nangdayaw iti koronel. Aglalo idi makatiliw dagiti polisna kadagiti kandidato nga agiberberko iti igam.

Iti San Sebastian, naipuesto dagiti checkpoint kadagiti kangrunaan a kalsada iti ili. Mismo a ni Hepe Salvador ti mangidaulo iti pannakaiwayat ti checkpoint. Iggem ti hepe ti listaan dagiti umili nga addaan iti lisensiado nga armas. Adda pay listaan dagiti nagpason ti lisensiana. Personal a sinuratan ti hepe ida. Ingetanda ti "Oplan Katok" a programa ti PNP. Maideposito iti kuerpo ti polisia dagiti nagpason ti lisensiana nga armas tapno maliklikan ti pannakaaramatda iti saan a nasayaat aglalo iti eleksion.

IMPADAMAG ni Maestro Amante ken ni Angkuan a nupay saan pay a nadanon ti opisial nga aldaw ti panagkampania, ikurkurimeden dagiti pasurot ni Kapitan Enteng ti panagpaspasiarda. Adda ipapetpet ti kapitan kadagiti tao.

"Adda koma makairekord tapno maipulong iti Comelec," insanamtek ni Maestro Amante.

Nagsennaay ni Angkuan. Adda ngata makaitured nga agreklamo iti Camanguegan? Kas inlawlawag ni Atty. Baldos, nasken a mangaramid iti napirmaan a palawag ti mangidatag iti video nga adda pannakainaigna iti panagsalungasing iti linteg iti eleksion. Nagsanamtek. Narikut. Agbuteng la ketdi dagiti bumarangay.

Binilin ni Angkuan dagiti kakaduana nga irekordda no mismo a maimatanganda ti panaggatang iti butos.

"Urayentayo ti opisial a rugi ti kampania. Narigat ti maireklamo iti premature campaigning, maestro," kinuna ni Angkuan idi damagen ni Maestro Pitong no agkampaniada metten a kas iti ar-aramiden da Kapitan Enteng.

Kas panagsaganada, nagtutulag da Angkuan nga agbubunggoydanto nga agkampania. Tapno saan nga agpapada ti idiskurso ken platapormada, nagkaykaysada nga adda maituding a trataren ti tunggal maysa. Bagi ni Maestro

Pitong ti benneg ti edukasion, environment ni Engr. Redong, peace and order ni Teniente Charlito, pakaseknan dagiti senior citizen ken babbai ni Manang Ellen, idinto a panangpadur-as met iti sports ken risk reduction management ni Maestro Amante, entrepreneurship ken pannakaitandudo ti kultura ni Patricio, ken agrikultura ni Alberto.

Ipangruna ni Angkuan nga ikampania ti sapasap a panagdur-as ti barangay, pannakadalus dagiti agraira a bisio kas iti sugal ken droga, pannakaidanon ti elektrisidad kadagiti away babaen ti electric cooperative, ken ti pannakaipangruna ti panangpadur-as iti impraestuktura.

Tunggal taripnongda, adda latta da Atty. Juanario, General Loreto, Pastor Prudencio, ken Maestro Arsing a mangbaybayabay kadakuada.

"Kas inkarik, tumulongak. Ideklarayonto laeng a nasayaat iti SOCE, Mr. Dela Cruz, tapno awan ti pagparikutan inton malpas ti eleksion," kinuna ti abogada idi yawatna ti nabengbeng a sobre kada Angkuan. "Paggasolinayo. Nayonakto dayta," kinunana pay.

Napalalo a yaman da Angkuan ken ti grupona iti kinasayaat ni Atty. Juanario.

"Anusanyon ti bassit a maitulongko," inal-alamano ti abogada da Angkuan ken dagiti kakaduana.

Adda met impapetpet da General Loreto ken Maestro Arsing.

"Naggapu dayta iti bassit a pensionko, kakabsat. Napia laeng a pagpamiriendatayo kadagiti tao, nangruna dagiti tumultulong kadatayo," kinuna ni General Loreto.

Kasta met laeng ti kinuna ni Maestro Arsing. Imbagana a naggapu iti bassit a binulan nga aw-awatenna ti intedna a tulong kada Angkuan.

Makalua iti ragsak ni Angkuan.

"Ni Apo ti agsubad kadakayo, kakabsat. Saanto a masayang dagiti sakripisioyo," innayonna.

Kas kadakkelan a barangay iti San Sebastian, ti Camanguegan ti kaadduan iti botante. Dakkel a pagrubuatan dagiti kandidato iti lokal no masolido ti butosda iti barangay. Gapu iti dayta, paborito dagiti nangato a turayen ti probinsia dagiti mangidaulo iti barangay.

SAAN nga ammo ni Angkuan no asino ti nangi-upload iti video iti nasapa a panagkampania dagiti pasurot ni Kapitan Enteng. Nagwaras dayta ket isu ti nabara a pagtutungtongan dagiti umili. Adu ti mangibaga a nalawag a panagsalungasing dayta iti annuroten ti Comelec.

Iti radio ken telebision, kasta unay a panangbegbeg ken panangbabalawda ken ni Kapitan Enteng. Desperado, kunada pay. Nalawag a premature campaigning ti ar-aramidenna

Rinanta iti maysa nga aldaw dagiti reporter a kinasarita ni Kapitan Enteng iti pagtaenganna.

Idi interbiuwen dagiti reporter ti kapitan, impettengna a saan nga agkamkampania dagiti kakaduana. Gagangay kano laeng a pasiarenda dagiti kabarangayanda tapno komustaen ken ammuenda ti kasasaadda.

"Agiwarwaraskayo kano iti kuarta, apo kapitan? Ania ti makunayo iti dayta?"

"Dayta a damag ti iwarwaras dagiti labid nga awan maaramidna. Pangdadaelda kaniak. Awan ti ammok a linteg a mangiparit iti panangtulong iti pada a tao. No kayatda, agiwarasda met tapno naragragsak pay dagiti botante!' sarkastiko nga insungbat ni Kapitan Enteng. "Ammoyo, akemmi a dadaulo iti barangay ti mangsaranay ken mangipaay iti kasapulan dagiti kabarangayanmi!" kinuna pay.

"Premature campaigning, kunada ti ar-aramidenyo, kap?" sinaludsod ti sabali pay a komentarista. "Naipaima kanon iti Comelec dagiti ebidensia!"

Nagpasgar ni Kapitan Enteng iti nangngegna.

"Ania? Pammadpadakesda laeng kaniak dayta, kunak manen! No pudno nga adda ebidensiada, makaammonton dagiti abogadok a mangsungbat!" imper-ak ti masemsemen a kapitan.

Agsiusiudot ni Kapitan Enteng. Ngem saanna nga impadlaw kadagiti kameng ti media a nanginterbiu kenkuana. Apagpanaw dagiti reporter, inayabanna dagiti kakaduana. Kayatna ti bumales. Saan a mabalin nga agsarsarapa lattan kadagiti pammabalaw ti ar-aramidenna. Nagngirsi idi adda nabukel iti isipna.

Masapul a dadaelenna ti diskarte ni Angkuan.

Nabayag a nagsasaritada iti grupona iti nalawa a conference room iti balayda a masansan a pangsangailianna kadagiti VIP a gagayyemna. Awan ti pinastrekda a sabali iti panagmimitingda. Dagiti laeng para kagawad, ti tresorera, ken ni Mary a sekretaria.

Idi rumuarda, nakasarangsangen ti katawada.

"Kitaek ita ti laing dayta nga Angkuan!" inradies ni Kapitan Enteng a nangtaptapik iti abaga ni Kagawad Banong. Iti ragsakna, imbilinna nga itarusdan ti mapan iti paboritona a restauran nga adda iti kabangibang nga ili. Adda gapuna no apay a nasken nga agrambakda.

KINABIGATANNA, nasapa pay ngem riniing ti nagsasaruno a tanittit ti selpon ni Angkuan. Idi luktanna ti selponna tapno kitaenna dagiti mensahe, naklaat iti naipasabet kenkuana. Nagadu a miskol. Ngem saanna a nadlaw. Naimasanna ti naturog iti napalalo a bannogna iti napalabas nga aldaw.

Naglabbet a dalagudog ken siddaaw ti nariknana idi mapalabsanna ti messenger. Nagdinamag a yatrasnan ti kandidaturana!

Alisto a nangsapul iti nagan ni Maestro Pitong tapno kasaritana. Ngem isu met nga agkiriring ti selponna. Ni General Loreto ti umaw-awag.

"Agpayso kadi dagiti nangngegmi iti radio, kompadre, nga inyatrasmon ti kandidaturam?" direkta a sinaludsod ti heneral.

Kasla nagsipael ti karabukob ni Angkuan. Napaumel. Naggappuan ti damag a yatrasna ti kandidaturana?

"A-awan kinapudnona dayta, general. Masdaawak ngarud. Kasta metten ti agwarwaras a damag uray iti Facebook?" insungbat ni Angkuan a kunam no aganak a baka a saan a makatalna.

Saan a nagbayag, addaytan a nangngeg ni Angkuan dagiti lugan a nagsasaruno a nagsangpet. Rimmuar. Ammona a dagiti kakaduana dagitoy.

Apagruarna, maysamaysa masmasdaaw a nagsaludsod kenkuana.

"Apay a nagatraska, Pari Angkuan?" immulagat ni Maestro Amante.

"Sayang. Sapay no di nagadu a planotayo para iti Camanguegan!" imbagi ni Teniente Charlito.

"Kuna ti agwarwaras a damag, nagatraska ta naamirismo nga awan labanmo ta agdadamoka laeng a lumaban iti langilangan a kapitan!" insalpika ni Engr. Redong nga agngilngilangil.

""Aguraykayo, agtalnakayo, kakadua. Agtugawkayo pay ta agsasaritatayo," inyanawa ni Angkuan a nangkamat iti angesna.

"Dumngegka iti radio, daytan ti dulduldolenda!" kinuna ni Maestro Pitong.

Nagmulagat ni Angkuan a nangtaray a nanglukat iti transistorna.

Wen, agpayso, ti naganna ti madama a dakdakamaten ni Ferdinand Berino iti DWBB. Nagbuteng kano ket imbabawina ti kandidaturana!

Sinalganen! Naisennaayna a nangkita kadagiti kakaduana.

"Kapintasan nga aramidem, awagam a dagus ti estasion. Ilawlawagmo a peke ti damag nga agwarwaras!" imbalakad ni Patricio.

16

MAYAT ti katkatawa ni Kapitan Enteng. Ammona nga epektibo ti inaramidda a text blasting. Adu ti nadanon ti inwarasda a damag a panagatras ni Angkuan. Adu la ketdi ti namati. Ammona, agkammaulaw la ketdi ita ti grupo ni Angkuan.

"Taktika laeng, Kagawad Banong! Taktika ti masapul iti politika!" imbirkakakna.

"Saan pay a nangrugi ti kampania ngem nakaadukan, kap!" inkatawa ti kagawad. "Pagkamkamatan pay ita ni Angkuan?"

Immisem ni Kapitan Enteng. No ammo la koma dagiti kakaduana a dakkel ti inted da Bise Gobernador Remy ken Diputado Vilmer idi kasangayna. Pakpakauna laeng daydiay. Impanamnamada nga addanto pay pasarunsonna. Imbaga ni Gobernadora Alconis a mapanto pasiaren daytoy iti opisinana iti kapitolio. Ni Senador Magtolis ti nangipatuloden kenkuana iti Gcash.

Ngem nagbaliw ti rupa ni Kapitan Enteng idi ipadamag ni Mary kenkuana a nangngegna a nagpainterbiu ni Angkuan iti radio.

"Inlawlawagna a saan a pudno ti nagwaras a damag, kap," kinuna ni Mary a nangidisso kadagiti papeles a papirmaanna iti lamisaan.

Tinangad ni Kapitan Enteng ti sekretaria. Nasebseban a namimpinsan ti gil-ayab ti barukongna idi maisabat iti panagkitana ti nabaknang a barukong ti balasang. Adda nagkulaiseg iti pus-ongna. Namrayanna a pinarimriman ni Kagawad Banong a mangur-uray iti ipaaramidna.

SUMAGMAMANO laengen a lawas, opisialton a mangrugi ti kampania. Makumikom da Angkuan nga agsagsagana. Agpayso a barangay laeng ti pagpusiposanda. Ngem naamirisna a narikrikut nga amang ti eleksion iti barangay ngem iti lokal wenno probinsial.

Napaanges iti nauneg. Dandani agkakabagian ken agaammo amin dagiti bumarangay. Kaaduanna, agkakabagian wenno aggagayyem dagiti agbabalubal. Napaneknekannan, adu dagiti saanen nga agsasarita nupay dati a nasingedda gapu laeng iti panagbalubalda iti maymaysa a posision. Kadagiti kabangibang a probinsia, adda pay naipadamag a nagtinnagbat nga agkabsat nga agpada a kandidato a para kapitan. Sabali pay ti kaso ti agassawa nga agpada met laeng nga agtaray a kapitan. Adda pay dagiti agkakabsat, agkakasinsin a para kagawad a kasla saanen nga agaammo. No am-amirisenna, no maminsan, makaanayen ti politika a mamagsisina iti sinninged dagiti agkakabagian wenno aggagayyem.

Nupay saan koma pay laeng a kayat ni Angkuan ti mapan kadagiti nadumaduma a purok iti Camanguegan, saanna ketdi a maliklikan no kasta nga adda awis nga atendaranda nga okasion. Saanna a kayat a pagbiddutanda nga agkamkampaniada. Masapul a surotenda ti allagaden. Ngem adu dagiti pakaaw-awisanda. Aggigiddan dagiti kasar. Adda agpabuniag. Adda pay dagiti agkasangay wenno agminatay. Saan a maliklikan ti grupo nga atendaran amin dagitoy.

Nagtutulag da Angkuan nga atendaranda dagiti awis. Nadanon la ket ngarud ni Angkuan a dina oras dagiti kaadaywan ken kaseksekan a purok iti Camanguegan a dina pay nadandanon. Adun ti nagbaliwan ti barangay. Adun dagiti nabangon a balay kadagiti dati a maap-apitan a talon ken bangkag. Naamiris ni Angkuan a napintas ketdi a gundaway dayta a panangammoda iti kasasaad dagiti bumarangay.

Iti naminsan, adda nagpaboda iti purok iti Kungkunig a paset ti Sitio Namaltotan. Napan amin ti grupoda. Dita a napaneknekan ni Angkuan a pudno a kasla nalipatan a lugar ti purok. Malaksid a natapok ti nasang-at a dalan, narigat pay a danonen daytoy ti lugan. Iti pakabuklan ti langa pay laeng ti purok, maibagan a sa laeng madanon daytoy dagiti politiko iti panawen ti eleksion. Sa malipatandanto manen ida kalpasanna.

Dayta ti damo a pannakadanon ni Angkuan iti lugar. Nagari ti asi kenkuana iti nakitana a kasasaad dagiti agindeg. Naipattopatok dagiti balbalay a naaramid iti kawayan ken pan-aw. Awagan dagiti agindeg ti pagtaenganda iti abong-abong. Iti sirok dagitoy, gagangayen a buya dagiti agkikinnuto a babbai idinto a kasla awan bibiang dagiti tumuyutoy a labus nga ubbing iti makasinit a darang ti init. Agkikinnamatda iti paraangan. Kadagita nga oras ti pangaldaw, kaaduanna a nakaiwakasen dagiti lallaki kadagiti trabahoda iti talon. Agiilad ti daddduma kadagiti papag iti sirok dagiti narurukbos a kayo. Ammo ni Angkuan a pagpalpaanda laeng ken paginanaanda iti apagbiit ti iriridepda. Sublianto manen dagitoy dagiti obrada apaman nga agligsay ti init.

Sumaning-i dagiti lumugar nga immasideg ken ni Angkuan idi makasangpetda iti bodaan. Inaribungbonganda.

Idi malpas ti padaya, maysamaysa da Angkuan a nangyawat iti sagutda kadagiti nagkasar. Kalpasanna, nagpakadadan. Ngem naigawid ti ipapanawda idi aribungbongan ida dagiti lumugar.

"Sa la malagip dagiti politiko ti lugarmi no kastoy nga eleksion, apo," insennaay ti maysa a panglakayen.

Kasla nakidag ti barukong ni Angkuan. Mariknana ti arungaing dagiti lumugar. Kalsada, koriente, kinaawan ti health center ken daddduma pay ti inlitania kenkuana dagiti agindeg. Agpayso a nakaay-ay-ay ti kasasaad ti kaaduan. Napangilangil. Iti kinabayag da Kapitan Enteng ken ti asawana a nagkapitan iti Camanguegan, saanna a maawatan no apay nga impalubosda a mabaybay-an ti lugar. Aglaplapusanan ti Barangay Camanguegan iti pundo. Immapay la ket ngarud iti isipna a pudno a nagamsaw ti pundo ti barangay.

"Namnamaenyo nga asikasuenminto amin dagitoy, kakabsat," kinuna ni Angkuan a nanggabbay iti lakay.

"Iti kinaadu ti ubbing ditoy, itrabahontayonto koma, apo, ti pananglukat ti primary school," kinuna ti maysa nga uriesan nga ina.

"Aprub!" intung-ed ni Angkuan.

Nagdir-i dagiti lumugar.

"Saankaminton nga umuli a magmagna kadagiti bambantay a mapan agbasa!" kinuna dagiti agtutubo.

Ad-addan ti ariangga dagiti ubbing a nangaribungbong kada Angkuan. Maysamaysa nangapros kadagiti luganda. Napaisem. Nakitana nga insurat ti maysa nga ubing iti natapok a sarming ti luganna ti: NI ANGKUAN TI KAPITANKO!

"No makabutos dagiti ubbing, mangabaktayon!" inkatawa ni Angkuan a nangpayapay iti ubing. Inap-aprosanna ti ulo ti ubing a kunam no bukodna daytoy nga anak.

Idi agawidda, naklaat ni Angkuan idi adda dagiti masabetda a lugan iti nakipet a bit-ang. Nagmalanga idi adda matimudna. Adda mapatpatokar a jingle ni Kapitan Enteng!

"Talaga nga agkamkampaniadan!" nakuna ni Angkuan.

Nagpaigid da Angkuan idi masabetda ti Fortuner ni Kapitan Enteng. Sinaruno daytoy ti D-Max, Innova, ken dyip dagiti kakaduana a kunam no kukuada ti dalan.

17

NAKLAAT ni Angkuan idi agsardeng ti Fortuner ni Kapitan Enteng idi makabatog iti ayanna. Idi mailukat ti tawa ti lugan, naikuadro ti nakair-irteng a rupa ti kapitan. Nakita ni Angkuan ti maysa kadagiti dua a lallaki a kadua ti kapitan iti uneg ti lugan. Nagkebba idi mailasinna daytoy.

Ti pinasubsoban ni Maestro Amante!

Nagmalanga ni Angkuan. Bumaba koma tapno kasaritana dagiti kakaduana ngem addaytan ni Maestro Amante nga agturong iti luganna.

"Adda kadi problema, Pari Angkuan?" simmirip ti maestro iti lugan ni Angkuan.

"Dadta bangir a lugan 'tay pinasubsoban, pari," inyarasaas ni Angkuan.

"Anak ti salbag!" naingayemngem ni Maestro Amante idi mapasikiganna dagiti nakalugan iti Fortuner.

Insenias ni Angkuan a mangliklik pay laeng ni Maestro Amante. Saanna a kayat nga adda mapasamak a riribuk.

"Saandatayo la ketdi a suleken, liklikantayo ti makiriri," kinunana.

"Uray man ket no agpipinnarparkami iti rupa! Unaek dayta a Kapitan Enteng!" ingngayemngem ketdi ni Maestro Amante a nangmesmes. "Saanko ida a kabuteng!" ingngarietna.

Kayat ni Angkuan a makapanawdan. Ngem iti panagsardengda, naurnong dagiti lugan iti agsumbangir nga abaga ti dalan. Immadu dagiti nagaarimutong.

Dimsaag iti lugan idi madlawna a gandaten ni Maestro Amante ti sumango iti grupo ni Kapitan Enteng.

"Agtanangtayo, maestro," kinunana ket ginayyemna ni Maestro Amante nga impaigid.

Agsubli koman idi mapagkalmana ni Maestro Amante. Ngem pagammuan ta intungraraw ni Kapitan Enteng ti ulona.

"Hoy, Angkuan! Naturedka la unay a nanglaban kaniak! Asino ti pagkarkaritmo, ni Mayor Marcelino? Pupuotem, agamusaykanto no malpas ti eleksion!" intudo daytoy ti kapitan a kunam la no umasuk ti agongna iti pungtotna.

Nasemsem, nabainan ni Angkuan iti pannakadakamat ti nagan ni Mayor Marcelino. Ania laengen ti makuna ti mayor no madamagna a natagamtam ti naganna? Saanna a kayat nga ibaga dagiti tao a pagkarkaritna ti mayor. Awan ti partipartido iti eleksion iti barangay. Kaano man, saanna a galad ti agpannakkel.

Nagmalanga. Naburburnok ti grupo ni Kapitan Enteng ngem iti grupoda. Kaaduanna a lallaki a kunam la no karuruar iti Bilibid a natadtad iti tattoo dagiti dadduma a kadua ti kapitan. Nalang-asda. Langada ti makaitured.

"Awan dakes a panggepmi, Apo Kapitan. Adda laeng inatendaranmi nga okasion," natanang latta ti timekna a nangsango ken ni Kapitan Enteng.

"Pangaska ketdi a talaga! Atiwmo payen ti diputado a mangpaspasiar kadagiti agpasken! Uray an-anuem, siak ti suportaran dagiti tao!" imper-ak ni Kapitan Enteng a bimmaban iti luganna.

Nagsagana ni Angkuan idi sarunuen dagiti bayabay ti kapitan. Mariknana a kayat a darupen ti kapitan. Ngem alisto dagiti kakaduana a nangigawid kenkuana.

"Agtalnakayo, kap!" tinengngelda ti kapitan a gulagol a gulagol.

Kasla naidarekdek ni Maestro Amante iti nagtakderanna. Siniputanna ti garaw dagiti kakadua ni Kapitan Enteng. Natadem ti kusilap ti pinasubsobanna.

Madamdama pay, addaytan da Maestro Pitong, Engr. Redong, Alberto, ken Teniente Charlito a bimmaba met iti luganda.

"Madi daytoy, kakadua! Agalistokayo!" inyarasaas ni Maestro Amante idi asitgan dagiti kakaduana. Kasla nailansa ti panagkitana iti lalaki a napasubsobanna nga adda iti abay ti bumanang-es a kapitan.

Idi marikna ni Angkuan a bumara ti situasion ta makipagsasaon dagiti pasurot ni Kapitan Enteng, imbagana nga aglisida laengen.

Sintagari, nagbuelta ni Angkuan. Sinaruno daytoy dagiti kakaduana. Nakaal-alisto nga immabay ni Maestro Amante ken ni Angkuan. Ngem dida pay naipitlo ti addangda, gimluongen ti timek ni Kapitan Enteng.

"Hoy, Angkuan, no siak ti sika, agawidka laengen a mapan agmula iti kamotit ta adda ilakom a sidaen dagiti taga ili!" inwitwit ni Kapitan Enteng.

Nagpapaggaak dagiti kakadua ti kapitan a nangitudo ken ni Angkuan. Kunam pay, kasla limteng ti lapayag ni Maestro Amante. Nagburek ti darana. Kasla nagpingki ti panagkitana iti pannakapabainda. Kayatna a lig-isen a mammaminsan ni Kapitan Enteng iti kinabastosna. Nagrittuok dagiti ramayna idi mangmesmes. Ngem sakbay a madap-asanna ti kapitan, alisto dagiti babbai a kakaduada a nagkulimbitinan. Nagkayetketanda nga inggawid.

"Maestro! Maestro, agparbengkayo! Nakababain no tutopanyo ida!" inyirriag dagiti babbai.

Iti nakita ni Kapitan Enteng a panagpunger ni Maestro Amante, immingar daytoy. Nagpasgar a kasla ampo. Ket iti apagdarikmat, kunam no kalantangan a bumanang-es a dimmarup tapno makisinnangdo iti maestro.

Nagiiriag dagiti nabuak a tattao. Pagsayaatanna, naalistuan dagiti pasurot ti kapitan nga inggawid. Nagduaan dagiti pasurotna a tinengngel dagiti takiagna. Sabali laeng ti nangrakus ken nangsiket a nagkulimbitin kenkuana. Nagungor a naggulagol ni Kapitan Enteng a kunam no toro nga agwangger. Iti pigsa ti panangiwadagna kadagiti agigawid, nadalupo ti nangsiket ken nagkulimbitin kenkuana. Ti dakesna, naguyodda la ket ngarud ti naalus-os a pantalonna iti pannakapadsoda.

Ania pay, nagluludondan a nagikankanawa!

Napaikkis dagiti babbai a timmallikud a nangapput iti rupada. Kasano ngamin, nakaplasplastar ti luy-ong ni Kapitan Enteng a naibandera iti pannakapadatana.

Nagpapaggaak dagiti labus nga ubbing a napasardeng iti panagkikinnamatda. Nagiiriagda a nangitudo ken nakipagbuya iti naibuang a kinarakaran ni Kapitan Enteng.

Iti bainna, alisto ni Kapitan Enteng a nangipangato ken nangiyapput iti nairaman a naalus-os a boxer shorts-na iti ilemlemmengna.

"Nakitan ti rayudna!" adda nangilaaw.

Nagpapaggaak la ket ngarud uray dagiti pasurot ti kapitan.

Alisto nga insenias ni Angkuan ti ipapanawda idi makiwar a kasla sardinas dagiti kadua ni Kapitan Enteng.

Idi makaadayoda, napaanges iti nalukay ni Angkuan. Ngem kasla makitkitana ti langa ni Kapitan Enteng a gumgumluong ti timekna a mangilunlunod kadakuada.

Adu pay ti awis da Angkuan. Ngem nagtutulagdan a saanda pay laeng a rummuar. No manon nga aldaw a pasaray ibuyatna ti tudo no kasta a mumalem. Imbilinna nga agawid pay laeng dagiti boluntario a tumultulong kadakuada.

ITI dayta nga aldaw, nasapa pay ngem nagmanton ti langit. Pasaray pumigsa ti siplag ti angin. Mangipangpangta ti bayakabak. Idi pay nga imonmonitor ni Angkuan iti radio ti kasasaad ti panawen. Segun iti PAGASA, adda umas-asideg a bagyo. Ibalbalakad ti NDRRMC ti panagannad dagiti umili nangruna dagiti agnaed iti igid ti baybay iti deppaarna ti Amianan a Luzon.

Nagmalmalem ti bayakabak. Idi pumigsa latta ti angin, binilin ni Angkuan ni Oppong a siguraduenna a nakaipupok amin a dingnguenda iti koral. Adda agsangapulo a tarakenna a baka ken agduapulo a kalding. Sabali pay dagiti kababoyan. Naipukrido dagitoy iti turod iti dayaenda. Dagitoy ti pangin-inutandanto a partien inton panawen ti kampania. Nasaysayaat ngem iti inaldaw a makitiendada iti pagsangaili ken pagpakanda iti adu a bisita ken tumultultulong kadakuada.

Tinurong ni Angkuan nga inrikep dagiti dialosi idi pumigsa latta ti siplag ti angin. Pumigpigsa ti awan sardayna a bayakabak. Manipud iti balayda, matantannawagan ti Karayan Buaya. Kasla uleg a naibatbat ti karayan kadagiti kabambantayan iti Abra. Lumasat daytoy iti Camanguegan sa kumamang iti Barangay Cabugaan a tumappuak iti West Philippine Sea.

"Pumigsa a pumigsa ti angin, angkel," kinuna ni Oppong a nangirikep iti ridawda a kiradkiraden ti angin. Naslep daytoy iti tudo a naggapu iti koral.

"Napigsa kano ti bagyona. Isaganam dagiti emergency lights ken kandela. Adda aramatenta no adda emerhensia," imbilin ni Angkuan a nangsirarat iti pagorasan iti diding. Pasado alas kuatron iti malem. Nanglangeb ti aglawlaw. Nagmanto ti langit. Mangipangpangta iti peggad.

Nataliaw ni Angkuan ni Oppong a kimies a napakiet idi manabsiit ti kimat. Nagsasaruno dagiti nagtagisanga a naibulos a kimat a nangdigos iti lawag iti aglawlaw. Saan a nagbayag, dumalagudogen ti gurruod a sinaruno ti kasla maibuybuyat a bayakabak.

18

AGSAGAWISIW ti napigsa a siplag ti angin. Kasla maibuybuyat ti tudo. Sumrek ti sapri iti uneg ti balay. Iti lawag ti kumanabsiit a kimat, maipasir ni Angkuan ti panangiwallages ti angin kadagiti sanga dagiti kayo iti arubayan.

"Susapo, napigsa 'toy bagyo! Kitaem pay dagitay mabbasa ken dagitay agtedted, barok!" imbilin ni Angkuan iti kaanakanna idi maisiguradona a naipakninan amin dagiti gamitda a masaprian iti panagsalabog ti tudo.

Nagpayegpeg. Nalamiis. Iti panagriknana, kasla nabbasa amin a maiggamanna iti uneg ti balay. Itay pay a sineknan iti danag. No manon nga oras a kasla maibuybuyat ti tudo. No ipatnagna, adu la ketdi manen ti malayus. Saan la nga iti Camanguegan no di pay iti intero a San Sebastian.

Dina met la isardengen, naisipna. Napangilangil a simmirip iti ruar. Nalagipna dagiti kalugaranda iti Nagbakalan ken Kakaldingan. Dagitoy ti lalayusen iti Camanguegan. Manipud nagretiro iti DAR, tinawen a nasaksianna ti kasasaad dagiti kalugaranna a malaylayus. Kakaasida. Awan ti maikanawada kadagiti alikamenda. Ultimo bagas, lupot, ken dadduma pay a gamigamda, mabbasa ken madadael amin. Adda pay dagiti mayanud dagiti dingoda. Ti nasakit, addan dagiti nalmes a kalugaranna iti napalpalabas. Saan a nakita pay ti bangkay dagitoy.

Nalawa ti Karayan Buaya a nangbeltak iti ilida. Napegges ti danum nga agtaud kadagiti nagsasanga a karayan iti surong iti Abra. Napegges ti danum nga agsalog nga agpababa. Adda amakna nga amangan no mayanud manen dagiti troso iti surong. Dagitoy ti mangdurudor iti Camanguegan. Nalawan ti kinnan ti karayan a paset ti barangay. Nagasat ta medio naturod ti ayan ti solarda. Saan ida a madanon ti danum no agdinakkel ti karayan.

Naatap ti turog ken ni Angkuan. Balikid a balikid. Intono kuan, rummuar manen iti kuartona. Pasaray siripenna ti ruar a saan latta nga inggaan ti bumanesbes nga angin. Pasaray makirad ti atep ti balayda a matupakan kadagiti maipalais a matukkol a sanga dagiti a kayo. Awan duaduana, naisualit manen dagiti mulana a saba iti lapogda.

Nagdalikepkep idi mariknana ti tumulang a lamiis. Nagkiraos ti tianna. Nagpakosina. Ginangtanna ti emergency light. Idi pay la sardam a nagiddep ti koriente. Adu la ketdi ti napugsat a linia kadagiti manmano pay laeng a purok a nakaidanonan ti serbisio ti electric cooperative. Nangtempla iti kape. Nangilukat iti nailata a biskuit. Nataliawna ni Oppong a mayat ti kukotna iti inyaplagna nga ikamen iti salas.

Nalagipna ti pamiliana iti America. Masansan nga awagan ni Carlota ken dagiti annakna. Kayatda ti agbakasion itoy nga eleksion tapno matulonganda koma kano iti kampania. Ngem isu a mismo ti nangibaga nga itinto laengen malpas ti eleksion ti panagbakasionda. Naragragsakto no adda gasgasat, kinunana. Nagsennaay. Kinapudnona, pinengdanna ti pamiliana ta saanna a kayat a mairamraman dagitoy iti gulo ti politika. Pagsanudenda la ketdi no makitada ti mapaspasamak a kinabara ti grupo ni Kapitan Enteng.

Pumarbangonen. Saan latta a sumardeng ti angin ken tudo. Ammona, simmalpa itan ti Karayan Buaya iti awan sardayna a tudo. Adu la ketdi manen ti gabat a naidaknir iti baybay. Adda manen pagiinnagawan dagiti agpugpugon iti birhinia. Uray dagiti addaan iti panaderia ken paglutuan iti sitsaron wenno bagnet, pagiinnagawanda a gatangen ti gabat.

Nasupneten dagiti matana. Pinilitna ti rumidep. Uray apagbiit laeng. Nakapamitlon a nangtempla iti kapena. Ngem naatap ti ridep. Malukag iti panagarigenggen ti atep ti balay a dupiren ti bumanesbes nga angin.

Timmakder idi saanna latta a maala ti tuturoganna. Inkalungkongna ti nagkapeanna iti lababo. Nagbuelta ket nagsubli iti kuartona. Ngem irubrubbuatna pay laeng ti agidda idi pagammuan ta maallingagna dagiti anabaab. Naipasirna nga adda silaw ti flashlight iti paraanganda. Nagdardaras a rimmuar iti kuartona. Iggemna ti flashlight a nagturong iti ridaw. Itoy a pigsa ti bagyo, asino dagiti immarubayan iti balayda?

Linukipna iti apagapaman ti ridaw. Simmirip a nangipaturong iti flashlight. Nakitana ti dina masinunuo a bilang dagiti aglinlinong iti media agua ti balayda. Timek ti babbai dagiti dadduma. Adda pay ubbing. Nagdardaras a nangilukat iti ridaw.

"Sir, makidaguskami koma, pangngaasiyo! Nalayusen ti balaymi!" impasabet ti nakaannanga a lalaki nga agkutkutimermer.

Minira ni Angkuan ti lalaki. Nailasinna a ni Kandro daytoy, ti maysa kadagiti nagaget a tumultulong kadakuada. Kaduana ti pamiliana. Adda pay tallo a sabali a pamilia a kaduada. Karaman dagitoy kadagiti nagkari a tumulongto iti kampania.

"Susapo! Umunegkayo, kakabsat!" kinuna ni Angkuan a nagdardaras a nangilukat iti ridaw.

Nabaringkuas ni Oppong iti pannakatarimbangonna. Agkurkuridemdem a nangsapul iti flashlight iti uluananna.

Uppat a pamilia dagiti nagbakuit. Naslepda. Adda awit dagiti dadduma a tampong ken no ania la ditan a naikalakagda. Nabbasa amin dagitoy. Imbilin ni Angkuan ken ni Oppong a mangidadang iti danum a pagkapeda. Pangep-epda iti lamiis.

"Agpapudotkayo. Dikayto ket agsakit," kinunana idi agsasangit dagiti agkutkutimermer nga ubbing. " Itarusyon ti agdigos iti banio. Kumitaak iti aramatenyo a pagan-anay," kinuna ni Angkuan nga immuneg iti kuartona.

Linuktanna ti dakkel a narra nga aparador. Adu ti lupot da Carlota ken dagiti annakda a saandan nga us-usaren. Uray isu, adu ti nagalusanna.

Napalalo a yaman da Kandro. Makasangitda a nangisalaysay a nayanud dagiti kalapawda iti Nagbakalan.

"Awan pay naisalakanmi kadagiti dingnguenmi, sir," kinuna pay ni Kandro.

Kasla malunag ti puso ni Angkuan. Nailibay a dagus dagiti nagkukot nga ubbing uray di pay namagaan ti buokda. Labonglabong dagiti nagalusan dagiti annakna a pagan-anay nga inusarda.

Imbaga ni Angkuan kada Kandro nga agiinnanusda. Linukot ni Oppong ti ikamenna tapno umakar iti pagidaanna. Nangiruar iti dakdakkel nga ikamen nga inyaplagna iti salas. Nangiruar pay iti pungan ken ules. Nagiinnurnos dagiti tallo a pamilia iti nalawa a salas. Nagidda iti tugaw dagiti dadduma idinto nga inliad lattan ni Kandro iti kulumpio iti bannogna.

Imbaga ni Angkuan nga aginanadan.

"Masapulan ti sanikua. Ti biag saan. Agyamantayo iti Dios ta awan ti dakes a napagtengyo," kinunana pay idi agsaibbek ti kaingungot ni Kandro iti leddaangna iti napagtengda.

NAGMALEM ken nagpatnag pay ti tudo. Nalawa a paset ti San Sebastian ti limned. Maysa a napakaruan ti Camanguegan. Imbalakad ni Angkuan nga agyan pay laeng iti balayda da Kandro ken dagiti kakaduada. Mababain dagitoy. Ngem imbagana nga awan ti problema ta duduada laeng iti kaanakanna.

"Ipabpabalayyo, kakabsat. Agiinnanustayo. Urayenyo a sumayaat ti panawen sakayto ipamaysa ti panangsimpayo iti balayyo, kinuna pay ni Angkuan idi mariknana a mababain da Kandro iti pannakidagusda.

Uray dagiti kakadua ni Angkuan, inallawatda met dagiti dadduma pay a nalayus iti Camanguegan. Iti kinaadu dagiti nadidigra, nagbakuit iti barangay hall dagiti dadduma. Nabangonan iti tolda dagiti saan a nalaon ti napusek a barangay hall. Nagtitinnulong da Angkuan ken dagiti kakaduana a nangsaranay kadagiti nalayus. Adda sumagmamano a barangay health workers a timmulong kadakuada.

Agsublisubli da Angkuan iti barangay hall. Ibunagda dagiti nailuto a taraon. Awitda pay dagiti mineral water a ginatangda. Nangitugotda pay iti nayon nga ikamen, pungan, ken nadumaduma a pagan-anay.

"Saannkayo a madanagan, sumangpetto ti saranay ti gobierno," kinuna ni Angkuan.

Makumikom da Angkuan a tumutulong a mangasikaso kadagiti nadidigra idi mapasungadanda ti bunggoy ni Mayor Marcelino. Tallo a bagon ti munisipio ti nakaikargaan dagiti iwarasda a relief goods.

"Nagsayaaten, addakay gayam ditoyen, Mang Angkuan," inalamano ti mayor ni Angkuan ken dagiti kakaduana nga agiwarwaras iti naka-styrofoam a taraon kadagiti nagbakuit. "Talaga a pangnamnamaankayo.   Immun-unakayo pay a simmangpet ngem dakami," intapik ti mayor ken ni Angkuan.

Iti panagabay da Angkuan ken ni Mayor Marcelino nga agibunong iti taraon, agkaralitak ti selpon dagiti nagbakuit. Uray pay dagiti pasurot ti mayor, agkarapis-itda iti selponda nga agala iti ladawan.

"Uray dakami, ag-selfie-kami man met ken ni Apo Mayor ken ti sumaruno a kapitan iti Camanguegan!" adda nangipukkaw a balasang a nakaparpardas nga immabay kada Mayor Marcelino ken Angkuan.

Kasla binunar ti kuton da Mayor Marcelino ken ni Angkuan iti panagdadarison dagiti tao a naki-selfie kadakuada.

Gapu ta kumaribuso dagiti tao, awan ti nakadlaw iti idadateng ti Fortuner ni Kapitan Enteng iti ruar ti Barangay Hall. Madamdama pay, addaytan nga inyula ti ridaw ti lugan ti kasta unay a tangigna a kapitan.

Saan a maipinta ti langa ni Kapitan Enteng iti nakitana a kinadekket dagiti tao kada Angkuan ken Mayor Marcelino.

19

NAKAMIRUGROG ni Kapitan Enteng. Nainsulto, saanna a magustuan ti kinadekket da Angkuan ken Mayor Marcelino kadagiti taga-Camanguegan. Dagiti payen nagbakuit ti manggabgabbay kadakuada. Pulos a dina narikna dayta a kinadekket dagiti kalugaranna iti panagtakemna. Nangemkem. Maysa met daytoy a Mayor Marcelino. Naunaan ketdin ti mayor a nagipan iti ayuda! Adu ti insangpet ti mayor a relief goods. Kinarton dagiti taraon a maidisdissaag iti tallo a lugan ti munisipio a nadatnganna. Arintukiaden, kayatnan ti agbuelta. Ngem napanunotna nga agbalin manen a kontrabida no dina asitgan ni Mayor Marcelino.

"Apo Mayor, talaga a sinapsapayon ti immay!" mapilpilit ti isem ni Kapitan Enteng, linabsanna ni Angkuan nga adda laeng iti abay ti mayor, idi makialamano ken ni Mayor Marcelino.

"Nasapsapa pay ni Angkuan, kap! Nasangpetanmi idan ditoy a mangas-asikaso kadagiti nagbakuit!" inyisem ti mayor a nangisungo ken ni Angkuan ken dagiti kakaduana.

Kunam pay, kasla nasilian ti piditpidit ni Kapitan Enteng. Ad-addan ti suronna idi madlawna a kasla mapilpilit laeng dagiti mangkablaaw kenkuana iti isasangetna. Nagburek ti darana idi mailasinna ti adu kadagiti nagbakuit. Isuda dagiti makaadu a makipunsion tunggal agpasken iti balayda. Anak ti diaske, intebbag ti unegna. No lamut, alisto dagitoy kinunana.

Nasemsem idi awan latta ti mangikaskaso kenkuana. Inkeddengna a baliwannanton ti agsubli. Ad-adda a maibabain no agbayag pay. Awan ti naitugotna nga uray sangkabassit la koma a delata, noodles, ken biskuit.

"Kua, mayor, immayko laeng kinita ti kasasaadda. Agsublikaminto a mangipan iti ayuda!" kinunana.

Saanen a nagbayag ni Kapitan Enteng. Kasla masinsinit iti nagtakderanna idi agpakada.

Nagdinamag iti Camanguegan ti panangipaay da Angkuan iti personal a tulongda kadagiti nadidigra. Ibagbaga dagiti tao a dayta ti pagilasinan iti kalidad ti ipaayto a serbisio ni Angkuan iti barangay. Pangnamnamaan a lider. Saan pay la a nakatugaw, ngem adun ti maitulongna, sangkakunada.

Panay met ti pammabalaw dagiti bumarangay ken ni Kapitan Enteng. Saanna kano nga ammo ti dumutdot. Saggaysa la kano a delata, noodles, ken sangtunggal kilo laeng a bagas ti inwarasda idinto a dakkel met ti pundo ti barangay para iti kalamidad.

Inaronan dagiti saosao dagiti bumarangay ti banat manen dagiti sutil a komentarista iti DWTP ken DWBB. Adda ngamin agdamdamag no nairaman nga inyanud ti layus ti pundo ti barangay. Banag a pagbabaraan la unay ni Kapitan

Enteng.

"Animal dagita a komentarista! Ania ti kayatda a paruaren?" ingngarietna idi idanon kenkuana ni Mary ti damag.

Paayabannanto ken ni Mary ti tresorera ti barangay. Ibilinna a gumatangda pay ti mainayon iti naiwaras nga ayuda.

"Iserram 'ta ridaw!" insenias ni Kapitan Enteng ken ni Mary. Saanna a kayat nga adda makangngeg iti pagsaritaanda.

"Maumaakon a dayta la ti dulduldolenda iti radio. Agsaritakayo ken ni tresorera. Doblienyo man laengen ti iwarasyo nga ayuda!" ingngayemngemna.

Masiusiudot. Tumakder a tumugaw. No mabalin, timbengenna koma ti maigastos para ti relief goods. Saanna a kayat a maibus ti calamity fund. Mabalinda nga iremedio tapno maire-allign ti badyet. Kasanon no sumangbay ti adu a bagyo?

"Dakkel pay ti nabati iti calamity fund, kap. Indeklara metten ti probinsia ti state of calamity. Sigurado a pasarunuanto dayta ti munisipio," inlawlawag ni Mary a nangpalludip iti kapitan.

Limmukay ti nairteng a rupa ni Kapitan Enteng iti nangngegna.

"Adda napintas nga ibagak, kap… Awan sa ti nakaibaga kenka a US Immigrant ni Angkuan!"

Wen, aya, inkatek ni Kapitan Enteng. Limmawag a dagus ti rupana iti nangngegna. Idi makitana ti nasam-it nga isem ni Mary, timmayaben a namimpinsan ti pudot ti ulona.

Kunam no kawitan a nangseppeg iti upa, ginuyodna ni Mary. Pinagtugawna iti saklotna. Ad-adda a bimmara ti riknana idi masay-opna ti ayamuom ti balasang.

"B-baka adda…" nagtaltalangkiaw ni Mary idi agdakiwas dagiti rapas a dakulap ni Kapitan Enteng.

"Awanda! Napan nakimadiong kadagiti amigana!" kinunana ket inappupona ti balasang. Kasla nabisinan a toro, napaut a nagsaip dagiti bibigda.

NAKLAAT ni Angkuan idi adda sumangpet a trak iti balayda. Nagkarga daytoy iti tallupulo a sako a bagas. Idi amadenna no asino ti naggapuanna ken no para ania dagiti kinaban a bagas, kinuna ti kargador nga impaideliber ni Atty. Juanario.

"Mainayon kano iti iwarwarasyo nga ayuda kadagiti nadidigra iti layus, sir," kinuna ti pahinante. "Sumarunonto kano dagiti lupot, ken dadduma pay a taraon! Ur-urnosenda …"

Madamdama pay, simmangpet met ti impadeliber da General Loreto ken Mr. Peregrino a kinarton a delata ken noodles.

Naragsakan ni Angkuan a nangtawag kadagiti kakaduana. Imbagana a nasken a maiwaras amin dagiti ayuda tapno mapalag-anan dagiti bumarangay.

No kasano ti kinaragsak dagiti natulongan a bumarangay, kasta met ti pungtot ni Kapitan Enteng. Bumanang-es a nakadamag iti kinaadu dagiti tumultulong iti grupo da Angkuan. Kabusorna da Atty. Juanario ken ni General Loreto ta addada kano la a makibibiang.

Umis-isem laeng ni Angkuan idi idanonda kenkuana ti sakit ti nakem ni Kapitan Enteng. Imbagana kadagiti kakaduada a saandan a sungsungbatan wenno tutopan pay. Ti napateg, maiparikna ti panagsisinnaranay kadagiti bumarangay iti panawen ti kalamidad. Awan ti pilpilienda. Matulongan amin a nadidigra.

Iti panagwaras ti damag nga itutulong da Atty. Juanario ken General Loreto, Timmulad met a nangipatulod iti ad-adu pay a saranay dagiti gagayyem ni Angkuan nga adda mabalbalinna iti poblasion. Nangidonarda iti materiales para kadagiti nadadaelan iti balay. Adda pay dagiti gunglo sibiko manipud iti siudad ken ballasiw-taaw a nagipatulod iti pinansial a tulong.

Nadamag da Carlota ti napasamak iti Camanguegan, tinulongan dagiti annakda a nangyuna iti donation drive para kadagiti nadidigra. Inyuna ti Sagibo ti Camanguegan, gunglo dagiti agindeg iti barangay nga agnaed iti California, ti nangipaay iti pinansial a tulong.

Sabali pay dagiti naggapu iti gobierno kas iti Department of Agriculture a nangipaay iti sukat dagiti natay a dingnguen dagiti mannalon a naipadalan iti munisipio. Direkta a naited kadagiti maseknan dagiti tulong.

"Dayta ti mangipakita nga adda talekda kenka, Mr. dela Cruz," kinuna ni Atty. Juanario idi personal nga itulodna dagiti lupot ken taraon a naggapu kadagiti department stores iti siudad a kliente ti abogada. "Keep up the good work. Addakami a kanayon iti likudam!" kinunana pay.

ITI pannakaaw-awis ni Angkuan kadagiti nadumaduma a pasken iti Camanguegan, ad-adda pay a limmawag kenkuana ti ramut dagiti agtutupatop a parikut ken pakaseknan dagiti agindeg. Nailumlom iti rigat ti kaaduan kadagiti lumugar.

Maysa a gapuna ti kinaawan ti kabaelan dagiti nagannak a mangpaadal kadagiti annakda. Kaaduanna, no ania ti nariingan a panggedan ti ama wenno ina, dayta met laeng ti tuladen wenno tawiden dagiti annakda. Saanda a nakaruk-at iti rigat gapu ta nagkurang ti pannakailawlawag kadagiti agtutubo iti kinapateg ti adal. A no makawesanda koma iti adal, daytoy koma ti mangwayawaya kadakuada a mangbaliw iti paniriganda iti biag. Adda dagiti nakaanus a nangpaadal kadagiti annakda. Dagitoy ti maibilang a manmano a nakaruk-at iti rigat ti biag. Nakapan payen iti ballasiw-taaw dagiti dadduma. Ngem ad-adu dagiti nagpatingga laeng iti elementaria. A kadakuada, makaanayen nga ammoda ti agsurat, agbasa ken agkuenta. Nagangayanna, ubbing dagitoy a nakiasawa. A nangnayon iti parikut ken ad-adda pay a nangigalut kadakuada iti rigat.

Iti kinalawa ti Camanguegan, siddaawen ni Angkuan no apay di man la napatakderan iti eskuela primaria dagiti dadakkel ti populasionna nga addayo a sitio. No am-amirisenna, rumbeng koma nga idi pay a napatakderan iti community high school ti barangay. Isu a manmano ti nakapagadal iti high school. Sulitenda ti kinaadayo ti poblasion.

Naisip ni Angkuan nga aduda a mannursuro iti grupona. Dakkel a katulonganna ida no kaspangarigan. Daytanto ti maysa nga ipangrunada nga asikasuen no maikkanda iti gundaway nga agserbi iti barangay. Iramandanto pay ti pannakabangon ti barangay health center. Ken papintasendanto dagiti pasilidad ti Day Care Center tapno ad-adda pay a maguyugoy dagiti nagannak a mangibaon iti pagadalan kadagiti annakda.

Iti panangad-adalna, no kayat dagiti agindeg ti naan-anay a panagdur-as ken panagbalbaliw, nasken a maitrabaho dagiti proyekto ti impraestruktura. Mapalawa, masemento dagiti kalsada. Maluktan ti ad-adu pay a farm-to-market roads tapno nalaklaka nga ibiahe dagiti lumugar dagiti produktoda. Pulsotpulsot dagiti maburbor a kalsada iti nadumaduma a purok. Nalubo met no panagtutudo dagiti di pay napasemento a dalan. Ken panawen tapno mapadasan metten dagiti agindeg a nanamen ti nam-ay nga ipaay ti serbisio ti elektrisidad.

Iti masansan a pannakalayus ti Camanguegan, gapu dayta iti kaawan man laeng ti naipasdek a flood control project iti barangay nangruna kadagiti lugar a madalanan ti Karayan Buaya.

Iti simmaruno a panagsasaritada kadagiti kakaduana, imbaskag amin ni Angkuan dagiti naisipna a parikut iti barangay a nasken a maikkan iti importansia.

"Nabaybay-an a talaga ti Camanguegan," insennaay ni Maestro Amante.

"Panawenen tapno masagrap met dagiti lumugar ti pudno nga anag ti panagdur-as," imbagi ni Engr. Redong.

Nagtungtung-ed ni Angkuan.

"Utangentayo ti talek dagiti umili," imperreng ni Angkuan kadagiti kakaduana. "No ipasublatda dayta a talek, subalitantayto ida iti pudno a panagserbi…"

20

NAKLAAT ni Angkuan idi makariing iti dayta nga agsapa. Umanangsab ni Oppong nga agtartaray nga mangaw-awag kenkuana. Naggapu ti barito iti kalsada. Adda iggem daytoy a polieto.

"Angkel, kitaenyo man daytoy!" kinunana a nangyawat iti polieto ken ni Angkuan.

Napamulagat idi maiggamanna ti polieto.

"Naggappuan daytoy?"

"Agkaraiwara met iti kalsada, angkel!"

Naggiteb ti pispis ni Angkuan: Naisurat a naggapu iti Concerned Citizen ti polietos. Nakabudbuddak ti naisurat iti polieto a:

Agpanunotkayo, kabarangayan iti Camanguegan. Diyo sayangen ti butosyo ken ni Angkuan a maysan a US Immigrant… No ibutosyo ket mangabak, madiskalipikanto met laeng. Panawannanto ti Camanguegan. Dandanin mapan iti America.

Sabali manen a pamerperdi! Insanamtekna. Pulos a saanda nga inggaan. Saan a pumaltos ti atapna. Ti manen grupo ni Kapitan Enteng ti akin-aramid iti dayta. Umasidegen ti kampania. Kumarkaro met ti ar-aramiden ni Kapitan Enteng a panangdadael kenkuana.

Kas ninamnamana, addaytan ti agsasaruno a tawag ken text dagiti kakaduana.

"Idarummon dayta a Kapitan Enteng!" intabbaaw ni Maestro Amante iti telepono. "Saan met laengen nga agpatpatingga!"

Immanges iti nauneg. Pampanunotenna dayta. Nalawag a pamadpadakesda dayta kenkuana. Ngem kasano a paneknekanna a ni Kapitan Enteng ti utek iti propaganda? Awan ti ebidensiana. Awan met ngarud ti nakakita wenno nakaala iti ladawan nga agiwarswaras ti kapitan iti polieto wenno dagiti kakaduana.

Imbalakad ni Atty. Juanario nga idanonna latta iti polis ken iti Comelec ti reklamona.

"Masapul nga adda rekord dagita a mapaspasamak iti Comelec. Makaammodanton no ania ti aksion nga aramidenda," kinuna pay ti abogada.

Dayta ti inaramid ni Angkuan. Kinuyog da General Loreto ken Teniente Charlito idi mapan agpai-blotter iti polisia. No nasken, ipilana ti reklamona. Inkari ni Major Salvador a patiktikanda no asino ti nagpaaramid kadagiti polietos.

Insaruno da Angkuan ti napan iti Comelec. Indatagda dagiti polietos a naalada a naiwara kadagiti kalsada iti Camanguegan. Kas iti hepe, impanamnama met ni Atty. Baldos nga imbestigarenda ti utek iti propaganda. Kinuna ti abogado a nalawag a panangperdi dayta iti kandidatura ni Angkuan.

Kadagita a kanito, agkatkatawa ni Kapitan Enteng. Kaduana dagiti para kagawadna, kasta unay a panagyamanna kadagiti kakaduana iti dayta a napanunotda a pangsiripan ken ni Angkuan.

"Ita ta ammodan a US Immigrant dayta nga Angkuan, sigurado, awanen ti mangibutos pay kenkuana!" aglaglag-oy ti akak ti kapitan iti paggaakna.

Nagyaman iti nalimed ken ni Mary iti panangipalagipna iti dayta. Idi ta adda nagrimat iti isip ni Kapitan Enteng. Nakalawlawa ti isemna. Ammonan ti sumaruno nga addangna. Awagannanto ni Atty. Artem Naquepoy, ti maysa pay a gayyemna nga abogado. Nagallangogan ti paggaakna. Uray la a nagtulakak iti pigsa ti katawana. Alisto ni Mary a napan nangala iti mineral water idi makitana nga agkalkaling-etan ti kapitan a mangkamkamat iti angesna. Inarub-ob a dagus daytoy ti nakaplastik a danum nga inyawat ni Mary kenkuana.

NAPILITAN ni Angkuan a nagpalawag idi agwaras ti damag nga amangan no madiskalipika. Dinayo ti media. Ininterbiuw da Danny Antal ti NTP Network, Ronald Unnoy ti DWPT ken Joks Caban ti DWBB.

"Ania ti makunayo iti agwarwaras a damag a saankayo a kalipikado nga agkandidato ta US immigrant-kayo kano, Mr. Juan dela Cruz?" sinaludsod ni Danny Antal.

"Umuna ti amin, agyamanak, kakabsat iti intedyo a gundaway tapno malawlawagak dagiti isyu nga ibatbatoda iti numo 'toy biang," panangirugi ni Angkuan. "No asinoman ti nagiwarwaras iti damag a maysaak a US immigrant, dakkel a biddut ken panangdadael dayta, apo," naalumamay ken nabatad ti sungbat ni Angkuan a nangiruar iti pasaportena.

Nakipagbiding dagiti dua a reporter iti pasaporte nga impakita ni Angkuan. Agkaralitak met dagiti kamera.

"Adtoy ti pammaneknekko. Nalawag a nailanad ditoy a maysaak a Filiipino citizen, kakabsat!" inwagayway ni Angkuan ti pasaportena.

"Adda kadi atapenyo nga utek iti daytoy a propaganda kontra kadakayo, sir?" simmublat a nagdamag ni Joks Caban.

"Awan ti itudtudok ta awan ti pammaneknekko, apo. Ngem ammoyo met a duduakami laeng ken ni Kapitan Enteng nga agbalubal iti Camanguegan!" insungbat ni Angkuan. "Kiddawek a diyo koma patpatien, kabarangayak, dagiti pammerperdida kadatayo. Ipanamnamak a saanto a masayang ti butosyo ta saanak a madiskalipika a kas iti ibagbagada. Ikararagtayo nga agtalinaed a nadalus ti eleksion iti Camanguegan. Adayo pay ti aldaw ti kampania isu a liklikan koma ti pinniltak," kinunana pay.

AD-ADDAN bimmara ti piditpidit ni Kapitan Enteng. Nagbiddut iti ninamnamana a bumangsit ti imahe ni Angkuan kadagiti kabarangayanda. Ad-adda ketdi a bimmanglo iti imatang dagiti tao. Binueltaan dagiti sutil. Kunada a mapukpukawen ti namnama isu nga aglalaoken dagiti mapanunotna a pangdadael ken ni Angkuan.

"Piliek 'tay bagito basta pangnamnamaan nga agserbi!" sangkakuna dagiti miron a kontra ken ni Kapitan Enteng.

"Saan nga imigrante! Ngem addan sa ignorante!" sangkasao met dagiti artek kadagiti pagsusukmonan.

Babbabalawenda ni Kapitan Enteng ta dina kano a siguraduen nga umuna dagiti isawangna.

Ad-adda la ket ngarud nakapungtot ni Kapitan Enteng. Dinegdegan dagiti pammabalaw ti media kenkuana ti saosao dagiti tarabitab a kalugaranna. Isu ti itudtudoda nga utek iti propaganda kontra ken ni Angkuan.

Nalagipna ni Atty. Artem Naquepoy. Makaunget a nanglukat iti selponna.

"Kitaek ita ti laing dayta nga Angkuan!" imper-akna idi agkiriring ti telepono.

NARAGSAKAN ni Angkuan. Tinulongan dagiti kakaduana a nangilawlawag kadagiti kabarangayanda a panangdadael laeng dagiti maibatbato kontra kenkuana. Nupay adda dagiti sumagmamano a namati, kuna ketdi dagitoy nga uray kano pay no maysan a US Citizen ni Angkuan, ibutosdanto latta.

Makais-isem iti panangisakit kenkuana dagiti kalugaranna.

"Kasta ti kayo no nabunga. Uborenda!" kinuna ni Pastor Prudencio iti naminsan a panagsasarakda iti grupo ti Los Maestros. "No batuendaka iti bato, batuem ida iti tinapay. Kasta ti pudno nga anak ti Dios," innayonna.

Nagyaman ni Angkuan iti pammalagip ti gayyemna a pastor. Dayta a talaga ti ar-aramidenna. Saanna a galad ti bumales. Ammona ti agpakumbaba. Banag a pagraemanda unay kenkuana.

Iti maysa nga aldaw, agsagsagana ni Angkuan a makisarita kadagiti napili a coordinator-da idi sumangpet ti maysa nga empleado ti Comelec. Masmasdaaw ni Angkuan. Sigud a no adda masapul ni Atty. Baldos kenkuana, awagan lattan daytoy. Agsalsaludsod dagiti matana idi awatenna ti surat manipud iti Comelec.

21

KASLA saan a mamati ni Angkuan idi mabasana ti surat a naggapu iti Comelec. Adda beripikado a petision a mangkidkiddaw iti kanselasion ti kandidaturana! Ipakanselarda ti Certificate of Candidacy-na? Maysa kano a nuisance candidate gapu ta maysan nga imigrante iti America.

Napamulagat a nagngilangil. Ania daytoy a panangdadael kenkuana? Ammona, ni la ketdi Kapitan Enteng ti adda iti likud daytoy. Nagsennaay. Apay a di met laengen sumardeng ni Kapitan Enteng nga agaramid it pammardaya kenkuana?

Sumanamtek, inawagan a dagus ni Angkuan ni Atty. Baldos.

Inlawlawag ti Comelec officer a mamati a panglilibeg laeng ti inyulida a diskualipikasion kontra kenkuana. Ngem kuna ti abogado a nasken nga aksionan ti Comelec ti petision tapno saan nga ibaga ti kampo ni Kapitan Enteng a tinugawanda ti kaso.

"Sungbatam a dagus, Mr. Dela Cruz. Segun iti linteg, masapul a madesidir ti petision iti kabiitan a panawen isu a maidalan daytoy ti summary proceedings. Final and executory ti desision ti Comelec apaman a maawat dagiti agsumbangir a partido ti pangeddeng malaksid laeng no supiaten ti Korte Suprema..."

Nalagip ni Angkuan ni Atty. Juanario. Inawaganna a dagus daytoy apaman a nakapagsaritada iti Comelec officer.

Imbalakad ti abogada a saanna a forte ti election laws ta ad-adda a corporate law ken taxation ti espesialisasionna. Ngem imbagana ketdi a yam-ammona iti maysa a nalaing ken mapagtalkan nga abogado.

NAISEM ti agkabannuag, nataraki ken panglukmegen nga abogado a nasangpetanna idi umuneg iti Arreola Law Office. Nupay nangnangegen ni Angkuan ti nagan ni Atty. Edwin Arreola, ita laeng a makasangonsangona ti abogado.

Kadagiti pay laeng naikuadro a diploma ken nagduduma a sertipiko iti diding ti nalawa a bupete, ammo lattan ni Angkuan nga abogado de campanilla ti nangibaonan kenkuana ni Atty. Juanario. Nailanad kadagiti diploma ken sertipiko a nagturpos ti abogado kadagiti nalatak nga unibersidad iti pagilian ken iti Estados Unidos.

Nalag-an ti rikna ni Angkuan a nangisalaysay iti amin ken ni Atty. Arreola. Umis-isem ti abogado a nagtungtung-ed iti palabsanna ti petision kontra kenkuana.

"Nakapankayon iti America, Mr. Dela Cruz?" imperreng ni Atty. Arreola a nagliad iti swivel chair-na.

"Wen, attorney," intung-edna. "Nag-tourist-nak idi addaak pay iti gobierno..."

"Ania ti visa nga inted ti US kadakayo? Nakapetisionkayo? Naaprobaranen ti petisionyo?" nagsasaruno dagiti saludsod ti abogado.

"Multiple entry, attorney. B1/B2 ti visak. Kayat dagiti annakko nga agyanakon idiay ta iremedioda dagiti papelesko. Ngem imbagak nga uray ta sangapulo a tawen ti naited a visak, mabalinko met ti mangpasiar kadakuada iti ania man nga oras. Imbagak idi, yuraydan ti panagretirok. Ngem adtoy, kayat metten dagiti kabarangayak nga agkandidatoak a kapitan iti barangaymi."

Nakagaygayad ti isem ni Atty. Arreola a nangalamano kenkuana.

"Awan ti pagdanaganyo, Mr. Dela Cruz. Saan a problema daytoy. Asikasuentayo a dagus!" kinunana.

Nagyaman ni Angkuan. Dinamagna no mano ti attorneys fees iti abogado. Umis-isem ni Atty. Arreola a nangibaga a leppasenda pay ti kasona.

"Saanak a narigat a kasarsarita, Mr. Dela Cruz. Thank you iti talekmo itoy numo!" inyalamano ti abogado idi agpakada ni Angkuan.

KINATARIPNONG ni Angkuan dagiti kakaduana. Nagwaras gamin manen ti damag maipapan iti naidatag a petision kontra kenkuana iti Comelec.

"Saan met la a mauman dayta a Kapitan Enteng!" masemsem ni Maestro Amante. "Maikkan koma iti pagnakmanna!"

"Isu ti agdadata a nagadun ti sinalungasingna a pagallagadan ti Comelec! Isu koma ti madiskualipika!" insippaw ni Maestro Pitong.

Nagtungtung-ed ni Teniente Charlito. Nakapaspasnek a dumdumngeg. Pasaray tumakder nga umadayo no adda kasaritana iti selpon.

"Eleksion koman tapno maammuanen no asino ti kugtaran dagiti botante!" insanamtek ni Manang Ellen.

"Aramidenda amin a taktika tapno saan a makapagpokos ni Angkuan!" imbagi ni Engr. Redong. "Nabanglo ngamin ti naganna. Ultimo ubbing, sangkasaodan ti Kapitan Angkuan!"

Napaisem ni Angkuan. Kinapudnona, makapalag-an rikna ti panangitandudo dagiti kalugaranna kenkuana. Dagitoy ti mangpatpatangken iti nakemna. Adu ti mangarakup iti ipagpagnana a panagbalbaliw koma ti sistema ti politika iti Camanguegan. A rumbeng nga agserbi dagiti pakaitalkan iti poder. Saan ketdi nga isuda ti paserbian.

NAAWIS ti grupo da Angkuan nga agatendar iti kasangay ti maysa a gayyem ni Maestro Pitong iti Sitio Dasil. Mabigbig saan la nga iti Camanguegan ni Apo Jovito, no di pay iti intero a San Sebastian. Nabayag a nakonsehal iti ili sakbay ken kalpasan ti deklarasion ti Martial Law. Inaw-awaganda iti Mr. Fiscalizer. Idi panawenna, agdinamag nga isu ti kakaisuna a nakaitured a timmakder kontra iti mayoria iti konseho munisipal.

"Kayatko a maam-ammom, Pari Angkuan, ni Apo Jovito. Maysa kadagiti saan a mangayon iti wagas ti panangituray ni Kapitan Enteng," kinuna ni Maestro Pitong.

Dakkel a pasken ti nakaawisan da Angkuan. Nadlawna a dagus nga adu ti sagana a taraon. Naggapu gayam amin iti abroad dagiti annak ni Apo Jovito. Sagut dagiti annakna dayta a pannakarambak ti maika-85 a panagkasangayna. No labsen ti agsao, dandani nagatendar amin dagiti taga Sitio Dasil iti pasken, mangipakita a mararaem ti lakay iti lugarda.

"Naragsak a panagkasangayyo, Apo Pasado Konsehal!" nairut ti panangabrasa ni Angkuan ken ni Apo Jovito.

"Pakaidayawak ti kaaddayo, Mr. Dela Cruz!" kinuna ti lakay a naub-ubing nga adayo ti langana ngem iti edadna. Nakakallugong daytoy iti dolpo. Naparagsit pay nga aggargaraw. Nupay adda sarukodna gapu iti agalen daytoy a reuma.

"Happy birthday, Apo Pasado Konsehal Jovito!" indir-i dagiti naitallaong idi wagisan ida ti pasado konsehal bayat ti panagsarsaritada ken ni Angkuan.

Sakbay ti panagpasar dagiti sangaili, impeksa ni pasado Konsehal Jovito ti panagyamanna kadagiti amin a kalugaranna a timmabuno iti pasken. Inyam-ammo daytoy kalpasanna ni Angkuan ken ti sibubukel a grupona.

"Bisitatayo ti sumaruno a kapitan iti Camanguegan!" kinuna ni pasado Konsehal Jovito a nangitag-ay iti ima ni Angkuan.

"Agbiag ni Kapitan Angkuan!" indir-ida. "Agbiag ti grupona!"

Kasla malapunos iti ragsak ni Angkuan. Nabara ti panangawat kenkuana dagiti taga Sitio Dasil. Saan pay a panawen ti kampania. Ngem napaneknekanna a dagiti tao ti mangibambando iti naganna.

"Isingasingko nga adda koma maangay a debate dagiti kandidato iti plasa ti Camanguegan inton kampania tapno maammuan ti plataporma ti tunggal maysa!" kinuna ni pasado Konsehal Jovito idi agangay a nangtaliaw ken ni Angkuan a makisarsarita kadagiti kapurokanna.

"Mayat dayta, apo pasado. Tapno nalawag a maiplastar dagiti kandidato dagiti platapormada!" insungbat ti sabali pay a lakay.

Napataliaw ni Angkuan iti pasado konsehal.

"Maitured ngata ni Kapitan Enteng ti makidebate ken ni Angkuan?" insalingbat ti maysa a naitallaong a baket a nakaammal iti abano. Ubba daytoy ti bassit pay a babai nga apokona.

"Awan la ti ammok. Taray kugit daydiay!" intanuprana ti kaab-abayna a baket a nakaammal met la iti tabako.

"Kalawakaw ni Kapitan Enteng! Nalaing la ngamin ti barangay secretary a para aramidda iti speech, surat, resolusion kada ordinansa!" insippaw ti agkabannuag a lalaki nga aging-ingat a nakasanggir iti puon ti nagiray a mangga.

Naggigiddan ti paggaak ken ariwawada.

"Saan a linnaingan ti panagserbi. Nasken ti dedikasion. Masapul a sapasap ti panagdur-as. Saan a para iti sumagmamano laeng!" kinuna ni Angkuan a nangisenias iti panagkalma dagiti naitallaong.

Saan a nailaksid iti imatang ni Angkuan ti maysa a lalaki a nagal-aludoy a nagpalikud. Sintagari daytoy a pimmanaw. Nailasinna ti naka-sling bag a lalaki.

Daytoy daydi pinasubsoban ni Maestro Amante. Adda nagparikna ken ni Angkuan. Nadarimusmosanna a nagsardeng ti lalaki iti ayan ti agur-uray a nakaparada a motorsiklo.

Adda naggilap iti isipna. Tinawaganna ni Hepe Salvador.

22

IMPEKSA ni Angkuan ti panagyaman ti grupona ken ni pasado Konsehal Jovito. Nagyaman pay daytoy iti suporta dagiti taga-Sitio Dasil iti bunggoyda.

Sakbay a nagpakadada, impalagip ni pasado Konsehal Jovito ti singasingna nga agdebate da Angkuan ken Kapitan Enteng inton panawen ti kampania. Nagtungtung-ed ni Angkuan. Imbagana nga idanonna ti singasing ti pasado kosehal iti Comelec.

Kasla napaksuyan, apagsangpetna iti balayda, marikna ni Angkuan ti bannogna. Nagtarusanna ti nagtugaw iti kulumpio idi maluktanna ti transistor. Saguyepyepen. Idi maitubong iti lapayagna ti madama a maipatpatangatang a damag. Arig di agkirem a dimngeg iti damag.

Segun ken ni Ronald Unnoy ti DWTP, dua a lalaki a nakamotorsiklo ti natiliwan itay iti paltog iti checkpoint iti Camanguegan. Nagdalagudog ti barukongna. Saan la ketdi nga agbiddut. Naapput da Hepe Salvador dagiti dua a pasurot ni Kapitan Enteng.

Nagramaram a kasla apoy iti Camanguegan ti damag. Adu ti mangibaga a hired goons dagitoy ta awan ti maipakitada a pammaneknek nga agnaedda iti San Sebastian.

Kabigatanna, sinapsapa ni Angkuan ti napan iti estasion ti polisia. Kumaribuso dagiti polis a nasangpetanna. Agsagsagana dagiti dadduma a mapan ag-checkpoint.

Sakbay a simrek iti opisina ni Hepe Salvador, naipasirna ti pagbaludan iti sikigan. Nakitana ti dua a lalaki iti uneg. Nakadalupisak dagitoy iti baldosa a nakadumog.

Kasla nagpayak dagiti dapanna, nagdardaras a nagturong iti opisina ti hepe.

"Naimbag a bigatyo, hepe. Nangngegko iti radio ti damag," kinuna ni Angkuan a nangalamano ken ni Major Salvador.

"Husto 'diay intawagyo, Mr. Dela Cruz. Panagkunak, adda la ketdi dakes a panggep dagiti dua," intung-ed ti hepe.

"Lisensiado kadi dagiti armasda, hepe?"

"Madama nga iberberipikami, sir. Adda impakitada a lisensia. Ngem urayenmi ti kompirmasion ti Firearms and Explosive Unit no pudno a lisensiado dagiti armas ," nangemkem ti hepe. "SOP, maidalan pay iti ballistics dagiti paltog..."

"Ania ti kayatyo a sawen, major?" immulagat ni Angkuan.

"Kasla met la tao ti paltog, sir. No adda fingerprint ti tao, kasta met ti armas. Dita a maammuan no naaramat dagiti armas iti krimen iti napalabas," inyisem ti hepe.

Nagtungtung-ed ni Angkuan. Idi agangay, saanen a nagbayag, nagpakadan daytoy. Linugayanna ti hepe sana tinurong ti ridaw.

Iti pannakaibuang ti ridaw iti panangilukatna, nakigtot ni Angkuan. Apagisu a sumrek ni Kapitan Enteng iti opisina ti hepe. Nagsalip dagiti matada.

"Agpaigidka! Amangan no diak makapagteppel!" imbugkaw ni Kapitan Enteng a nangiwalin lattan ken ni Angkuan.

Natadem ti kusilap kenkuana dagiti dua a lallaki a kadua ti kapitan ken nangsaruno iti daytoy.

Saan a nakatimek ni Angkuan a nangisurot iti panagkitana kada Kapitan Enteng. Impad-engna ti rimmuar idi agtarusda ken ni Major Salvador.

"Saanakon nga agpalpalikaw, hepe," iruarkon dagiti dua a taok. "Awan ti rason tapno agtalinaedda iti pagbaludan! Lisensiado dagiti armas!"

Iti nangngegna, kasla nailansa iti nagtakeranna ni Angkuan. Nagparikna kenkuana, saan la ketdi a nagustuan ti hepe ti tabas ti dila ni Kapitan Enteng.

Makapungtot a timmakder ni Hepe Salvador. Natadem ti kita ti hepe iti kapitan.

"Ammoyo kadi nga adda sursurotentayo nga allagaden, Apo Kapitan? Urayenmi ti resulta ti maiwaywayat a beripikasion kadagiti armas a naala kadakuada. Maysa pay, ammoyo a suspendido ti panagimet iti armas," nababa ngem naturay ti timek ti hepe.

"Major… baka nalipatamon, sangsangailika laeng ditoy San Sebastian. Rumbeng a sursuruem ti sumurot iti agus no kayatmo ti agbayag iti puestom!" ingngirsi ni Kapitan Enteng.

Kasla limteng ti panagdengngeg ni Major Salvador. Nagtupa dagiti sangina a nangperrek iti kapitan.

"Siak ti rumbeng a pakibagayanyo, kapitan! No ania ti linteg, isu ti ipakatko!" gimluong ti timek ti hepe a nangitudo ken ni Kapitan Enteng.

Kasla kigaw, timmallikud ni Kapitan Enteng ken dagiti kakaduana. Saandan a nagpakada iti hepe. Idi malabsanda ni Angkuan a nakatakder pay laeng iti asideg ti ridaw, nagsarimadeng daytoy. Pinababa pinangatona ni Angkuan.

"Sika, aginlalaing, karkaritennak iti debate?" agpigpigerger a nangitudo ken ni Angkuan.

Aguni koma tapno ilawlawagna a saan a naggapu kenkuana ti singasing maipapan iti debate, ngem timmalikuden ni Kapitan Enteng a kasta unay ti dayamudomna.

Nataliaw ni Angkuan ni Hepe Salvador. Ammona, nakita la ketdi daytoy ti galad ni Kapitan Enteng. Agngilngilangil ti hepe.

Naawatanna ti hepe idi tung-edan daytoy. Husto ti inaramidna a dina tinutopan ni Kapitan Enteng.

Marikna ni Angkuan, maymaysa ti sentimientoda ken ni Major Salvador.

Nangemkem iti rurodna idi turongenna ti nakaparada a luganna.

Addan iti dalanna nga agawid. Ngem agay-ay-ayam pay laeng iti panunotna ti napasamak. Ita laeng a nakitana a nagpungtot ti hepe. Amkenna itay no bumara ti sinnungbatna ken ni Kapitan Enteng. Mapasubo la ketdi ti hepe. Rinaemna ti major. Napaneknekanna, natangken ti sangi ti hepe.

SUMAGMAMANO laengen nga aldaw sakbay ti opisial a panangugi ti kampania idi makaawat iti napintas a damag ni Angkuan ken ni Atty. Edwin Arreola. Imbasura ti Comelec ti petision kontra kenkuana. Inlawlawag ti abogado a natibker dagiti pammaneknek a pasig a kinaulbod dagiti alegasion kontra kenkuana isu nga inaksionan a dagus daytoy ti Comelec.

Nagpiestaan dayta a damag dagiti radio ken telebision. Naibandera ni Angkuan kadagiti damdamag.

Naragsakan met dagiti kakadua ken mangsupsuporta iti bunggoyda. Kasla agpiesta iti balay da Angkuan iti kinaadu dagiti nakipagrikna ken nangkablaaw kenkuana.

"Awanen ti lapped! Agmartsan ni Kapitan Angkuan a mapan iti barangay hall!" inkatawa ni Maestro Amante.

"Iti sakit ti nakemna, amangan no agbekkelen ni Kapitan Enteng!" inkatawa met ni Maestro Pitong. "Ti dakesna, saanto nga agpatingga dayta a kapitan nga agimbento iti isyu kontra ken ni Pari Angkuan!"

"Ti narigat, amangan no pati pannakatay da Lapulapu ken ni Rizal ipabasolda pay a sika ti nagmandar!" inkatawa ni General Loreto.

Nagdadanggay ti nasarangsang a paggaakda.

Saan a mabubos ti panagyaman ni Angkuan ken ni Atty. Edwin Arreola idi rantaenna daytoy iti bupetena.

"Ilablabantayo laeng ti kinapudno, Mr. Dela Cruz," kinuna ti abogado a nangalamano kenkuana iti nairut.

Idi yawat ni Angkuan ti obligasionna iti abogado, kinunana nga awanen ti pagparikutanna pay.

"Adu unay ti utangko kadakayo, attorney," kinuna ni Angkuan a nangipilit a nangyawat iti sobre.

"No worries, Mr. Dela Cruz. Nalpaskamin a nagsarita ken n Paniera Myrna Juanario. Keep it! Tulongna kano kenka ti attorney's fees!" kinuna ti abogado nga umis-isem. "Inton sumaruno nga agkitatayo, Kapitankanton iti Camanguegan!" kinunana pay nga agkatkatawa.

Arig mapalua ni Angkuan iti ragsakna. Nagasatak a naaddaan kadagiti nasayaat a gagayyem, nakunana iti nakemna.

MANIPUD agwaras ti damag a panangibasura ti Comelec iti petision kontra ken ni Angkuan, kasla kanayonen nga agdudukot ni Kapitan Enteng. Nupay sangkasao dagiti kakaduana a laklakaenna nga ibalat ti agat' sinuso a ni Angkuan, dumuko ti aripapa kenkuana aglalo ta mayoridad kadagiti agtutubo ti nagplastar a saanen a mangsuporta iti kandidaturana. Nasakit ti nakemna. Dati a kakadua dagiti annakna idi iti SK ti kaaduan kadakuada. Ngem saan a matulongan dagiti annakna. Addan asawa dagiti dua nga inaunaanna.Pinilida ti agyan kadagiti nakaikamanganda. Ti buridekna, sabali met ti lubongna. Kasla awan bibiangna iti eleksion iti Camanguegan. Kas met laeng iti asawana. Ti la kuarta ti napateg kadagiti agina.

"Anak ti diaske dagita nga agbibisin!" imper-akna idi ipadamag kenkuana ni Mary a tumuyutoy dagiti agtutubo a kimmappon iti grupo ni Angkuan.

Masiudot. Nalabit ti dina panangikankano iti nabayagen a kiddaw dagitoy nga adda koma met mabangon a covered court iti barangay a para kadakuada ti kimmayakayanda. Saan a kayat ti kapitan a maammuan dagitoy ti panangaramatna iti nasolisitna a pundo ken ni Senador Magtolis a para iti kidkiddawenda. Isu ti ginastosna a pinangbangon iti covered court iti nalawa a laongna.

Inkeddengna a kasaritana dagiti kakaduana. Mangpanunotda iti estratehia tapno maipanamnama ti panangabakna. Saanna a kayat ti maabak. Dina kayat ti maibabain. Nalaing dagiti mangkonkontra kaniana nga agkutkot iti isyu. No nasken, uray gumastos iti dakkel, basta maisiguro ti panangabakna.

"Mangpanunotkayo no ania pay ti mabalintayo nga ibato iti dayta nga Angkuan!" kinuna ni Kapitan Enteng.

"Imbes a bumangsit, ad-adda met a bimmanglo dayta nga Angkuan kadagiti lumugar! Naibaton sa aminen nga isyu kenkuana. Ngem addan sa ketdi gingginammol ti sinalbag!" insanamtek ni Kagawad Banong.

Gingginammol? Punietna, inraed ti uneg ni Kapitan Enteng a napawingiwing. Nayuged dagiti linia iti mugingna a nagpanunot. No mabalin, kaykayatna nga isuda ti agatakar ngem iti isuda ti maatakar. Saanna a kayat nga adda makairugi a mangkalkal iti administrasionna.

23

ITI napasamak a layus a nakadidigraan ti Camanguegan, nangiwayat iti napagtipon nga imbestigasion ti Hunta Probinsial ken ti Sangguniang Bayan ti San Sebastian. Adu dagiti nadadael a balbalay ken sanikua malaksid kadagiti dingnguen a nalmes. Kayat nga ammuen dagiti agtuturay no apay a kasta laengen ti kinakaro ti pannakadidigra ti barangay.

Adu dagiti naawis a napagsaludsodan manipud iti Department of Environment and Natural Resources gapu iti kinaadu ti troso a nayanud ken naibalandra kadagiti kabalbalayan. Naawis pay dagiti opisial ti Department of Public Works and Highways iti probinsia, dagiti dadaulo ti gobierno lokal, ken dadduma pay a maseknan ken dagiti environmentalists. Kayat ti Hunta Probinsial a maukkon amin a report ken kapanunotan dagiti maseknan.

Naikeddeng a maiwayat pay ti occular inspection iti Camanguegan, aglalo dagiti paset ti barangay a napakaruan. Kalpasan ti inspeksion, naangay ti taripnong iti barangay hall. Adu ti bumarangay a nagatendar.

Maysa kadagiti naawis a nagpalawag a ni Engr. Redong. Nagtrabaho ti inhiniero iti Bataan Nuclear Power Plant sakbay nga immakar iti National Power Corporation a nagretiruanna. Kas pribado nga umili, imbukbokna ti panawenna a kas environmentalist ken makipaggamulo kadagiti NGOs a mangipangruna iti pannakasaluad ti nakaparsuaan.

Inayonan ni Engr. Redong ti report ti DENR a ti kangrunaan a rason ti layus ken ti panagyukuyok ti daga ket ti nakaro a pannakakalbo dagiti bantay. Inlawlawagna a maisardeng koman ti ilegal a panagtroso, nangruna iti masakupan ti San Sebastian.

"Dagiti umili, nangruna iti Barangay Camanguegan a masansan a malayus ti kakaasi nga agsagaba," panangilawlawag ni Engr. Redong.

Nagtungtung-ed ni Mayor Marcelino a maysa kadagiti nagatendar iti imbestigasion. Adda ni Kapitan Enteng a nakatugaw iti abayna. Adda pay dagiti kagawad ti barangay. Iti di unay adayo iti nagtugawan da kapitan, naintar ti grupo da Angkuan, kaduana da General Loreto ken ni Pastor Prudencio.

Immisem ni Angkuan a nagtungtung-ed iti panagpalawag ni Engr. Redong. Rinaemna ti panagut-utek ti inhiniero. Maipannakkel a nairaman iti tiketna. No bilang adda gasatda, dakkelto a katulonganna ti inhiniero iti barangay.

"Adda naawatmi a report nga adda ilegal nga agtrostroso iti kabambantayan ti San Sebastian. Madama nga ammuen dagiti forest rangers-tayo ti kinaasino dagitoy," kinuna ni Engr. Cabatic, ti Provincial Environment Officer. "Kiddawenmi, apo, ti tulongyo. Ireportyo kadakami no adda ammoyo nga agtrostroso iti lugaryo," innayonna.

Nagkaling-etan ni Kapitan Enteng. Inalusiis ti nagtugawanna. Nagdumog idi mataliawna ti grupo ni Angkuan a nakakita kenkuana. Ad-addan a di makaidna idi agsabet ti panagkitada ken ni Mayor Marcelino idi taliawen daytoy. Imbaw-ingna ti rupana. Tinapayana ti ulona a nagdumog a kunam no matmaturog iti nagtugawanna.

Nairaman nga inlawlawag ni Engr. Redong maipapan iti saan a nasayaat a pannakaimanehar ti basura. Dinayawna ketdi ti sanitary landfill nga impatakder ni Mayor Marcelino. Ngem inlawlawagna nga adda pay laeng dagiti barangay a saan a mangsursurot iti umisu a panangdasig kadagiti basura.

"Dayta ti rason no apay a ti met laeng Camanguegan ti nadidigra idi ibangkag ti karayan dagiti nagduduma a naibelleng a rugit ken basura," kinuna ti inhiniero. "Malaksid iti sanitary landfill ti munisipio, adda koma bukod a solid waste segregation facility dagiti barangay," kinunana pay.

Timmakder ni Mayor Marcelino a nagsarita. Inayonanna ti kinuna ni Engr. Redong. Kinunana a pudno a bumassit ti parikut no masurot ti annuroten ti Solid Waste Management Act.

"Ti la siddaawek, segun ti tinawen a maidatdatag a badyet dagiti barangay, nairaman a nailatangan ti mabangon a segregation facility dagiti barangay. Dakkel ti ilatlatangda a pundo. Kas koma iti Camanguegan. Ngem awan sa met ti naaramid pay a pasilidad!" kinuna ti mayor a nangtaliaw iti grupo ni Kapitan Enteng.

Ad-addan a kasla alimbasagen ni Kapitan Enteng iti nagtugawanna. Kayatnan ti agpakada. Ngem naisipna a nakadkadlaw no pumanaw. Diables, intabbaawna. No ania ket ti nagat-atendaranna. Isun ti inkulada dayta nga Engr. Redong ken ni Mayor Marcelino!

Idi sumublat nga agsarita ti District ken Provincial Engineer, impeksada ti siddaawda iti kaawan dagiti napaaramid a river control project iti Camanguegan.

"Saan koma a nalayus ti nababa a paset ti Barangay Camanguegan no napaaramidan iti flood control projects dagiti paset a durdurudoren ti Karayan Buaya," panangilawlawag ti provincial engineer a nangibaga pay a nagdakkel ti agur -uray a pundo ti probinsia.

Kasta met laeng ti imbaga ti District Engineer a nagkuna a madadaan ti ahen-sia a tumulong no kasapulan ti serbisioda.

Kasla maur-uram ni Kapitan Enteng iti panagriknana. Kasano nga ilawlawagna ita nga adda nailatang a pundo para iti river control project ngem sabali met ti nangyusaranna? Timmakder idi tumrem ti ling-etna. Nagpakada. Impambarna nga agsakit ti tianna.

Napagnunumuan iti imbestigasion nga ikkan ti gobierno probinsial ken lokal iti importansia dagiti isyu a napagsasaritaan. Impanamnama ni Mayor Marcelino ti naan-anay a suporta ti gobierno lokal iti pannakarisut ti report maipapan iti ilegal a panagtroso. Inkarina pay nga adalen ti administrasionna dagiti masapul a maitrabaho a flood control projects iti San Sebastian, nangruna iti Camanguegan. Idi malpas ti taripnong, impusing ni Mayor Marcelino ni Engr. Redong. Adu dagiti nagsarsaritaanda. Naibaga pay ti inhiniero a mabalin a panguartaan ti basura dagiti umili. Nasken laeng a maipaganetget ti umisu a waste segregation kadagiti umili. Innayonna a mabalin pay ti agpatanor iti organiko a ganagan manipud met laeng iti basura.

"Lalaingenyo, Apo Angkuan! No mangabak ti grupoyo kada Engr. Redong, namnamaenyonto ti naan-anay a suporta ti gobierno lokal. Nagpipintas gayam dagiti kapanunotanyo!" kinuna ti mayor a nangalamano kada Angkuan ken ni Engr. Redong.

Mayat ti iiseman ni Angkuan. Nadlaw ni Mayor Marcelino ti laingen ti grupona. Mariknana ti panangapresiar daytoy kadagiti kakaduana.

Idi makapagpakada ti mayor ken dagiti opisial ti probinsia, imbaga ni Angkuan a mangaldawda amin iti Nagsangalan. Pambaranda a mangituloy iti panagsasaritada.

"Napintas a panganan 'diay Osong's Karinderia. Paboritok ti kalutluto a sitsaron bagnetda!" kinuna ni Angkuan. Imbagana pay nga isu ti taya, banag a nagkakatawaan dagiti kakaduana.

Madamadan nga agpalpalpa idi agkiriring ti selponna. Ni Major Salvador ti umaw-awag.

"Hepe, ania ti madamag?" kinuna ni Angkuan.

Nagtungtung-ed ni Angkuan a nangtaliaw kadagiti kakaduana.

"Adda problema, kakadua. Mapanak kano iti opisina ni Major Salvador ita met laeng," kinunana.

Nagkikinnita da General Loreto ken Pastor Prudencio. "Nasaysayaat no intayo kaduaen ni Pari Angkuan," intung-ed ti heneral kadagiti kakadua daytoy.

Agur-uray ni Major Salvador idi sumangpet da Angkuan iti presinto. Agsarsaritada ken ni Colonel Fajardo a nasangpetanda. Nagasaludo ti hepe ken ti provincial director ken ni General Loreto.

"Adda gayam ti kabarbaro a provincial director-tayo!" inalamano ni General Loreto ti naisem a koronel.

"Lisensiado dagiti armas a natiliw kadagiti dua a tao ni Kapitan Enteng, sir," panangisalaysay ti hepe ken ni Angkuan.

"Wen. Ngem violation ti panagimetda iti election gun ban," kinuna ni Teniente Charlito a nangkita ken ni General Loreto.

"Ania ngarud ti addangyo ita, major, colonel?" pinerreng ni General Loreto ti hepe ken ii provincial director.

"General, intawag ni hepe. Adda nakibiang iti ngato. Ikustodiada kano laengen dagiti natiliw!" ni Colonel Fajardo ti simmungbat.

"Nabilegda, sir. Nagpiansada a dagus!" ingngilangil ti hepe.

Saan a nakatimek ni Angkuan. Nataliawna dagiti kakaduana a nagkikinnita.

"What about the ballistics result, major?" sinaludsod ni General Loreto.

"Dayta ngarud, sir. Kasangsangpet ti resulta ti ballistics. Agparparang a naaramat nga agpada dagiti armas iti krimen!"

"Gaddem!" ingngariet ni General Loreto.

"Ipaaresto met laeng ida!" imbagi ni Teniente Charlito.

"Dayta ti dakkel a problema!" insanamtek ni Major Salvador a nagngilangil.

"Naglemmengda la ket itan. Ag-jump bail dagidiay. Chicken feed la ti piansada!"

Napangilangil ni Angkuan. Naamirisna ti kinapigsa ti kapet ni Kapitan Enteng. Ania ti aramidenda? Nagsennaay. Kaanonto a mabaliwan ti sistema ti politika?

"What's your move, Colonel?" pinerreng ni General Loreto ni Colonel Fajardo.

"Adda ngipen ti linteg, sir. Atiddog ti ima ti linteg," nababa ngem nabatad ti sungbat ti provincial director.

Nabayag a nagari ti ulimek. Naiturong amin a mata ken ni Major Salvador.

Sinango ti hepe ni Colonel Fajardo.

"Sir, I take all the responsibility. It's about time that I have to be relieved of my position!" kinuna ti hepe.

24

YOUR services are indispensably needed in San Sebastian, Major Salvador!' naturay ti timek ni Colonel Fajardo. "Just do your job. Addaak iti likudam!"

"But, sir---!"

"That's an order!" natangken ti timek ti provincial director.

"S-sir, yes, sir!" insaludo ti hepe.

"You're doing it right, major. Keep up the good job!" tinapik ni General Loreto ti abaga ti hepe.

Inalamano da Angkuan ni Major Salvador. Maysa maysa nangipeksa iti panagtalekda kenkuana.

"Dayawek ti prinsipiom, hepe. Sika ti kasapulan ti San Sebastian!" kinuna ni Angkuan.

Nagyaman ni Major Salvador iti talekda kenkuana.

"Namnamaenyo, sir, aramidek amin a kabaelak tapno agtalinaed ti linak ken talna iti ilitayo," kinuna ti hepe.

Agpakada koman da Angkuan idi agparada ti Raptor ni Mayor Marcelino iti sango ti presinto.

Nagdaydayawen da Angkuan idi kablaawan ida ti mayor. Nagparikna ken ni Angkuan, naidanonen iti mayor ti panagpiansa dagiti dua a pasurot ni Kapitan Enteng.

Tinung-edan ti mayor ti hepe idi agsaludo daytoy.

"At all cost, arestuenyo dagiti dua a natiliwan iti paltog, hepe!" naturay ti timek ni Mayor Marcelino. "Agingga a siak ti alkalde iti San Sebastian, diak itulok nga adda agari-ari ditoy!"

"W-wen, sir!" intung-ed ni Major Salvador.

Idi agpakada da Angkuan, nagbati ni Colonel Fajardo iti opisina ni Major Salvador. Nainget ti pammilin ti provincial director. Patiktikanna ti garaw dagiti tao ni Kapitan Enteng. Imbaga daytoy nga iggemda ti report nga adda pribado nga armado a grupo nga inupaan ti kapitan.

KASLA agpiesta ti Camanguegan iti kinasamek dagiti naisab-it a banderitas ken tarpolin dagiti kandidato. Nabantengan iti straw ti dandani amin a kalsada iti barangay. Napno dagiti kayo iti nagdadakkelan a tarpolin a nakaibaskagan ti ladawan da Kapitan Enteng. Uray dagiti alad, agkaraisibbawed dagiti naibitin. Napigketan pay dagiti alad ken diding dagiti balbalay a naaramid iti kawayan ken bulo. Dandani rupa amin ti grupo ni Kapitan Enteng dagiti naitapkal.

"Pari Angkuan, kitaem, ne, di pay nangrugi ti kampania ngem rupadan amin ti makita kadagiti tarpolin ken banderitas!" insaning-i ni Maestro Amante.

"Iparit ti Comelec dayta! Premature campaigning. Nagdadakkel dagita tarpolin!" immulagat ni Angkuan.

"Pinili pay dayta a Kapitan Enteng ti picture-na pay la idi kopongkopong! Nagubing pay la dita. Laklakayanen!" intanupra ni Maestro Pitong.

Napaellek da Manang Ellen ken Alberto iti panangngudiit ni Maestro Pitong.

"Apay a dida akasen ngarud dagiti agkaraisimbawed iti kalsada?" immuregreg met ni Teniente Charlito.

Adda naggilap iti isip ni Angkuan. Inawaganna ni Atty. Baldos.

Madamdama pay, addaytan dagiti kameng ti Oplan Baklas. Inalaanda nga umuna iti ladawan dagiti illegal posters sada inakas dagitoy.

Adda laeng iti asidegda dagiti tao ni Kapitan Enteng a madama nga agipigpigket kadagiti polietos. Naimatangan dagitoy ti pannakaakas dagiti tarpolin ken posters ti kapitan. Inawaganda a dagus ni Kapitan Enteng tapno agpulongda.

"Animal dagita nga agiparitparit! Nakanginngina ti pagpaaramid iti tarpolin!" intabbaaw ni Kapitan Enteng idi makasangpet.

Imbagana nga alaen dagiti taona dagiti naakas a tarpolin ken posters. Ngem imbagada a naipanaw aminen dagitoy dagiti kameng ti Oplan Baklas nga inlugan iti patrol car dagiti polis.

"Puoranda kano amin iti sango ti Comelec, kap!" kinuna dagiti tao ti kapitan.

Mayat ti paggaak da Maestro Amante ken Maestro Pitong. Nalawag gamin a makitada ti rupanget ni Kapitan Enteng a nakabannikes a mangipalpalawlaw iti panagkitana. Nasakit ti kusilapna idi agtunged ti panagkitana ti grupo da Angkuan.

"Mayat! Okey dayta inaramid ti Comelec!" inkatek ni Teniente Charlito a nakipinnerreng ken ni Kapitan Enteng.

Dumayamudom ti kapitan a timmallikud. Inseniasna kadagiti kakaduana a pumanawdan.

NAAWIS a manganak iti kasar da Angkuan iti Sitio Kakaldingan. Kaanakan ni Engr. Redong ti nobio. Dakkel a pasken ti paboda ta agpada a balikbayan dagiti agkasar. Naawis amin ti bunggoy da Angkuan a ninong ken ninang. Kabagian ni Kapitan Enteng ti nobia. Naawis met a manganak ti grupo ti kapitan.

Idi pay kaaw-awat da Angkuan ti kopia ti imbitasionda, agpangaduan da Maestro Pitong nga agatendarda. Saanda a kayat no mabalin nga agraranada iti okasion iti grupo ni Kapitan Enteng. Napaggangdan. Adda latta mapasamak a riri tunggal agraranada. Nabara ti rikna ni Kapitan Enteng kadakuada. Ngem inlawlawag ni Angkuan nga ipagpagapuda ken ni Engr. Redong, nasken nga agpakitada iti bodaan.

"Amangan no adda masao ni Engr. Redong no isnabentayo ti okasionda. Sa maysa, agtanang met siguro ni Kapitan Enteng. Kabagianda ti agpasken," panangilawlawag ni Angkuan. "Liklikantayo la ti agkampania. Nakababain, tapno awan ti maibaga dagiti tao," innayonna.

Iti laem ti simbaan, iti naituding a pagtutagawan dagiti manganak iti kasar, nakaul-ulimek ni Angkuan. Uray dagiti kakaduana, nakapaspasnekda a dumdumngeg iti lumakayen a padi. Nabannayad ti panagyibettna iti balikas iti panangannongna iti seremonia ti kasar. Nakaiturong amin ti imatangda iti nobio ken nobia a nakaparintumeng iti sango ti padi iti altar.

Nakatugaw da Kapitan Enteng ken ti grupona iti sanguenda a tugaw. Itay pay nga umariwawada. Pasaray taliawen ida ti padi.

Pinangreman ni Kapitan Enteng idi mataliawna ni Angkuan. Nagiinnarasaas dagiti kakadua ni Kapitan Enteng idi iseniasna ti kaadda da Angkuan iti likudanda.

"Kunakto pay, Pari Angkuan!" inlibbi ni Maestro Pitong idi masiputanna ti langa ni Kapitan Enteng a nangtaliaw kadakuada. Kasla masiluan ti subsob daytoy. Natadem ti kusilapna kadakuada. Nabara ti papangresanna nupay addada iti uneg ti simbaan.

Idi malpas ti kasar ken yawag ti retratista ti panagpaala iti ladawan dagiti ninong ken ninang kadagiti nagkasar, dinardaras ni Angkuan ti nakiintar. Dimmistansia ken ni Kapitan Enteng. Immadayo met ti kapitan ket napan iti bangir a linia. Ngem insensias ti retratista a saan a lumaok daytoy kadagiti babbai. Aggudenggudeng ti kapitan a nagsubli iti ayan dagiti lallaki. Inselselna lattan ti bagina. Ngem gapu ta nailaok kadagiti pandek, imbaga manen ti retratista a makiabay iti ayan ti kataytayagna.

"Agabaykayo, sir!" sinenniasan ti retratista ni Kapitan Enteng nga umabay ken ni Angkuan.

Nagmulagat ni Angkuan. Arig di mabagkat ti kapitan dagiti dapanna nga immabay ken ni Angkuan

25

KIMMAYAKAY a dagus ni Kapitan Enteng idi malpas nga aggilap dagiti kamera. Tumanabutob, intarentengna ti nagna a rimmuar iti simbaan.

"Agmamalas! Nayabayak ketdin iti puor ti kararuak!" intabbaawna idi lukluktannan ti ridaw ti luganna.

Immisem iti bangbangir ni Kagawad Banong.

"Uray ta natartarakika, kap!" kinuna ti kagawad. "Adayo ti pangitarayam ken ni Angkuan!"

Nagpukaw a kasla asuk ti luksaw ni Kapitan Enteng iti nangngegna. Nakagaygayad ti isemna a nangyawis ken ni Kagawad Banong a lumuganen. Nasken a makaunada iti bodaan. Mangpilida iti naplastar a puesto. Kayatna a makita amin ida dagiti taga Camanguegan.

"Intay amin, kakadua," kinuna met ni Angkuan idi aggudenggudeng da Maestro Amante ken dagiti dadduma pay a kakaduada a mapan iti resepsion.

"Naitedtayo metten ti regalotayo. Saantayon a mapan!" kinuna ni Mestro Pitong.

Nakita ti maestro ti kinalang-as ni Kapitan Enteng. Agpadada ken ni Maestro Amante, saanna a kayat nga maisarsarakda manen no agkikinnitada iti nasakit.

Imbaga ketdi ni Engr. Redong nga uray mapanda laeng agpakita iti resepsion. No malpasda nga agpasar, uray agawiddanton.

Imbaga ni Engr. Redong nga agbubunggoyda a mapan iti Laud Karayan a yan ti pagtaengan ti nobio.

"Addada amin iti grupo ni Kapitan Enteng. Masapul nga addatayo met, a!" kinunana.

Nangayed ti pasken. Napintas ti pannakaarkos ti resepsion. Nalawa ti nabalawbawan a paraangan ti nobio. Adu dagiti nakiboda. Nataratar dagiti lugan iti igid ti kalsada. Agsasallupang dagiti ubbing nga agtataray a nakaiggem ken agkabkabukab iti ittip. Naggapuda iti ayan dagiti aglutluto. Magustuanda ti ittip ti kagagao nga innapoy iti siliasi.

Iti panagkita ni Angkuan, kasla naawis amin a taga-Camanguegan iti kinasamek ti bodaan. Awan sarday ti umatipukpok ti balse patapok dagiti agsasala a babbaket ken lallakay. Nalaing ti Saluyot Combo a naupaan nga agtokar. Nailasinna a dagus ti lead guitarist ti combo. Ni Pit Lopez a nakaadalanna idi iti kolehio. Linugayanna daytoy idi tung-edan ti gitaritsta.

Naipatengnga ti nagtugawan ti nobio ken nobia a nabistian iti nakaad-adu ken nadumaduma a presko a sabong.

Nabaknang ti sagana kadagiti lamisaan. Idi malpas ti pannakabendision dagiti taraon, naiwaragawag ti panagpasar. Sangkasao ti emsi a mabalin ti agsubli dagiti immay nakidaya.

Natibong ti timek ti nataengan a parawagawag. Bayat ti pannangan, sinaggaysana nga inyam-ammo dagiti ninong ken ninang. Tunggal maawagan, kiniddawna a tumakder tapno makita ti tallaong.

"Nagasattayo, kakabsat, ta adda kadatayo ita a maysa a ninong, ni Apo Kapitan Vicente "Enteng" Camanaoan!" intag-ay ti emsi ti ima ti kapitan. "Intay man palakpakan ni Apo Kapitan Enteng!"

Nagkikinnita dagiti kakadua ni Kapitan Enteng. Sagsagunnot dagiti mapilpilit a nagpalakpak. Tinung-edan ida ti kapitan. Intakderda ti nagsipat. Ket addaytan a naipaspasurot ti tallaong.

"Toy nanumo nga agserbi kadakayo, apo!" timmakder ni Kapitan Enteng a wagis a wagis.

Nagiinnarasaas dagiti tao a mapilpilit a nagpalakpak.

"Kitaem, Pari!" inyarasaas ni Maestro Amante ken ni Angkuan. "Mabilbilang la dagiti tao nga agpalakpak!"

Immisem ni Angkuan. Inseniasna ken ni Maestro Amante ti panangsiputna iti kapitan a kumitkita kadakuada. Adda ti kapitan iti ungto ti atiddog a lamisaan. Napintas ti puesto ni Kapitan Enteng. Pinilina ti sungaban. Makita amin nga agsangpet.

Idi mayawag ti nagan ni Angkuan, immisem a nanglugay iti para waragawag.

"Juan dela Cruz! Nalatak ti birngasna nga Angkuan!" kinuna ti emsi ket inseniasna a tumakder ni Angkuan.

Nagduaan ni Angkuan ti nangpayapay kadagiti nakaad-adu a tao a nakiboda. Nagkurno daytoy iti tallaong.

"Kapitan Angkuan! Kapitan Angkuannn!" adda nangipukkaw.

Napataliaw ni Angkuan. Iti kapuskolan ti ummong ti naggappuan ti nagtimek.

Kunam pay, tinulad dagiti agtutubo ti nangipukkaw iti naganna.

Saan a nagbayag, awanen ti arindenggan.

Timmarabang ni Kapitan Enteng. Naisardengna ti panagisubona. Natangken ti kusilapna iti para waragawag.

"Agtalnatayo, apo. Agtalnatayo koma!" impakaasi ti emsi. "Ita, imatangantayo ti panagsala ti nobio ken nobia, kakabsat. Dagiti ninong ken ninang, dagiti partes ti nalalakian ken nababayan, kiddawenmi koma ti ayat ken suportayo kadagiti nagkasar. Ibitortayo, apo, ti ania man nga agtaud iti pusotayo. Ngem an-anayenyo kadin ti ayatyo tapno addanto pangrugian dagiti annaktayo iti panangbangonda iti napintas a masakbayanda!" inwaragawag ti emsi.

Timmayab ti Dungdunguenkanto a tokar ti Saluyot Combo.

Nakaparparagsit ti nobio a nangkibin iti nobia. Nagpatengngada iti salonan. Madamdama pay, nakalalailon ti panagsala dagiti nagkasar. Immuna a napan nangisab-it ti partes ti nalalakian. Doliar. Sangsangarribu a pisos ken saglilima gasut dagiti nayaspili iti Barong Tagalog ti nobio. Apagkanito, saan a nagpaatiw ti partes ti nababayan. Doliar ken sangsangaribu ken saglilima gasut met laeng dagiti nayaspili iti trahe ti nobia. Agiinnunan kalpasanna dagiti dadduma pay a kakabagian ken gagayyem dagiti nagkallaysa.

"Dayta, awan ti mayat a paatiw!" kinuna ti emsi. "Dios unay ti agngina, kakabsat, iti biang ti nalalakian ken nababayan!"

Nagpalakpak ti tallaong idi agsubli ti nobio ken nobia iti tugawda.

"Agbiag dagiti kakaskasar!" adda nangiriaw.

Saan a nagbayag, naipatangatang manen ti sabali pay a piesa ti combo. Nakalamlamuyot ti Naraniag a Bulan a sonata.

"Ita, intayo man met kiddawen ti tulong dagiti naayat a ninong ken ninang, apo!" kinuna manen ti para waragawag.

Apagsao ti emsi, timmakder a dagus ni Kapitan Enteng. Lima a sagsangaribu ti inyaspilina iti trahe ti nobia. Nagpapalakpak ti tallaong.

"Dayta, a, ti kapitan!" Adda nangipukkaw.

Kunam pay, uray la mangigis ti isem ni Kapitan Enteng a nangsenias kadagiti kakaduana. Nagsasaruno dagiti para kagawad ti kapitan a nagyaspili iti sagsangaribuda.

Ad-addan ti palakpak dagiti nakiboda. Winagisan ida ni Kapitan Enteng.

Nagyaman ti emsi iti grupo ti kapitan.

Nagkikinnita da Angkuan. Mayaw-awagen ti naganda. Tinung-edanna dagiti kakaduana. Imbagana a no ania ti adda, isu ti naimpusuan nga itulongda kadagiti nagkallaysa.

Inyuna ni Angkuan ti nangyaspili iti dua ribu. Simmaruno dagiti kakaduana a nangyaspili iti saglilima gasutda.

Nagyaman ti para waragawag kada Angkuan idi makasubli dagiti kakaskasar iti tugawda.

"Bangking! Bangking!" adda nangiriaw.

Napataliaw ni Angkuan. Nailasinna ti lalaki. Maysa kadagiti tao ni Kapitan Enteng ti sao a sao. Saan a nagtimek ni Angkuan. Ammona, kayat nga iparupa ti lalaki a dida kabaelan ti maaramid ni Kapitan Enteng. Nataliawna ti kapitan a kita a kita iti relona. Nakarabrabuy ti isemna a nangwagis kadagiti agbuybuya.

"Ammomi nga adu ti pakaseknan ni Apo Kapitan Enteng, kakabsat. Isu a kiddawentayo man ngarud ti mensahena kadagiti kakaskasar," kinuna ti emsi.

Nagpapalakpak ti tallaong idi turongen ni Kapitan Enteng ti mikropono.

"Kablaawantayo dagiti kakaskasar, kakabsat. Ababa laeng ti balakadko. Saankayo a mamatpati iti gasat. Ta ti biag, adda iti takiag! Kitaenyo no asino dagiti makatulong kadakayo, isuda ti bitibitenyo!" kinunana a nangparimrim ken ni Angkuan.

Nagiiriag dagiti kakadua ti kapitan idi wagisan daytoy dagiti nagkasar.

"Kas ama ti barangay, agunikayto laeng no adda masapulyo. Namnamaek met ngarud a diyo igasanggasat ti masakbayanyo ken ti masakbayan ti barangay Camanguegan!" inridisna a nangtaliaw ken ni Angkuan.

Nagpalakpak dagiti kakadua ni Kapitan Enteng.

Nagkikinnita da Angkuan. Nagsabat dagiti kiday ni Maestro Amante. Nagngilangil met a nagsanamtek ni Teniente Charlito. Awan ti nakauni kadakuada.

"Bimmanat manen! Apay, subasta? Imbes a mamagbaga, agkamkampania ketdin!" imbagi ni Maestro Pitong.

"Ita, sumublat a mangted iti mensahena ni Apo Juan dela Cruz, kakabsat!" kinuna ti emsi a nangwagis ken ni Angkuan.

Nagpapalakpak ken nagriaw ti tallaong.

"Yeheyy! Angkuan is my man!" adda nangipukkaw nga agtutubo!

Arintukiaden, no mabalin, saanen a kayat ni Angkuan ti agsarita. Ngem kinalbit dagiti kakaduana a tumakder tapno sungbatanna ti imbaga ni Kapitan Enteng.

Ngem saan a nagkir-in ni Angkuan. Timmakder ni Engr. Redong. Inarasaasna daytoy.

Immanges iti nauneg. Inwaras ni Angkuan ti panagkitana. Naulimek ti tallaong. Awan naaramidanna, nagtimek ket kinablaawanna dagiti nagkallaysa agraman dagiti pamiliada.

"Nagasat unay daytoy nga aldaw kadagiti nagkallaysa. Nagbanagen ti nabayag a dinardarepdepda nga agtipon babaen ti bendision ti matrimonia," panangirugina iti ababa ngem nabatad a timek. "Awan sabali a maibalakadtayo no di ti panagpinnateg koma iti agnanayon dagiti kakaskasar. Pagbinnuliganyo a bangonen ti natibker a pundasion ti panagpamilia tapno maisaganaanyo ti naranraniag a masakbayan dagiti agbalinto a bunga ti ayan-ayatyo," kinunana.

Natinggaw ti palakpak ti tallaong.

"Dayta, a, ti pudno a pammagbaga! Saan nga agkamkampania!" inriaw dagiti agtutubo.

Nagkikinnita dagiti naitallaong. Nagsaltek amin a mata ken ni Kapitan Enteng.

Iti pannakapabainna, nagpaulo ti dara ni Kapitan Enteng. Timmakder ket intudotudona ti nagsao nga agtutubo.

"Bastoska! Awan babainmo! Dayta ti insursuro kenka dagiti dadakkelmo?" impungerna.

Iti apagdarikmat, kasla awan aniamanna a nangiwalin kadagiti nakatugaw iti abayna. Rumrumsik dagiti matana a nangduklos iti naklaat nga agtutubo. Pagpiaanna, alisto daytoy nga inggawid dagiti kakaduana.

Nagari ti napaut nga ulimek.

Sintagari, bumanang-es a nagbuelta ni Kapitan Enteng. Sineniasanna dagiti kakaduana. Tinarengtengna ti rimmuar a nagturong iti nakaiparadaan ti luganna. Naisursurot ti panagkita dagiti kakaduana. Nakamulagatda a nangsaruno iti kapitan. Nagsasarunoda a simmalpa kadagiti luganda.

Napaappot dagiti adda iti asideg dagiti lugan iti umatipukpok a tapok iti pardas ti panagmaniobra ti grupo da Kapitan Enteng a pimmanaw.

❧ 26 ❧

NAPAUMEL ni Angkuan. Kasla marunaw iti bain. No mabalin pumanawdan iti grupona. Nakababain nga ibagada nga isuda ti gapu ti pimmanawan da Kapitan Enteng. Mababain a nangtaliaw iti nobio ken nobia a nangisem ketdi kenkuana.

"Dispensarenyo ti napasamak, apo," kinunana a nangipalawlaw iti panagkitana.

Saandan a nagbayag. Inalamanona dagiti kakaskasar. Kinasaritana dagiti agaabalayan sa nagpakada.

Kasla awan aniamanna, inwaragawag ti emsi ti panagsala dagiti agaabalayan idi makalikud da Angkuan.

ITI panagin-inanana, naamiris ni Angkuan ti nagkaadu a pakaaw-awisanda a pasken. Naisipna nga adu ti akmen ti agopisial iti barangay. Nasken a nakasagana ti bagi ken panunot. Makabannog. Ken napaneknekannan, mairamraman a maangsan ti bolsa. Dayta ti sangkasaning-i dagiti kakaduana. Masapul nga adda latta madadaan a dutdotenda. Saan a maliklikan ti aggastos. Aglalaok dagiti okasion. Kasar. Pabuniag. Agminatay. Adda pay dagiti agpatulong iti igatangda iti agas.

Nagsennaay a nangibakal iti panagkitana iti nakalukat a tawa. Kasla di mabannog dagiti sanga iti arubayan nga ay-ayamen ti angin. Kasla rumugma dagiti kayo a mangtantannawag iti dinayas ti lawag ti bulan a paraanganda. Timmakder. Immulog. Tinurongna ti terasa. Mayat ti salemsem ti aplaw ti angin. Intarusna ti nagtugaw iti kulumpio idi kalawikiwan ni Blackeye.

Nagsanamtek.

"Kastoy gayam ti sumrek iti politika. Nasken ti sakripisio no kayat ti agserbi, ania, Blackeye!" kinunana a nangap-apros iti tengnged ti aso a kunam no makaawat iti sao.

Nagsanamtek. Naamirisna, paseten ti kultura iti pagilian ti panaggastos dagiti politiko. Ngem kasanon dagiti awan mayarikapna? Saan a nakaskasdaaw nga adu ti pimmanglaw a politiko. Nangruna dagiti awan sabali a pangalapkapanna. Dayta a kultura ti mangiduron kadagiti dadduma nga agaramid iti maikaniwas. No kayatda ti mailayon, masapul nga adda latta madadaan nga itedda no itanggaya dagiti umili ti imada. Adu ti mangmangngegna a sayangguseng. Pagsasawan dagiti tao ti liklikudan dagiti politiko nga awan maitedna. Kuripot, sangkakunada.

UMADANIN ti panagkampania. Kumaribuso dagiti agbulontario a tumulong kada Angkuan. Agtutubo ti kaaduan. Adda latta dagiti nagikkat a tanod. Dagiti senior citizens, ken dagiti kameng ti gunglo dagiti babbai, ken LGBTQA.

Kasla pagpiestaan ti balay da Angkuan. Inaldaw a maray-aw dagiti tumultulong kadakuada. Saan met a binaybay-an ni Angkuan dagitoy.

Sangkakunana nga awan ti ania man a maisubadna iti kinasayaat dagitoy nga agsakripisio para iti barangay.

Nasikap ketdi dagiti tao ni Kapitan Enteng. Natangken ti uloda. Pandaenda amin a pigketan ken sab-itan uray no dagiti maipawil a lugar.

Iti dayta nga agsapa, naklaat laengen ni Angkuan idi madarimusmosanna ti nakasapsapa a nagrekorida a patrol car ti polisia. Sarsarunuen ida ti lugan ti Comelec. Indauluan a mismo da Major Salvador ken Atty. Baldos dagiti taoda iti Operation Baklas. Inakasda amin nga illegal a tarpolin ken poster a naisab-it kadagiti kayo ken poste. Uray dagiti naibitin a kas banderitas, inalat-atda.

Awan naaramidan dagiti pasurot ni Kapitan Enteng. Imbaagda ti ipusda idi makitada ni Major Salvador.

"Ikkatenyo amin a tarpolin a saan a naikabil iti common poster area!" naturay ti bilin ti hepe.

"Uray dagiti tarpolin a daddadakkel ngem iti size a naituding, akasenyo amin!" imbilin met ni Atty. Baldos.

Immandar ti abogado a mapuoran amin a polietos ken tarpolin a maikkat.

Ngem adda ketdi dagiti nagiinnuna a nagpakpakaasi a bumarangay. Dawatenda kano laengen dagiti dadakkel a tarpolin a paglinongda iti ubong dagiti baboyda. Dagiti dadduma, usarenda kano a pagtapkal kadagiti agrakayan a kawayan a diding dagiti balbalayda.

MAYSA kadagiti naragsakan iti pannakaikkat dagiti agkaraisibbawed a banderitas kadagiti kalsada ni pasado Konsehal Jovito. Iti sango ti balayna a nagtakderanna, nakapaspasnek a nangbuybuya iti pardas dagiti polis a mangakas kadagiti tarpolin.

Inur-urayna ti lugan ti Comelec ken ti patrol car. Idi makabatog iti balayda dagiti lugan da Atty. Baldos ken Major Salvador, inasitganna dagitoy.

"Apo Jovito Amor!" agarup naggidan da Atty. Baldos ken Major Salvador a nangkablaaw iti nakadolpo latta a pasado konsehal.

"Naimbag a bigatyo, apo!"

"Good morning, apo! Good job!" inalamanona dagiti dua nga opisial. "Mayat daytoy inaramidyo. Dida a barengbarengen ti linteg," kinunana.

"Wen, apo, ipakattayo ti ngipen ti linteg!" inyisem ni Atty. Baldos.

Immasideg ni pasado konsehal Jovito iti Comelec officer. Inipigna daytoy.

"Adda koma isingasingko, abogado. Tapno ad-adda a maawatan dagiti bumarangay dagiti isyu ken plataporma dagiti kandidato, mangangaytayo koma iti nagkaysa a debate da Kapitan Enteng ken ti kabalubalna a ni Apo Angkuan. Ti Comelec ti agpaay a kas moderator. Ken adda kameng ti polisia nga agbantay tapno agbalin a naurnos ti aktibidad," kinuna ti pasado konsehal.

Nagrimat ti mata ni Atty. Baldos a nangalamano iti pasado konsehal.

Tinung-edanna ti umis-isem a hepe.

NAGSANAMTEK ni Kapitan Enteng. Agdudua no awatenna ti singasing ti Comelec nga agdebateda ken ni Angkuan. No saanna nga awaten, dina kayat nga ibaga ni Angkuan ken dagiti tao a takrot. Baka buniagandanto payen iti Kapitan Atras! Saanna la ketdi a kayat a maawagan iti takrot wenno tangken tabungaw. Kapitan Atras? Napakiet a nangibalikas. Nagalas!

Napangudiit ni Kapitan Enteng. Kinapudnona, saanna a magustuan ti birngasda kenkuana nga Enteng. Kaykayatna ti Vincent. Vicente Camanaoan ti husto a naganna. Ngem ni Gobernadora Alconis ti nangbuniag kenkuana iti Enteng. Dayta ti nanipudan ti nakatangtangken a birngasna a Kapitan Enteng.

Nagtangadtangad a nagpanunot. No dina awaten ti singasing ti Comelec, awanton ti rupana kadagiti kabarangayanna. Baka isu payen ti pakaabakanna iti butos.

"Awan pangatiw kenka daydiay nga Angkuan iti debate, kap! Langilangankan iti politika. Daydiay ketdin a kattiliw ti mangkarit kenka?" kinuna ni Kagawad Banong.

"Igusugosmo iti debate, ilampasom pay iti balota, boss!" impasaruno ti maysa pay a pailayon a kagawadna.

Nagtungtung-ed ni Kapitan Enteng. Immisem. Dayta ti kayatna kadagiti kakaduana. Loyalda kenkuana. Uray ibalana ida iti kanion! Naan-anay ti suportada kenkuana. Sabagay, nabayagen nga agkakaduada. Uray ania ti ibaon ken ipaaramidna kadagiti kagawadna, agtungpalda. No ibagana a tumappuakda iti pasdek, saanda la a tumappuak. Damagenda pay no ania a kadsaaran ti tumappuakanda. Kasta ti kinapudno dagiti kagawadna kenkuana. Napaisem. Naglayag ti lagipna. Manon a resolusion ti pinakaradapna a pinapirmaan kadakuada? Ti laengen pannakaipasdek ti planta ti koriente iti Barangay Camanguegan, awan ti kimmontra kadakuada nupay adda panagkitakit dagiti bumarangay a naapektaran ti pagtatalonanda. Uray pay iti pannakabangon dagiti dadakkel a pasdek ti negosio dagiti Intsik, isuda manen ti nangmaniobra. Naragsakda amin. Basta yarikapanna ida, no nabengbeng ti bolsada, awan ti saan kadakuada.

Umis-isem a nagtungtung-ed ni Kapitan Enteng a maymaysana. Ammo dagiti kakaduana ti kinarakaranna. Awan pay ti laban nga inatrasanna.

Pinaayabanna iti maysa a pasurotna ni Mary. Dakkel a katulonganda ni Mary. Nagturpos a maestra ngem dina maanusan ti agisuro. Nanam-ayda iti barangay council. Dayta la agpirma ti trabahoda kadagiti kagawadna. Paglainganna ti agputar iti surat, ordinansa, ken resolusion.

"Sungbatam man, Mary, daytoy surat ni Atty. Baldos. Ibagam nga awatek ti panagdebatemi iti dayta nga Angkuan" kinuna ni Kapitan Enteng a nangyawat iti surat iti barangay secretary.

"Wen, kap!" intung-ed ti sekretaria. Nasam-it ti isemna.

Naparagsit ken nagparang dagiti kallid ti sekretaria idi papetpetan ni Kapitan Enteng iti lima a tallo ti ulona. Insursurot ti kapitan ti panagkitana iti balasang. Agkinnikinni a timmmallikud. Pimmanaw daytoy iti ayanda. Igpilna ti laptop idi agtugaw iti lamisaan.

"Uray pay idiay Plaza Miranda ti pagdebateanmi no kayatna! Anytime, nakasaganaak!" inridis ti kapitan iti sango dagiti nagpapalakpak a kakaduana.

Mayaten ti iinuman da Kapitan Enteng. Nagpalukat iti Double Black Label. Abunaw ti pulotanda. Dandani inaldaw nga agpartida iti pagsangailida.

"Laglagipenyo, saan pay a nayanak ti mangibalat ken ni Kapitan Enteng!" indir-i dagiti kakadua ti kapitan.

KADAGITA a kanito, pagsasaritaan da Angkuan ken dagiti kakaduana ti naawatna a surat ni Atty. Baldos. Timtimbangenda no ania ti mapasamak iti panagsangoda ken ni Kapitan Enteng.

"Agyamantayo ta adda ni Apo Jovito a nakapanunot iti dayta a debate," kinuna ni Manang Ellen. "Daytoy ti kasayaatan a pangiplastaran iti plano dagiti kandidato," innayonna.

"Maammuan ti nagyan ti utek ni Kapitan Enteng ita. Kitaentayo man ti laingenna!" imbagi ni Maestro Amante.

"Ayna, uray ania pay ti paglabananyo ken ni Kapitan Enteng, ilugeslugesmo, Pari Angkuan!" inkatek ni Maestro Pitong.

"Saanka nga agdanag. Saan a makapaggulo ti grupo ti kapitan. Siak ti makaammo," intung-ed met ni Teniente Charlito.

Umis-isem laeng ni Engr. Redong nga agdengdengngeg. Adda sabali nga agtartaray iti isipna. Ibagananto dayta ken ni Angkuan no makapagsoloda nga agsarita. Ammona, ti laeng grupoda ti nakairaman iti panangsaluad iti nakaparsuaan a kas napateg a paset ti platapormada.

NABARA nga isyu ti panaglemmeng dagiti dua a pasurot ni Kapitan Enteng. Iti dayta nga aldaw, pagin-inanaan da Angkuan ken ti grupona ti panagdengngegda iti radio. Dulduldolen ni Ben Birador ti panangan-anup dagiti pannakabagi ti linteg kadagiti dua a pasurot ti kapitan. Naduktalan, adda kaso a nakairaman dagitoy iti napalabas. Naammuan pay nga alias ti inaramatda a nagan iti panagbadigardda ken ni Kapitan Enteng. Iti interbiu ti komentarista ken ni Major Salvador, kinuna ti hepe nga ipakemmegna a dagus dagitoy no agparangda iti San Sebastian. Addan impaulog ti korte a warrant dagiti dua iti panagsalungasingda iti election gun ban.

"No lumabanda, we will have no other recourse but to shoot them!" kinuna pay ti hepe.

"Dayta man!" nagpalakpak pay ni Maestro Pitong. "Saanda itan a makapagplastar! Saan nga agang-angaw ni Major Salvador. Uray pay agkabalioda iti puraw, saanen a maisalakan ida ni amongda nga Enteng!" innayonna.

"Laglagipentayo, adu ti pasurot ni Kapitan Enteng. Isu a nasken nga agannadtayo latta," kinuna ni Angkuan.

Madamdama pay, napatengngaag ni Angkuan idi isublat ti komentarista a trataren ti maipapan iti debate iti Barangay Camanguegan. Ni Atty. Baldos ti insublatna nga ininterbiu. Inlawlawag ti abogado a pabor kadagiti bumarangay ti maiwayat a debate dagiti kandidato.

27

NAPINTAS ti sangonsango a panagsinnukat iti kapanunotan! Maliklikan dagiti palpalikud a pinnasagid ken dinnadael. Tuladen koma ketdi dagiti dadduma pay a barangay ti maaramid a debate iti Barangay Camanguegan!"

Dayta ti pangilawlawag ni Atty. Baldos iti maangay a debate da Kapitan Enteng ken Angkuan iti pannakiuman kenkuana ni Ben Birador iti radio.

Gapu ta naka-live stream iti Facebook, adu dagiti nagkomento iti FB page ti estasion ti radio. Maammuanto kanon no ania ti nagyan iti utek da Angkuan ken Kapitan Enteng. Adda pay agkuna nga amangan no addanto agbagtit iti sakit ti nakemna no maabak iti debate sa mailampaso iti eleksion. Adu dagiti pabor ken ni Angkuan kadagiti netizens. Dayawenda ti kinatanangna nga agpalawag. Dagiti komentario kontra ken ni Kapitan Enteng, adda mangibaga nga agatras laengen tapno saan nga ibabain daytoy ti kinarakaranna.

"Maikulada la ketdi ti pudno a kababalinna iti publiko no agintutured!" kuna pay ti dadduma.

Banag a nangrubrob ken ni Kapitan Enteng. Kayatna a paneknekan a saan a kabaelan nga ibalat ni Angkuan, iti debate wenno eleksion man.

INTUDING ti Comelec ti aldaw ken dagiti pagannurotan iti debate da Angkuan ken ni Kapitan Enteng. Maisentro iti plataporma dagiti dua ti debate. Ni Atty. Baldos ti agpaay a moderator. Uray dagiti taga kabangibang a barangay, impeksada a rantaenda ti mapan agbuya iti debate.

No adda man magagaran a mangur-uray iti debate, maysa ditan ni Mayor Marcelino.

"Awisekto dagiti gagayyemko, pakairamanan ni Judge Jesus Buena iti RTC!" kinuna ti mayor iti naminsan nga idadagasna ken panagsarsaritada ken ni Angkuan.

"Napintas daytoy tapno malawlawagan dagiti bumarangay," innayon pay ti ama ti ili.

Naragsakan ni Angkuan. Mariknana ti bara ti suporta ti mayor kenkuana.

"Napintas koma no tuladen dagiti dadduma pay a barangay daytoy a gannuat," kinuna manen ni Mayor Jesus Buena. "Mammuan ditoy no asino dagiti nalaing laeng a mangboladas ken no asino dagiti nadalus ti gagemda nga agpaidasig."

Nagtungtung-ed ni Angkuan. Mariknana ti kalikagum ti mayor a maangay ti nadalus nga eleksion tapno maikkan dagiti umili iti wayawaya a mangpili iti kayatda a mangidaulo kadakuada.

SAAN makaidna ni Kapitan Enteng. Asidegen ti aldaw a panagdebateda ken ni Angkuan. Ti pakabusoranna, isu ti agwarwaras a damag nga umayto agbuya da

Mayor Marcelino ken ni Judge Jesus Buena. Saanna a magustuan ti panangmanok ti mayor ken ni Angkuan. Nabara met ti darana iti hues. Ni Judge Jesus Buena ti nangipaulog iti warrant kontra kadagiti taona.

Kagura ni Kapitan Enteng ni Mayor Marcelino. Daydiay ketdin nga Angkuan ti suportaranna. No ania ketdi ti naipakpakan ni Angkuan kenkuana ta kasta laengen ti kinadekketda. Ngem nabilbileg ni Gobernadora Alconis a koneksionna. No asino ti manoken ti gobernadora isu ti mangabak. Napasamak daytan iti napalpalabas nga eleksion. Didiosen ti gobernadora. Kaduana amin a mayor iti probinsia. Ni laeng Mayor Marcelino ti nakaitured a nangkontra kenkuana. Nagsanamtek iti pannakalagipna manen iti mayor. Addan sa ketdi gingginammol ti diaske, intabbaaw ti unegna. Kabarbaro la a mayor, isu ketdin ti naibutos a presidente ti Liga. Napigsa ti amorna kadagiti padana a mayor. Agburek ti darana tunggal malagipna dayta. Isu a manmano a mapan iti munisipio.

NAGPAAYAB ni Mayor Marcelino iti miting dagiti kapitan. Saan a napan ni Kapitan Enteng. Imbaonna ni Kagawad Banong a mangibagi kenkuana. Maipapan iti nayon nga ayuda a naggapu iti gobierno nasional ti pagsasaritaanda. Naiwarasdan ti ayuda a naggapu iti probinsia.

"Kablaawak dagiti opisial dagiti barangay nga alisto a nangidanon kadagiti tulong ken ayuda kadagiti kabarangayanda," kinuna ni Mayor Marcelino. "Ti Barangay Camanguegan ti adda problemana. Ngem awan met ita ti kapitan. Kiddawek nga ilawlawag koma ti nangibagi ken ni Kapitan Enteng no apay a nabayag ti pannakaidanon dagiti ayuda," kinuna ti mayor a nangkita ken ni Kagawad Banong.

"Nalubo gamin dagiti dalan, Apo Mayor," alisto nga inrason ti kagawad a nangkudkod iti saan met nga aggagatel a teltelna.

"Laglagipenyo a kakaasi dagiti bumarangay. Saanyo koma a tugawan dagiti maidanon nga ayuda," impalagip ti mayor. "Agserbikayo, saan a dakayo ti paserbian!"

Nasemsem ni Kagawad Banong. Naiturong amin a mata kenkuana. Nagkuretret ti mugingna. Imbes a ni Kapitan Enteng ti maungtan, isun ti nagdas-alan ti pammabalaw ti mayor. Kasano ita nga ibagana a tinengngel ti kapitan ti pannakaiwaras dagiti ayuda kadagiti agindeg a madlawna a pagpigsaan ni Angkuan?

Iti panangidanon ni Kagawad Banong ken ni Kapitan Enteng iti imbaga ni Mayor Marcelino, nagburek ti dara ti kapitan.

"Talaga a puntirianak a kanayon dayta a mayor!" inradies ni Kapitan Enteng. "Apay a bibiangganna ti Camanguegan? Eleksionto laeng, ibbongekto ti butosna ditoy!" ingngarietna.

Pinaayaban ni Kapitan Enteng dagiti kagawadna ken ni Mary. Nasken nga agsasaritada. Uray agdadamo ni Angkuan, masapul a saganaanna ti debateda. Kayatna nga ilampaso. No atiwenna iti debate, adunto ti mangdayaw kenkuana a kabarangayanda. Paneknekanna kada Mayor Marcelino ken Judge Jesus Buena nga awan ti inalat ti manokda.

"Agpokostayo iti nagapuanantayo," kinuna ni Kapitan Enteng. "Uray kaskasano, narugianen ti pannakakalsada dagiti purok!" innayonna.

"Ti imasna, amangan no ibaganto daydiay nga Angkuan a pasig la a rugi ti naaramidtayo, kap?" kinuna ni Kagawad Banong.

"Malaksid iti dayta, nabayagen nga ararawda a maidanon koma kano met ti serbisio ti elektrisidad kadagiti nasulinek a sitio. Awan kano serbi nga adda electric power plant iti barangay ta adda pay la purok nga awan ti elektrisidadna," imbagi ni Kagawad Escobar.

"Irasontayo a saantayo a basol dayta. Basol ti electric cooperative ta nabuntogda!" insalingbat ni Mary.

Mangigis ti isem ni Kapitan Enteng a nangkidday ken ni Mary. Adda puntos ti sekretaria. Ibatoda iti electric coop ti pammabasol. Makaammoda nga agsarapa. Ket nagpaggaak idi adda aggilap iti panunotna! Agsagana dayta a Mayor Marcelino, nakunana iti nakemna.

SUMAGMAMANO nga aldaw sakbay ti aldaw ti debate, nasaganaanen ni Angkuan dagiti ibagana. Iplastarna kadagiti bumarangay dagiti arapaapna nga isayangkat iti Camanguegan. Insingasing dagiti kakaduana a saggaysaenna nga ibaskag dagiti dakes a galad ni Kapitan Enteng. Nga isu laeng ti bumbumsog idinto a kakaasi dagiti bumarangay. Ngem inlawlawag ni Angkuan a saan a nasken ti panangdadael iti kalaban iti debate. Napimpintas a dagiti isyu ti masungbatan imbes nga agatakar iti personal.

"Masapul a malawlawagan dagiti kalugarantayo a nasken ti naan-anay a panagbalbaliw tapno magun-od ti arapaap a sapasap a panagdur-as," kinuna ni Angkuan.

"Ngem sabali ti ugali ni Kapitan Enteng. Amangan no agaramid iti saan a nasayaat," insungbat ni Maestro Amante.

"Saan nga agkamkamali, laglagipenna nga adu ti agbuya ken makaimatang!" imbagi ni Manang Ellen.

"Baybay-antayo laeng. Basta surotentayo no ania ti nasayaat. Agparbeng met ngata," kinuna ni Angkuan.

"Kaniak a biang, iramanmonto ti pannakasaluad ti nakaparsuaan, Pari Angkuan," insalpika ni Engr. Redong. "Agingga ita, adu kadagiti kalugarantayo ti dina ammo ti agdasig iti basura. Ibellengda lattan iti karayan dagiti rugitda. Isu a no aglayus ket agluppias ti karayan, agkaraiwara dagiti basura ti aglawaw," innayonna.

Nagtungtung-ed ni Angkuan. Dayta ti magustuanna kadagiti kakaduana. Adda bagas ken bugas dagiti ibagbagada.

"Imbagakon ken ni Major Salvador a mangipatulodto iti augmentation ta sigurado nga adunto ti agbuya," kinuna met ni Teniente Charlito.

NADANON ti aldaw ti debate. Nasapa pay, naummongen dagiti tao iti barangay plaza. Napunno ti pagbabasketbolan. Tumagarida. Nabalawbawan pay ti aglawlaw tapno saan a mainitan dagiti tao. Iti entablado, adda naisagana a dua a rostrum para kadagiti agdebate. Adda lamisaan iti tengnga a pagyanan ti moderator.

Napatak ti nakatarpolin: DEBATE ITI CAMANGUEGAN: AMMUEM NO ASINO TI BUTOSAM. Nalawag ti ladawan da Angkuan ken Kapitan Enteng iti agsumbangir a paset ti tarpolin.

Iti akinsango a tugaw, mayat ti saritaan da Mayor Marcelino, Judge Jesus Buena, General Loreto, pasado konsehal Jovito, Maestro Arsenio, ken dagiti personal a bisita ti mayor. Adda laeng iti batogda a tugaw da Atty. Juanario ken dagiti dua a babbai nga abogada a kakaduana.

Natinggaw ti palakpak dagiti tao idi sumangpet ni Atty. Baldos. Nagtarusan ti abogado nga inalamano da Mayor Marcelino ken Judge Jesus Buena.

Madamdama pay, addaytan ni Angkuan ken ti grupona. Inukoparanda ti nairanta a pagtugawanda a kabatog laeng ti nagtugawan da Mayor Marcelino. Nairanta a tugaw ti grupo ni Kapitan Enteng iti bangir a linia.

"Angkuan is my man!" adda nangipukkaw!

Nagpapalakpak dagiti tao.

"Ni Kapitan Enteng laeng, awanen ti sabali!" impukkaw met ti sabali.

Madamdama pay, awanen ti aridenggan.

28

IMPALAWLAW ni Kapitan Enteng ti panagkitana iti tallaong. Siniparna ti ayan dagiti cheer squad-na. Isuda ti para palakpak ken para riawna. Napaisem. Dakkel a talaga ti maaramidan ti kuarta. Inikkanna dagitoy iti saglilima gasutda. Addayta, addada amin a nakaplastar iti puestoda.

Napamusiig ti kapitan idi maipasirna dagiti polis ni Hepe Salvador nga agpagnapagna iti aglawlaw. Malaksid iti side arms dagitoy, adda pay iggemda a batuta. Natadem dagiti matada nga agsipsiput. Pasaray agrikisa dagiti dadduma aglalo kadagiti pagduduaanda ti garawna a lallaki.

Sinalbagen! Naitabbaaw ti unegna a nangtaliaw kadagiti polis. Naglagaw. Nalagipna dagiti armas nga imbatida iti Fortuner-na. Napaanges met la iti nalukay idi maamirisna a saan a mabalin a paluktan dagiti polis ti luganna. Panagsalungasing dayta iti plain view doctrine kas imbalakad ti abogadona.

Madamdama pay, tinurongen ni Atty. Baldos ti rostrum.

"Naimbag nga aldawyo, amin, patpatgen nga agindeg iti Barangay Camanguegan. Nagasattayo a natipontipon itoy nga oras ta intayo maimatangan ti inalat dagiti agbalubal a dua a para kapitan iti Camanguegan. Laglagipentayo, nainggayyeman daytoy a dangadang. Salisal saan la nga iti kinasidap ti isip no di ket gundaway a panangibaskag kadagiti planoda no mapagasatanda iti eleksion." panangirugi ni Atty. Baldos.

"Enteng! Enteng! There is no other one!" adda nangipukkaw a grupo.

Napaisem ni Kapitan Enteng. Nailaisanna dagiti nagriaw. Isu dagitoy dagiti taga Laud ti Karayan.

"Angkuan is the only Juan! Yeheyy!" adda alisto a nangisungbat.

Grupo dagiti agtutubo ti nataliaw ni Angkuan. Nailasinna a taga Kabulalaan dagitoy, maysa a purok iti Sitio Dasil.

"Agtalnakayo koma, kakabsatko ida! Kas nakunak, nainkabsatan daytoy a salisal. Liklikantayo ti agpipinnasakit. Ilawlawagko laeng, kas nailanad iti naipatulod kadakayo a surat, saan a kas iti gagangay a debate daytoy. Maaramat daytoy a pangiparangan iti plataporma ti tunggal maysa kadagiti agdebate. Maikkanda iti saglilima a minutos a mangibaskag iti platapormada. Kalpasanna, maikkan met iti gundaway nga agsaludsod ti bangir a partido. A sungbatanto manen ti immuna a nangiparang iti biangna. Kasta ti mapasamak, sa sumublatto met a mangilanad ti bangir a partido iti planona…"

Madlaw nga alusiisen ken di makaidna ni Kapitan Enteng. Lining-eten ti kilikilina iti nagtugawanna. Kasla teggaak ti tengngedna a taliaw a taliaw.

Nagtalinaed ketdi a kalmado laeng ni Angkuan. Iseman ken tung-edanna laeng no adda manglugay wenno mangpayapay kenkuana iti tallaong. Nakitana a nakapundo ti selpon ni Maestro Pitong. Ammonan, irekord daytoy ti okasion.

"Ulitek, mapalagipan ti tunggal espiker a sangapulo segundos sakbay a malpas ti orasna, aguni ti buzzer. Masapul a sumardeng nga agsarita no naibusen ti orasna," kinuna manen ni Atty. Baldos.

"Bulosanyon ida, ala, larga!" adda nangilaaw. "Dies-siete! Ken ni Angkuan!" intakder ti maysa a butiog a lakay a nangitayag iti imana a kunam no makigalgaliera.

"Istandies! Istandies!" adda nangipasaruno.

Kunam pay, awanen ti aridenggan. Nagpapaggaak ti tallaong. Ngem nagulimekda met laeng idi agsilbato ti polis a napan nakisarita iti lakay.

"Sakbay nga intayo saksian ti sangkaurayyo a panagdebate da Kapitan Enteng ken Apo Angkuan, kiddawentayo man ni Pastor Prudencio nga idauluanna ti kararag para iti panagballigi daytoy nga okasion!" kinuna ni Atty. Baldos.

Naparagsit ni Pastor Prudencio a nagpasango iti rostrum. Nabaked ti bagina. Binagayan ti natibong a timekna. Nainayad ngem nabatad ti ababa a kararagna. Kasla agdisdiskurso a diputado a pasaray mangiwagis iti ngato iti imana.

"Kiddawenmi, Ama, a silnagam ti isip dagiti dua protagonista tapno mailawlawagda dagiti pagtaktakderanda. Inkararagmi pay, tarabayennakami ken pagtalinaedem a natalna ti okasion para iti pagsayaatan ken masakbayan ti barangaymi. Maitutop koma dagiti maisawang kadagiti aramid, ken aramidenmi ti amin a pakaidayawan ti naganmo, Apo Dios," inkararag ti pastor.

Natibong nga "Amen" ti insungbat dagiti nakadumog a naitallaong a nakipagkararag.

"Let us start the ball rolling! Itedtayo ti pammadyaw a ti umuna nga agsarita, isu ti nakatugaw a kapitan, ni Kapitan Vicente Camanaoan alias Enteng! Lima a minutos ti maited kenkuana a mangiplastar no ania dagiti nagapuananna. Apo Kapitan, you have the floor!" kinuna ni Atty. Baldos ket pinatitnan ti nakabitin a kampanilia iti asidegna sa nagtugaw a nangiggem iti stop watch.

Natibong ti sipsipat a naipasabet iti panagturong ni Kapitan Enteng iti rostrum. Awan ressat ti riaw dagiti pasurotna. Mayat ti ayagna. Magagaranen. Ngem sakbay a marugianna ti agbitla, addayta a naipasungad ketdin kenkuana dagiti TV crew ti NTP Network, ken dagiti reporter ti DWTP ken DWBB. Kunam pay, immaawer a naminpinsan ti konsentransionna.

Napaumel a nangisammaked kadagiti imana iti podium a kunam no mangpadaan iti siuting iti pelikula. Naisursurot a nagulimek ti tallaong.

Natukay ti pannakailabeg ni Kapitan Enteng idi masiputanna ti panangtungtung-ed ni Mary kenkuana iti nagtugawan daytoy. Itudtudo ti sekretaria ti relona.

Naarakattot la ket ngarud a nagtaltalangkiaw. Immanges ti nauneg, sana insawang ti paboritona a panglukat a linia tunggal maawagan nga agsarita iti tallaong.

"Gagayyem, kakabsatko ida nga awan labasna…" kinunana a nangitag-ay pay iti imana.

Ti dakesna, impagarup dagiti cheer squad-na a nagsenias iti panangitag-ayna iti makanawanna. Ket sakbay a makapagsao, nagpapalakpaken dagiti para riawna iti kanawan a parte ti plasa.

""'Enteng! Enteng! Enteng not Angkuan!" indir-ida

Iti kigtotna, ad-addan a natikaw ni Kapitan Enteng. Intag-ayna la ket ngarud dagiti imana tapno pasardengenna ida. Ti addatna, sabali ti nagawatan dagiti kakaduana. Impagarupda nga inseniasna nga aggigiddanda nga agpalakpak. Nagangayanna, impigpigsada la ket ngarud ti riawda. Kunam pay, addaytan ti naggigiddan a riaw ken palakpak manipud iti amin a suli ti plasa. Ket nakaal-alisto a nangibaba kadagiti imana idi isardengna ti panagpayapayna.

Sinalbagnan! Dida la ket makaaw-awaten, intabbaaw ti unegna. Nataliawna ti relona. Adun ti nasayang nga orasna!

"Kabarangayak ditoy Camanguegan, ammoyon ti gapuna no apay nga agpailayonak a kapitanyo. Kayatko nga ituloy ti nairusattayo a panagdur-as iti barangaytayo!" nakaal-alisto a kinunana ket ingngatona dagiti dua nga imana a kasla naggumintang.

"Enteng! Enteng is my man!" inyiriag manen nga impalakpak dagiti naiwaras a kakaduana iti tallaong. Awan ti aridenggan. Saan la ket ngarud a naawatan dagiti simmaruno nga imbagana.

"Nakitayo ti dakkel a dinur-asan ti barangaytayo. Adda planta ti koriente. Adu dagiti pasdek ti negosio a nabangon. Addan dagiti nasemento a kalsadayo!" intuloyna ti panagsaritana. "No ilayondak, kabarangayak, ad-adunto pay ti maisayangkattayo a pagimbaganyo. Ibutosdakami kadagiti kakaduak! Solid vote, awan ti matinnag!" indanogna ti gemgemna iti rostrum.

"Kakaasi ti Camanguegan, Kapitan Enteng! Sika la ti bimlad!" Adda nangipukkaw a grupo iti likud.

Napataliaw ni Angkuan. Saanna nga am-ammo ti dagiti agtutubo a mangibaybayog iti banderitasna.

Iti rostrum, kasla nailansa ni Kapitan Enteng a nangitudo kadagiti agtutubo.

"Anak ti sal---!

Saan a naituloy ti kapitan ti panagtabbaawna idi adda agariangga a grupo ti sabali nga agtutubo a nailaok iti kanawan ti plaza.

"Ni Kapitan Enteng, ti ilayon! Diyo patpatien dagiti kattiliw!" inyiriagda.

Tinengngel ni Kapitan Enteng ti rumasok a riknana. Nakayaman. Impagarupna no awanen ti agtutubo a mangisakit kenkuana. Nailasinna ketdi ti sumagmamano kadagiti agtutubo. Grupo ti anak ni Kagawad Banong dagitoy. Kaduana ti annak dagiti dadduma pay a katiketna.

Iti nagtugawan ni Kagawad Banong, napatakder idi maipasirna ti barona a ni RJ iti grupo dagiti agtutubo. Mayat ti barkadaanda kadagiti annak dagiti kaduana a kagawad. Dina la koma kayat a maisawsaw ti anakna iti bumarbara a politika iti Barangay Camanguegan. Ngem naisipna a nasayaat ta adda a nakipagbuya. Adda mangkontra kadagiti agtutubo a mangsupsuporta ken ni Angkuan.

Iti rostrum, nataliaw ni Kapitan Enteng dagiti agtutubo a mangidirdir-i latta iti nagan ni Angkuan. Kayatna a pagsasawan ida. Ngem naamirisna a nakaturong kenkuana ti kamera dagiti taga-media. Naipasirna pay da Mayor Marcelino, Judge Jesus Buena, ken pasado Konsehal Jovito. Nakaturong amin ti imatangda kenkuana. Natadem ti kusilap ni Atty. Juanario iti tugawna idinto a nakaporpormal ni General Loreto. No agkibaltang, isunto manen ti agbalin a kontrabida iti imatang dagiti tao aglalo no saanna a maalwadan ti panagbassawangna.

"Kakabsat, napadasan ken napaneknekanyon ti wagas ti panagserbitayo..." kinuna manen ni Kapitan Enteng a nangitag-ay manen iti imana idi mapasublina ti riknana.

Nagiiriag dagiti tao a kasta unay ti palakpakda.

"Enteng! Enteng ti pangnamnamaan!" kinunada.

Imbabana dagiti imana tapno ituloyna ti panagsaritana. Ngem addaytan ni Atty. Baldos a nangpaguni iti buzzer.

Naparaipusan iti anabaab ti uni ti buzzer a pakdaar a nalpasen ti orasna. Kasla saan a mabagkat ni Kapitan Enteng dagiti dapanna a nagsubli iti tugawna. Kayatna koma pay ti agsao. Ngem alisto ni Atty. Baldos a nangdutdot iti saksakan ti mikropono iti amplifier iti abayna. Nasakit ti kusilap ti kapitan iti abogado. Nagsasaruno ti panangpunasna iti ling-et iti kilikilina. Kasla kigaw a nagarudok a nagsubli iti tugawna nga ayan ni Mary a mangyur-urayen iti iggem daytoy a mineral water.

"Intay nangngegan ti panagsarita ti nakatugaw a kapitan, ni Apo Vicente "Enteng" Camanaoan, kakabsat. Palakpakantayo man pay maminsan ni Apo Kapitan!" kinuna ni Atty. Baldos a nagmuestra iti panagsaritana.

Nagiiriag a nagpapalakpak dagiti naitallaong. Nabang-aran ni Kapitan Enteng idi taliawenna dagiti agpalpalakpak. Nanayonan ti bilang dagiti kinasarita ken tinangdananna. Winagisanna ida. Mayat ti iiriaganda. Awan dumada kadagiti agdirdir-i ken agir-iriag idi iti EDSA idi mapatappuak ni Presidente Erap iti puesto.

"Ita, intayo met isublat a dengngen ni Apo Juan "Angkuan" Dela Cruz, ti makabalubal ni Kapitan Enteng. Bay-antayo a ni Apo Angkuan ti mangyam-ammo iti bagina! Intay sarabuen iti nabara a palakpak, gagayyem ken kakabsat! Apo Angkuan!" panangyam-ammo ni Atty. Baldos.

Sinarabo ti nabara a tiptipat ken riaw ni Angkuan idi turongen daytoy ti rostrum.

"Ni Angkuan, ti manamnama a sumaruno nga agkapitan iti Barangay Camanguegan!" impukkaw dagiti agtutubo.

"Angkuan! Angkuan, agpainumkan!" impasaruno dagiti lallakay a nagpapalakpak.

Ad-addan ti paggaak dagiti naitallaong.

Limmag-an ti rikna ni Angkuan idi makitana a mayat ti kumpas ti palakpak da Mayor Marcelino, Judge Jesus Buena, ken pasado Konsehal Jovito nga agtitinnung-ed. Nakaisem met a mangluglugay kenkuana da General Loreto ken ti grupo ni Atty. Juanario.

"Ammomon ti pagannurotan, Mr. Dela Cruz. You have five minutes! Proceed!" kinuna ti abogado a nangpatit iti kampanilia.

"Agyamanak Abogado Baldos. Appo a madaydayaw a kalugarak ditoy Camanguegan…" panangirugi ni Angkuan. "Dagiti appo a sangsangaili a pakairamanan da Apo Mayor Marcelino, Judge Jesus Buena, pasado Konsehal Jovito, General Loreto ken Atty. Juanario, naimbag nga aldawyo a padapada…"

Nakapaspasnek dagiti naitallaong a nakatangad ken ni Angkuan idi umanges daytoy iti nauneg. Mailadawan ti gagar iti langada ti segga dagiti sumaruno nga ibalikasna.

"Daytoy nanumo nga anak ken kabsatyo, kas am-ammoyon, apo, maysa a retirado nga empleado iti Agrario. Agpaidasigak ta gagemko ti agserbi iti barangaytayo. Adu, wen, adu dagiti arapaapko nga isayangkat no ipabulodyo kaniak ti talekyo. Umuna, isu ti pannakasemento amin a barangay roads. Saan laeng a panay a rugi. Maikadua, rumbeng a maidanon ti serbisio ti elektrisidad iti kasulinekan a purok. Maikatlo, ipangrunakto ti pannakabangon ti maysa a moderno a barangay health center, ken pagbalinentayton a naan-anay nga elementaria ti eskuela primariatayo! Dagitoy ti nabayag a naipaidam iti Barangay Camanguegan, apo. Isu a kiddawek ti naan-anay a suportayo!"

Immawer ti natibong a sipsipat kadagiti inibbatan balikas ni Angkuan. Kasla agpagunggan dagiti agtutubo nga uray la agpalagapag iti nagtakderanda. Nasiputan ni Angkuan nga intag-ay ni Kapitan Enteng dagiti imana. Ngem linemmes ti iriag dagiti agtutubo dagiti riaw ken palakpak dagiti pasurotna.

29

AMMO ni Angkuan a magmagna ti oras. Nalagipna dagiti ar-araraw dagiti kabarangayanna. Kasla nangliteng ti isipna. Ket nagburayok a nangsaggaysa kadagiti ar-araraw dagiti kalugaranda.

"Apo Kapitan, pudno unay ti kinunayo nga adda dagiti nasemento a kalsada. Ngem agdadata a kinapudno a no adda man, pasig amin a rugi dagitoy. Maburburbor payen ti dadduma! Agpayso nga adda planta ti koriente ditoy ngem apay nga agingga ita, napaidaman dagiti kalugarantayo iti serbisio ti koriente? Nakasipsipnget dagiti kalsadatayo. Adda pay la agar-aramat agingga ita iti lampara. Iti met kinarigat ti dalan, maanakan dagiti masikog a maitaray iti district hospital iti kabangibang nga ili! Kakaasi dagiti ubbing a mailutlutlot iti dalan no mapanda agbasa! No adda simmayaat ti biagna, manmano. Kas iti karasay ti sabong ti kawayan a kunada ti bilangda!" kinuna pay ni Angkuan.

Kunam pay, ad-addan nga awanen ti aridenggan. Kasla nadanuman a tukak dagiti agsisinnungbat a kakadua ni Angkuan ken pasurot ni Kapitan Enteng!

"Dayta man, Apo Angkuan! Saan la a painum no madamdama, addanto payen pulotan! Nangabakkan!" inyiriag manen dagiti lallakay a nagpapaggaakan dagiti naitallaong.

"Agtalnatayo, kakabsat! Agtalnatayo!" inyanawa ni Atty. Baldos idi aguni ti buzzer iti panaggibus ti oras ni Angkuan.

Nakalaglag-an ti riknana, natanang dagiti addang ni Angkuan a nagsubli iti tugawna. Manen, saan a nailaksid kenkuana ti isem da Mayor Marcelino ken Judge Jesus Buena. Umis-isem met a nagtungtung-ed ni Atty. Juanario idinto a mayat ti innapir dagiti kakaduana iti nagtugawanda. Agkaralitak ti kamera dagiti media a nangirekord kadagiti pasamak.

Iti itatakder ni Atty. Baldos a nagturong iti rostrum, nalawag a nakita ni Angkuan ti nalidem a rupa ni Kapitan Enteng. Kasla naapiang a Sanglay. Punas a punas daytoy iti nadarugsoyen a ling-etna. No namin-anon a sineniasanna ni Mary a mangipan iti mineral water nga arub-obenna.

"Ita, bagi manen ni Apo Kapitan Enteng ti mangsungbat kadagiti imbaga ni Apo Angkuan!" kinuna ni Atty. Baldos idi sumardeng ti anabaab.

Napardas, kasla kalalakian ni Kapitan Enteng a timmakder. Kasla dumarup a toro daytoy a nagturong iti rostrum. Planadonan ti aramidenna. Daytoy ti gundawayna. Saan a siak ti ibabainyo ditoy, inradiesna a nangtaliaw iti nasakit kada Mayor Marcelino idi mapatit ti kampanilia a mangipakdaar a rugiannan ti agsarita.

"Kayatko nga ilawlawag no apay a saan a naileppas dagiti kalsada iti barangay!" inraed ni Kapitan Enteng a nangitag-ay iti imana a nagiiriagan dagiti tao. "Saanko a basol. Basol ti mayortayo! Gapu ta saannak a kadua iti politika, inyudina dagiti proyekto a para koma iti Camanguegan!" nakangirsi a nangtaliaw ken ni Mayor Marcelino.

Uray la a napatal-o iti nagtugawanna ni Mayor Marcelino iti nangngegna. Nagtaltalangkiaw. Isenseniasna dagiti imana nga awan kinapudno dagiti insawang ni Kapitan Enteng. Ngem inalun-on laeng ti iriag dagiti kakadua ti kapitan dagiti saona.

"Balbalatong a kapitan!" pagammuan ta adda nangipukkaw.

"Aminem ketdi a nakapuy ken sadutka!" adda nangpasaruno.

Gapu ta kasla paggalieraan ti plasa, saanen a maitudo no asino dagiti nagbassawang.

"Saan a siak ti pabasolennyo no apay nga awan pay ti koriente dagiti dadduma a purok!" intuloy ni Kapitan Enteng ti panagsaona. "Basol daytoy ti electric cooperative!" impigsana a nangitag-ay iti dua nga imana.

Nasippaw a dagus dayta dagiti kakaduana. Nagpapalakpak ken nagaarianggada. Ngem bimmales iti iriag dagiti kakadua ni Angkuan. Ad-addan nga awanen ti aridenggan.

"Kapitan Palusot!" adda nangitabbuga.

"Kapitan Sadut!" kinuna dagiti dadduma.

No ania ditan a nagan, naibuniag sa aminen ken ni Kapitan Enteng iti rurod dagiti agbuybuya.

Kasla nasilian ti piditpiditna, nagtupa dagiti sangina. Agsao koma pay ni Kapitan Enteng, ngem apagisu met a naguni ti buzzer.

Ngem saan a nagsardeng ti anabaab. Agririnnikiaren dagiti pasurot ni Kapitan Enteng ken Angkuan.

Nagsasaruno ti silbato dagiti polis.

Ngem kasla awan ti nangngeg dagiti umariangga nga agbuybuya.

"Agtalnatayo, apo!" nagallangogan ti timek ni Atty. Baldos idi kumaro ti ariwawa. "Appo a polis, mabalinyo a tiliwen dagiti mangirugi iti riribuk!" immandarna.

Nagsilbato dagiti polis. Immando ni Major Salvador dagiti taona. Kaduada dagiti augmentation force manipud iti Mobile Force Company nga itay pay nga inawaganna.

Agkaralitak ti kamera dagiti kameng ti media. Agsipsiputda iti rumsua a dakkel a damag. Uray dagiti agbuybuya, nairekordda iti selponda dagiti napasamak.

Iti ayan ni Mayor Marcelino, itay pay a napasardeng iti napasnek a pagsarsaritada ken ni Judge Jesus Buena. Napangilangil. Nakitana a kaaduan kadagiti agtabtabbuga ti pasurot ni Kapitan Enteng. Ammon ti mayor ti galad ni Kapitan Enteng. Naaramidna ti agulbod iti publiko. Ngem saan nga isuna a pinabasol ti kapitan ti naibabain. Ni Kapitan Enteng a mismo ti nangibabain met laeng iti bagina. Ammo dagiti umili no asino ti agsasao iti pudno.

Madamdama pay, addaytan da Danilo Antal ti DWTP ken Joks Caban ti DWBB nga agturong iti ayanna.

"Apo Mayor, mabalin nga alaen ti reaksionyo, sir, iti imbaga ni Kapitan Enteng?" dinamag ni Danilo Antal a nangyasideg iti mikropono ken ni Mayor Marcelino.

"Very unfortunate," nagngilangil a nagsanamtek ti mayor. "Ngem saan sa nga ammo ni Apo Kapitan Enteng ti sawsawenna!"

"Adda kano idumdumayo, Apo Mayor!" imbagi ni Joks Caban.

"Awisenkayto iti presscon iti opisinak!" inyisem nga intapik ti mayor iti guapito a reporter nga aw-awaganda iti "panganay" gapu iti kinatayagna.

Iti nagtakderanna, kunam no kalalakian ni Kapitan Enteng. Kasla teggaak nga agwanwanawan iti mapaspasamak iti aglawlaw. Nadigosen iti ling-et. Naiturong ti imatangna ken ni Mayor Marcelino. Nabaleska met laeng a mayor! Inngirsina a kumitkita latta iti mayor a kasarsarita pay laeng dagiti kameng ti media.

Iti nagtugawan ni Angkuan, nagtalinaed laeng a kalmado daytoy. Kayatna ti bumaba koma a mapan iti ayan dagiti kakaduana. Ngem agsarsarita pay laeng iti mikropono ni Atty. Baldos. Nagyaman ta manakem dagiti agtutubo a kangrunaan a mangisaksakit kenkuana.

Simmardeng met laeng ti ariwawa. Nataliaw ni Angkuan da Atty. Juanario ken General Loreto. Napasnekda nga agsarsarita. Pasaray tumaliawda kenkuana. Idi kuan, nakitana ti panangtung-ed kenkuana ni Engr. Redong. Adda naggilap iti panunotna.

Simmardeng ti anabaab idi ipakdaar ni Atty. Baldos iti mikropono a maituloyen ti debate.

"Agparbengtayo, kakabsat," kinunana idi mataliawna nga ul-uloden dagiti polis ti sumagmamano a lallaki a wasang a wasang. Pinosasan dagiti polis dagiti lallaki nga inlugan iti mobile car idi saan latta nga agarbeng dagitoy.

"Ituloytayo ngarud ti debate, kakabsat. Kiddawek nga agkalmatayo koma. Saritaan daytoy dagiti manakem, kunak man laengen. Dagiti supporters ti agsumbangir a grupo, pangngaasiyo ta liklikantayo ti agdadangil. Bay-antayo dagiti kandidato a mangipresentar kadagiti planoda para iti barangay..." impigsa ti abogado a nagulimekan ti tallaong. "Para ngarud iti maikadua a paset ti debate, ni met Apo Juan "Angkuan" Dela Cruz ti sumublat nga agsarita!"

Idi agbatingting ti kampanilia, timmakder a nagkurno ni Angkuan idi agsubli iti rostrum.

"Dios ti agngina, Apo Abogado Baldos," kinunana a nangisem iti Comelec officer a nagsublin iti tugawna. Immanges iti nauneg a nangkita kada Mayor Marcelino ken Judge Jesus Buena.

"Daksanggasat, kakabsat, ta simiasi kadagiti pudno nga isyu ni Apo Kapitan Enteng. Aglalaok dagiti dinakdakamatna. Ngem ammo ti amin, awan kinapudno dagiti pammabasolna. Nakababain, inramanna pay ni Apo Mayor. Ammotayo no kasano kinagaget ken kinatakneng ti ama ti ilitayo. Panagkunak, ang-angaw, ken nagpakatawa laeng siguro ni Kapitan Enteng kadagiti imbagbagana…"

Gimluong ti paggaak dagiti agbuybuya iti kinuna ni Angkuan. Kasla nasilian ti piditpidit ni Kapitan Enteng. Kasano, uray dagiti tinagdananna a cheerleader-na, naisursurot a nakipagkatkatawa! Adda pay nagpalakpak kadakuada! Sinalbagdan, ingngarietna.

"Patpatgek a kabarangayak, dagitoy ti pudno nga isyu a rumbeng a maikkan pay iti solusion. Adu ti agsaksakit nga ubbing ta agkaraiwara dagiti basura. Awan ngamin masnop a programa ti barangay iti solid waste management. Nagbalinen a basuraan ti karayan. Isu nga idi aglayus, naibangkag dagiti basura a naisubli iti arubayantayo! Apay a di maisuro kadagiti kalugarantayo nga ipateg ken ilalaenda koma iti nakaparsuaan? Maisardeng koman ti panaguma, ti agpukan iti kayo. Adda ngamin dagiti makitkitatayo nga agibabbaba iti troso iti bantay a maitarus iti lamberia iti ili!"

"Tira, Angkuan! Dayta man!" adda nangilaaw a sinaruno ti natibong a palakpak.

"Malaksid itoy, adayo ti progreso ti lokalidad no saan a mapasardeng dagiti ilegal a sugal," intuloy ni Angkuan ti panagsaritana. "Agpayso nga adda bilin a maiparit ti agpasugal uray iti minatayan. Ngem maikurkurimed met ti panagpadadoda! Apay ngata? Isu payen ti puon ti pagriririan no dadduma. Adun ti nadamagtayo a nangisalda uray no agbugbugi pay laeng dagiti raepda. Isalsaldadan tapno adda laeng maisugalda! Asino ti mairanranud?"

Napaulimek dagiti agbuybuya. Adda nangiturong iti imatangna ken ni Kapitan Enteng.

"Adda pumuspuskol ti petakana!" adda nangilaaw.

"Dayta, a, ti agkapitan! Manakem!" kinuna met dagiti agtutubo.

"A gentleman in the highest order!" imbagi ni General Loreto a nag-thumbs up ken ni Angkuan.

Nataliaw ni Angkuan ti heneral. Linugayanna daytoy kas panagyamanna. Saannan a naituloy ti panagsaona ta nagunin ti buzzer.

Nagrupanget ni Kapitan Enteng. Mabilbilang dagiti nangkontra ken ni Angkuan. Arig saan a mangngeg ti pukkawda. Napigpigsa ti riaw dagiti nangdayaw ken ni Angkuan.

"Thank you! Thank you, Apo Juan "Angkuan" dela Cruz! Palakpakantayo man, kakabsat!" kinuna ni Atty. Baldos. "Ita, intayo met dengngen ti sungbat ni Apo Kapitan Vicente "Enteng" Camanaoan!" kinunana idi agsubli ni Angkuan iti tugawna.

Nagpalagapag dagiti agbuybuya idi itag-ay ti kapitan dagiti imana.

"Viva Enteng! Isu ti kapitanko!" adda nangipukkaw.

"Ni Angkuan ti mangsukat ken ni Kap Entengmo!" adda met nangisungbat. Pinagkalma ni Atty. Baldos dagiti supporter dagiti agsumbangir a grupo. Nagsilbato dagiti polis a nangitudo kadagiti agririaw.

Sintagari, tinurong ni Kapitan Enteng ti podium. Masiudot. Nairut ti petpetna iti mikropono. No mabalin la koma, ibarsaknan ti mikropono ken ni Angkuan a nakakalkalma a nakasikkawil iti nagtugawanna. Kinusilapanna daytoy a pinasikigan. Itay pay nga agtabtabbaaw ti unegna. Ania ita ti isungbatna kadagiti nakaad-adu nga isyu nga impalapalna kenkuana? Nagkiremkirem a nangkudkod iti saan met nga aggagatel nga ulona.

Nagpapalakpak la ket ngarud dagiti agbuybuya a kakaduana. Impagarupda manen a senias dayta ti kapitan kadakuada. Iti rurodna, timmayaben a namimpinsan ti konsentrasionna.

"Kabarangayak," kinunana. "Apay ngamin nga agibasurakayo iti karayan idinto a mabalinyo met a puoran koma dagiti basurayo?"

"Maiparit ti agpuor iti basura, Apo Kapitan!" impukkaw la ket ngarud ni Engr. Redong.

Nagkakatawa dagiti agtutubo.

"Aminemon a bagonmo dagiti agbumbunag iti troso a maibabbaba iti bakir ken maitartarus iti lamberia?" adda nangiriaw.

Immirteng ti rupa ni Kapitan Enteng a nangtaliaw iti grupo dagiti nagriaw. Lallaki dagitoy. Nagkebba a nangtaliaw kadagiti badigardna. Masinunuona, kabarbaro a rupa dagiti lallaki.

Uray ni Angkuan, napataliaw met iti grupo dagiti lallaki. Kas iti kapitan, damona met a makita dagitoy.

TINUNG-EDAN ni Kapitan Enteng dagiti pasurotna. Inseniasna ti grupo dagiti lallaki a nangsinga itay iti panagsaritana. Agaluadda no asino man dagiti lallaki, ingngarietna. Naituredda a dinakamat ti panagtrosoda. Palimedna dayta. Awan makaammo nga adda pannakainaigna iti illegal logging. Uray dagiti bagon a maar-aramat, saan a nainagan kenkuana. Diables dagita a nagsiding ti dilana, ingngayemngema. Umadun ti Marites kada Marisol iti barangayda. Pasigda a tarabitab!

"Awan ti pannakaibiangko kadagiti agtrostroso! Kukua dagiti Intsik a negosiante dagita!" impigsana tapno saan a madlaw nga adda amakna kadagiti lallaki a kumitkita pay laeng kenkuana. "Pammadpadakes dayta ti kabalubalko!" kinunana a nangtaliaw ken ni Angkuan a nakigtot a nakangngeg iti pannakadakamatna.

"Uray asino ti agdepdeppa, Kapitan Enteng forever!" impukkaw dagiti adda iti makanigid idi agmuestra ti kanigidna.

"Enteng is the best! Enteng is the best!" inyiriag met ti sabali a grupo iti makanawanna idi itag-ay ti kapitan ti makanawanna.

Nagngudiit ni Kapitan Enteng. Nadlawna, agsarsarapa met laengen kadagiti ablat ni Angkuan ti ar-aramidenna. Masapul nga isu met ti bumales. Ngem ania ti ibagana? Adu ti nasken a sungbatanna nga inlanad ni Angkuan. Ibagadanton a nengneng no saanna a masungbatan dagiti tirada kenkuana. Apay, tukmem? Awan ti ammona? Nabayagen a nagopisial iti barangay. Kinse anios a nagkonsehal sakbay a nagkapitan.

Kinapudnona, gandatna met koma ti agpangato. Mabalbalinna ti agbise mayor no agkandidato a mayor ni Bise Mayor Nixon Peralta. Tao daytoy ni Gobernadora Alconis. Dayta ti sangkaurayna.

Idi pagammuan ta nataldiapanna ni Mary. Adda isensenias daytoy kenkuana. Tinung-edanna ti barangay secretary. Iti apagdarikmat, napasubli ti kapitan ti konsentrasionna.

"Nadakamat itay ni Angkuan nga adu kano nga ubbing ti agsaksakit iti Camanguegan. Saanna kadi nga ammo a malnourished dagitoy? Nakapsut ti resistensiada ta saan a nasustansia ti ipapaunegda a taraon! Baka maliwayan ida a pakanen dagiti nagannakda nga ad-adda nga agtotong-it ti aramidda!" intangig ni Kapitan Enteng. "Saan a dagiti basura ti gapuna! Maipapan iti agraira nga illegal a sugal a dado, no mapaneknekan ni Angkuan dayta, siak a mismo ti mapan mangtiliw kadakuada!" imper-akna.

Kalpasan ti apagapaman a panagulimek dagiti naitallaong iti panagallangogan ti timek ni Kapitan Enteng, addaytan dagiti agsasaruno a kantiaw dagiti agdengdengngeg.

"Awan ti maipakanmi kunam, kap? Narigat ngamin ti biagmi! Dakay met la ngamin nga adda iti poder ti bumakbaknang!" inyiriag dagiti agtutubo a pinagsisina dagiti polis idi agangay.

"Adda kolektormo kadagiti sugalan. Dika pay agparaman, kap, uray isukmonmi la koma!" imbagi met ti sabali a grupo dagiti lallakay.

Nagmalanga ni Kapitan Enteng. Pinagkalmana ti rumasok manen a riknana.

"Saanakon a nailayon iti namin-adu a daras no nakapsutak a kapitan. Napaneknekanyon, no adda okasionmi idiay balay, awisenkayo pay amin. Kasta ti kinapategyo kaniak! Isu a kiddawek nga ilayondak! Dobliekto ti agsakripisio para kadakayo!" innayonna.

"Naggatangka idi iti butos, kap!" adda alisto a simmungbat.

Tinaliaw ni Kapitan Enteng ti nagtaudan ti nagsao. Ngem limneden daytoy iti ummong.

"Saanmo met a gastos ti nagkasangayam! Pia la a pakairamanan!" alisto nga imbagi dagiti tagtagibian a mangsaksaklot kadagiti annakda. Agkokontes dagitoy nga agpayubyob iti abano iti pagtutugawan iti sigikan.

Nagawan a baindan! Intabbaaw ti uneg ni Kapitan Enteng. Ad-addan a natikaw. Naggapgappuanen dagiti mangbabbabalaw kenkuana? Nailasinna ketdi dagiti babbai. Dagitoy ti kanayon a mapan makipunsion iti balayda. Dagitoy ti agiselselopen no agawidda!

"Awan ti ginatgatangko a butos! Ken awan bibiangyo no naggappuan dagiti gastosko idi nagkasangayak. Diyo ket yamanen, nagiselopenkayo pay iti inyawidyo!" saanen a nateppelan ni Kapitan Enteng ti ngiwatna a nangitudo kadagiti babbai.

Naggagarakgak ti tallaong.

Naguni ti buzzer. Ngem saan nga inkankano ti kapitan. Kasla agbusi ti ngiwatna. Gapu itoy, alisto ti abogado a nanguksot iti kordon ti mikropono. Ngem saan a nagpatingga ti ngawngaw ti kapitan. Adu pay ti sinasaona a di malamot ti aso. Idi kuan, makapungtot a nangibaw-ing iti panagkitana ken ni Angkuan.

"Uray agkabalioka iti puraw, awan pangabakmo!" kasla leon a nagpunger a nangitudo ken ni Angkuan.

Nagmalanga ni Atty. Baldos. Pagpiaanna, awanen ti nakangeg pay kadagiti insawsawang ni Kapitan Enteng. Kasta unayen ti ariangga dagiti tao. Maysamaysa nangipeksa iti dida panangayat iti wagas ti panangiturayna. Adda nangibaga a napangas! Buklis ken no ania ditan a pammabalaw. Nagpapaggaak dagiti nakaimatang iti pudno a galadna.

Nagsipnget ti panagkita ni Kapitan Enteng iti pungtotna. Kayatna a rugmaan dagiti lallakay ken dagiti babbai a nangibabain kenkuana. Ngem alisto dagiti pasurotna a kimmalay-at iti entablado. Arig maray-ab ti polona iti panangigawid dagitoy kenkuana. Umanangsab. Wasang a wasang idi ipatugawda.

"Istandies! Istandies!" adda la ket ngarud manen nangilaaw. Ad-addan ti katawa dagiti tao.

"Pangngaasiyo, agtalnakayo koma, kakabsat!" natibong ti timek ni Atty. Baldos.

Insenias ti abogado nga agparbeng ti tallaong. Nagsasaruno ti silbato dagiti polis. Saanda nga ammo ti tukmaanda kadagiti umariangga ken agkikinnarit a pasurot ti agsumbangir a grupo.

Nabayag sa nagmawmaw ti anabaab. Nataldiapan ni Angkuan ni Mayor Marcelino a napatakader iti nagtugawanna tapno makipaganawa . Inasitgan ni Hepe Salvador. Nasiputanna kalpasanna ti panagpukaw da Teniente Charlito ken ni General Loreto iti nagtugawanda. Idi kuan, nakitana laengen ida a makisarsarita iti grupo dagiti sangsangaili a lallaki. Kasla asuk a nagpukaw dagitoy kalpasanna.

"Kakabsat, panagkunak, nalawag a naawatantayo ti takder dagiti dua a kandidatotayo a para kapitan. Naiparang ni Kapitan Enteng ti biangna. Kasta met ken ni Apo Angkuan. Nangngeganyo pay ti sungbat ti tunggal maysa maipapan kadagiti nabara nga isyu a naipresentar. Daytoy ti pintas ti demokrasia. Nawaya ken adda karbengan ti asinoman nga agsarita ken sumungbat iti pakaseknanna," kinuna ni Atty. Baldos.

Tinurong ti abogado kalpasanna ni Kapitan Enteng iti nagtugawanna. Inalamanona iti nairut ti agkalkaling-etan pay laeng a kapitan nga inabay dagiti dua a pasurotna. Insublatna kalpasanna ni Angkuan. Kiniddawna a tumakder dagiti dua para iti pangrikep dagitoy a bitla.

"Apo Kapitan Vicente "Enteng" Camanaoan, daytay koma man mensahem kadagiti kabarangayantayo," kinuna ni Atty. Baldos.

Nadlaw ni Atty. Baldos a kasla alusiisen ti kapitan a tumakder. Naamirisna a mabalin a nabannog daytoy. Inyawatna ti mikropono. Binay-anna lattan nga agsarita iti nagtugawanna.

"Kabarangayak. Nabayagen a nagkakaduatayo. Ammok a natibker dayta a panagkakaduatayo. Ulitek a kiddawen ti panangilayonyo kaniak," inyanangsabna.

Naggigiddan a nagpalakpak ken nagiiriag dagiti kakadua ti kapitan a naipattopattok iti tallaong.

"Dios ti agngina, Apo Kapitan! Palakpakantayo man pay maminsan, apo, ni Kapitan Enteng!" intag-ayna ti ima ti kapitan a nakatugaw. "Mabuhay!" inriawna.

Insublat ni Atty. Baldos ni Angkuan kalpasanna. Alisto daytoy a timmakder a nangalamano ken ni Atty. Baldos. Tinurongna ti podium.

"Appo a kabarangayan, ammok nga ammoyo ti adda iti kaunggak. Maymaysa laeng ti gagemko, kakabsat.   Agserbiakto kadakayo. Ragsakek ti tumulong a mangitag-ay iti kasasaad ti tunggal maysa. Agkikibintayo iti rigat ken nam-ay! Agyamanak unay!" inkurno ni Angkuan.

Nagiiriag ken nagpalakpak dagiti naitallaong. Mayat ti kompas ti palagapagda iti panangiriawda iti naganna. Sinubadan ni Angkuan iti lugay dagitoy.

"Thank you! Thank you, Mr. Juan "Angkuan" dela Cruz! Mabuhay po kayo!" intag-ay ni Atty. Baldos ti ima ni Angkuan.

Immuna a bimmaba iti entablado ni Atty. Baldos kalpasanna. Sinaruno ni Angkuan. Nagtarus dagitoy a nangalamano kada Mayor Marcelino ken Judge Jesus Buena. Tinurongda kalpasanna dagiti umis-isem nga agur-uray a kakadua ni Angkuan. Narabuy ti isem kadakuada ni Atty. Juanario.

Iti entablado, nagbati ni Kapitan Enteng a baybayabayen dagiti dua a pasurotna iti nagtugawanna. Alusiisen. Kasla nabattuonan dagiti sakana. No mabalin, dina kayat ti tumakder. Isu pay la ti pannakadlaw dagiti pasurotna iti nagbabasa iti batog ti nagtugawan. Nakaisbo ni Kapitan Angkuan iti tugawna.

31

NAGPAAYAB a dagus ni Mayor Marcelino iti press conference iti opisinana kalpasan ti debate da Angkuan ken Kapitan Enteng. Malaksid kada Danny Antal ti DWTP, Joks Caban ti DWBB, nairaman pay iti presscon dagiti diarista ken mannurat iti Ariwanas Magazine ken Ilocos Inquirer a pakairamanan da Roberto Alis, Dan Baptista, Bantor Tabaco, ken Naldo Apresiar.

Sinango a dagus ti mayor dagiti manginterbiu kenkuana. Kayat ni Mayor Marcelino a malawlawagan dagiti isyu nga imbato ni Kapitan Enteng iti debate.

"Apo Mayor, adda kano idumdumayo a barangay iti San Sebastian? Agpayso kadi dayta nga alegasion ni Kapitan Enteng?" sinaludsod ni Joks Caban ti DWBB.

"Patas ti panangituraytayo, apo. Awan ti maidumduma. Dagiti umili ti makapaneknek iti dayta. Kinapudnona, indagadagko idi pay ken ni Kapitan Enteng a mangaramidda iti resolusion tapno mapasemento dagiti kalsada iti barangay. Imbagak pay nga aprobarak a dagus. Ngem ni mismo Kapitan Enteng ti nangibaga a mapanto la kanon dumawat ken ni Gobernadora Alconis iti pundo. Kayatko a malawlawagan ti amin. Datayo metten ti mapabpabasol iti imatang dagiti umili," inlawlawag ni Mayor Marcelino.

"Baka met dakdakkel koma ti madawatda a pundo iti probinsia, mayor?" impasarunson ni Joks Caban.

"Mabalin a kasta... Ngem adu ngamin a proseso sakbay a mayimplementar ti proyekto. Nasken a maammuan no mano ti masapul a pundo. Dita a masapul ti program of work tapno maibadyetan. Imbaonko payen ni Municipal Engineer Dan Ramos. Ngem di met makikooperar ni Kapitan Enteng. Nabayag koman a nalpas dagita a proyekto…" insanamtek ni Mayor Marcelino.

"Maipapan met iti isyu ti kinaawan pay koriente dagiti nadumaduma a nasseksek a purok iti Camanguegan, mayor," simmublat ni Danny Antal a nagsaludsod. "Kuna ni Kapitan Enteng a basol kano ti electric cooperative. Ania ti makunayo iti daytoy, sir?"

Nagkatawa iti nalag-an ni Mayor Marcelino. Sinangona ti kamera a nakapaturong kenkuana.

"Diak maawatan ni Kapitan Enteng. Pabasolenna met aminen, pati kooperatiba, Apo Danny. Baliktad ti ibagbagana. Ti munisipio, apo, ti mangbayad payen koma para kadagiti maaramat a service drop a mapan kadagiti balbalay. Imbagak pay a mabalin ti agpatulong iti planta ti koriente kas paset ti corporate responsibility ti kompania, total dakkel met ti mapaspastrekda. Ngem awan met gargaraw ni Kapitan Enteng," ingngilangil ti mayor.

"Ania ti kayatyo a sawen, mayor?" sinaludsod ni Danny Antal.

"Ti problema ken ni Kapitan Enteng, tunggal agsarita, pagsarapana ni

Gobernadora Alconis. No adda idiaya ti munisipio a proyekto, sangkakunana nga idawatannanto laengen iti pundo. No saan a ti Gobernadora, ni Apo Diputado ti dakamatenna. Ngem no agdamagkami iti Provincial Engineering Office, awan kano met ti request-da, kapitan. Kakaasi dagiti bumarangay nga agsagaba," panangilawlawag ti mayor.

"Kasdiay gayam, Mayor. Napintas ta malawlawagan dagiti umili. Yaramidanmi iti napintas nga estoria iti Ilocos Inquirer!" kinuna ni Roberto Alis nga editor ti diario.

"Wen, Mayor, tapno malawlawagan ti amin," imbagi met ni Dan Baptista, editor ti Ariwanas Magazine. "Ikoberdakanto man ketdi, mayor, iti Ariwanas, ti aglatlatak a magasintayo nga Ilokano!" inyawatan ti editor ti mayor kadagiti kopia ti magasin.

"Wow! Areglado!" kinuna ti mayor a nagtungtung-ed a nangpalabas kadagiti panid ti magasin. "Wen gayam, off the record, daytoy," kinitana dagiti mediamen.

Idi maiddep dagiti mediamen dagiti kamera ken selponda, sinango ida ni Mayor Marcelino.

"Ammoyo met siguro a sabali ti ugali ti Kapitan Enteng. Kayatna nga agparintumeng kenkuana dagiti lumugar. Kayatna a dakami nga agtuturay ti agpakaasi kenkuana. Ngem iresponsable ti kasta a klase ti lider," ingngilangil ni Mayor Marcelino.

Napangilangil a nagsanamtek dagiti mediamen iti kinuna ti mayor.

NAGDINAMAG iti probinsia ti debate da Angkuan ken Kapitan Enteng. Inaldaw a dulduldolen dagiti komentarista iti radio ken telebision ti napasamak. Pikon. Managpudpudot, sangkakuna dagiti dadduma iti kapitan. Uray dagiti pagiwarnak, ibagbagada nga awan ti kinapudno dagiti sinarsarita ti kapitan iti debate. No kasano ti panangbabalawda iti kapitan, kasta met ti panangipadayawda ken ni Angkuan. Manakman. Managparbeng, sangkakunada. Adda kano kenkuana dagiti galad ti nasayaat a mangidaulo.

Gapu itoy, kanayon a napudot ti ulo ni Kapitan Enteng. Panagriknana, isu ti nagbalin a kontrabida. Tapno mapasublina ti rikna dagiti kalugaranna, dandani inaldaw a yawisna ti punsion iti pagtaenganda. Paayabanna dagiti bumarangay. Ngem mabusor ta nupay adu ti umay ken mayat ti panangital-oda kenkuana no agsasangodan iti punsionan, aglalaoken dagiti madamagna nga ibagbagada a kontra kenkuana no makalikuddan. Saan kanon a maala iti pumpunsion ti eleksion. Nga uray partien kano amin ti kapitan a patarakenna a baka ken baboy, simngaw kanon ti buyokna.

Maysa a mangrubrubrob iti siudot ni Kapitan Enteng, isu ti blind item kontra kenkuana. Kanayon a paspasagidan dagiti komentarista.

"Pugtuanyo man no asino 'tay politiko a nakabayyuot?" kunkuna dagiti sutil a komentarista iti radio ken telebision.

Saanda met ketdi nga inagnaganan. Ngem kasla masilsilian ni Kapitan Enteng. Ammona nga isu ti mapaspasagidan. Maamirisna itan. Agbabbabawi no apay nga inawatna ti singasing ti Comelec a panagdebateda ken ni Angkuan. Naibabain ti kinarakaranna.

Naisip ti kapitan, nasken a kasaritana dagiti kakaduada. Masapul a monitoren dagiti coordinator-da kadagiti purok no asino dagiti sigurado a mangbutos kenkuana. Ammuenda no asino dagiti maka-Angkuan. Masapul a bukkualenna dagiti mangsuporta iti kalabanna. Uray gumastos iti dakkel. Ammona, saan a baybay-an ni Gobernadora Alconis.

Iti dayta a sardam, sumanamtek ni Kapitan Enteng. Awan gaganasanna a mangan. Agiinumda koma pay itay kadagiti kakaduana. Ngem naawan ti ganasna. Aglalaok ti agsublisubli iti lagipna. Ti maysa a mangburburibor kenkuana ti pannakaibutaktak nga adda pannakaibiangna iti panagtrosoan iti San Sebastian. Saanna a malipatan dagiti lallaki a nangpabain kenkuana. Binaonnan dagiti taona a nagkalap iti impormasion iti kinasiasino dagitoy. Ngem awan ti makaammo iti naganda. Nayarasaas laeng kenkuana a mabalin a kadua da General Loreto ken Teniente Charlito dagiti lallaki.

"Laglagipem, kap, nauneg ti koneksion ti heneral ken daydiay a teniente. Saantay la nga ammo, ngem amangan no adda la dita nga umar-arubayan dagiti intel -da a mangsipsiput iti garawtayo," kinuna pay itay ni Kagawad Banong.

Nagtungtung-ed ni Kapitan Enteng. Idi adda naggilap iti panunotna. Nagrimat dagiti matana. Masapul a mawaknitan ti Camanguegan iti tubeng iti panagpailayonna.

KALKALPAS ni Kapitan Enteng a nakisarita kadagiti coordinator-da. Sumanamtek. Kasano, bangking ti sumada dagiti pabor kenkuana. Adun ti immallatiw a kakaduada ken ni Angkuan. Maymaysa ti rasonda. Kayatda kano ti mangabaruanan. Napangilangil. Ania ti kayat dagiti kalugaranna nga aramidenna? Gastuenna amin a kuartana a pangay-ayo kadakuada? Mapartinanto met la aminen a patarakenna a baka. Didanto pay la ammo no ania ti raman ti baka! Diaskinan, intabbaawna. Napaneknekannan dayta iti napalabas nga eleksion.

Kuarta. Kuartan ti magmagna, sangkadagullit ni Kapitan Ennteng a di makaidna. Nalakan a masisirap iti sileng ti pirak ti kaaduan. Ngem saanna la ketdi a maawat nga abaken ti agdadamo a kas ken ni Angkuan. Adu ti mapukawna a pabor no kaspangarigan mapaspasarakan nga abaken ni Angkuan. Malaksid iti sueldona a nakurang a trenta mil iti binulan, adu pay a bien ti maaw-awatna. Saan nga ammo dayta dagiti kakadua ken kalugaranna. Tunggal eleksion nasional, dandani amin a kandidato, adda ipapetpetda kenkuana.

Nagtungtung-ed iti pannakalagipna iti sueldoda iti Barangay Camanguegan.

Iti intero a probinsia, ti barangayda ti kadakkelan iti honorarium. Gapu daytoy iti dakkel a pagbaybayad a buis ken permit iti tinawen ti electric power plant. Adu ti umap-apal kadakuada. Dakdakkel pay ti sueldona ngem iti sueldo ti gagangay a mangisursuro. Nangemkem. Naisipna a nalabit dayta la ketdi dakkel a sueldo ti nagngayangayan dayta nga Angkuan. Ngem uray ania ti mapaspasamak. Dina itulok a maabak. Inton agpaso ti panagtakemna, ipasublatnanto met laeng ti poder ken ni baketna.

"Mangabaktayo, kap! Basta bukkualentayo dagiti kakadua ni Angkuan!" kinuna ni Kagawad Banong.

Nagtungtung-ed laeng ni Kapitan Enteng. Wen, maysa laeng dayta a pampa-nunotenna. Ngem kasanon no alaenda ti kuarta sadanto met la ibutos ni Angkuan? Napangilangil.

"Dagiti taotayo, kayatko ida a makasarita. Ammom no asino dagiti mapagtal-kan. Adda ipaaramidko kadakuada," inyarasaas ti kapitan ken ni Kagawad Banong.

32

KADAGITA a kanito, naragsak nga agsasarita da Angkuan ken dagiti kakaduana. Nalawag iti surbey dagiti SK, adun ti kadua ni Kapitan Enteng a bimmallasiw iti grupoda. Nupay di pay pormal a nangrugi ti kampania, nagplastaren dagiti agtutubo a mangipagna kenkuana. Dagiti kandidato a para SK, iragragpinda nga isarsarita ti naganna. Saanna a kinasarsarita ida. Dagiti agtutubo ti nagdisnudo. Maymaysa laeng ti kayat a sawen dayta. Mamatida iti prinsipio nga ilablaban ti grupona.

"Nasaysayaat met laeng no makaruartayo amin, kakadua," kinuna ni Angkuan.

"Ti la pakaabakantayo, ti panaggatangda iti butos!" kinuna ni Manang Ellen a nangimuestra iti nakatapaya iti nagtugawanna.

"Nasirib itan dagiti botante. Saandan a masisirap iti sileng ti pirak!" insalingbat ni Maestro Pitong a kudit a kudit iti selponna.

"Ti amkek, no magna ketdi ti pamutbuteng," imbagi met ni Engr. Redong a nangkudkod iti naisapawen nga ubanna.

"Saanto a mapasamak dayta, kakadua!" ingngilangil ni Teniente Charlito.

"Saan la nga isuda ti makaitured! Ayya ket, naglategkami amin!" Napataliaw ti grupo iti retirado a teniente. Adda italtalukatik dagiti matana.

"Ay, wen, Pari Charlie, adudan sa a pumaspasiar kadakayo ita ken ni General Loreto, a! Kaduayo siguro idi iti serbisio dagidiay?" dinamag ni Maestro Amante.

Immisem laeng ni Teniente Charlito.

Naawatan ni Angkuan ti teniente. Adda iparparipiripna idi tung-edan daytoy.

NABARA ti ulo ni Kapitan Enteng. Saan a mauma dagiti Marites ken Marisol. Sangkaduldolda. Dehado kano iti eleksion. Nagbalin payen a pagsasao dagiti ubbing ti bayyuot! Banag a pagburekan ti darana.

Ngem ti pakasemsemanna, isu ti nangpaayaban kenkuana ni Gobernadora Alconis. Ammona, naidanon la ketdi iti gobernadora ti panagdebateda ken ni Angkuan. No apay ketdi a tarabitab la unay dagiti puniemes a komentarista. Naynayonanda ti ibagbagada, intabbaawna.

"Napigsan sa met ti kalabanmo, kapitan?" impasabet ti pamestisaen a gobernadora. Nupay nasuroken a singkuentana, aglanglanga a kasla agtawen laeng iti nasurok a tallupulo. Napintas. Pino ti panaggargarawna. Madlaw ti kinaaristokratana. Napigsa ti dara a Kastila nga agtartaray iti gobernadora.

"Diyo patpatien dayta, gobernadora. Abakentayo daydiay nga agdadamo! Awan ti ammona iti politika!" insungbat ni Kapitan Enteng.

"Kuna dagiti komentarista a naatiwka kano iti debateyo?" manutsutil ti isem ti gobernadora.

Pinilit ni Kapitan Enteng a tinengngel ti rumkuas a rurodna. Nalagipna manen ni Mayor Marcelino. No ania la ketdi ti tinaltalanggutangna idi agpa-presscon daytoy. Dimmanon amin iti gobernadora.

"Nanaynayonan dagiti damag, gobernadora…"

"Kapitan, diak kayat a maabakka iti Camanguegan. Ammo ti tao a sika ti manokko. Ania ngamin dagiti proyekto a masapulyo idiay Camanguegan?" immulagat ti gobernadora.

"K-kua, apo gobernadora… Dagiti koma barangay roads-mi…" mababain ti kapitan. Nagdumog. Dandani di sumngaw ti timekna.

"Manen?" limmidem ti rupa ti gobernadora. "Di met pasig a kalsada ti indawdawatam iti pundo? Adu pay ti di nalpas a kalsada iti barangayyo?"

"W-wen, koma gobernadora. Nairugi laeng dagiti kalsada…" saan a mayangad ti kapitan ti rupana. Mabain a mangperreng iti ina ti probinsia.

"Kapitan, eleksionen!" naingato ni Gobernadora Alconis ti timekna. Agngilngilangil. Madlaw ti simron iti timek ken tignayna.

"M-masapulmi ti koma ti bassit a pundo. Uray pangituloymi laeng, gobernadora," arig di sumngaw ti timek ni Kapitan Enteng a kunam no maysa nga ubing a nakadumog nga ung-ungtan ti inana.

"Ammom a maiparit ita ti agiruar iti pundo a para proyekto!" indagsen ti gobernadora. "Nabayag koman a nagkakamang ti kalsada iti Camanguegan, kapitan! Kitaenyo bassit tapno saan a masayang ti pundo ti gobierno!" inngilangilna.

Kasla nakukkokan a bisukol ni Kapitan Enteng a nangibaag iti ipusna. Ammona nga agtepteppel laeng ti gobernadora. Saanna a kayat ti mapagsasawan. Idi adda umawag iti telepono, sintagari inyal-aludoyen ti kapitan ti nagpakada.

Nakaruaren iti opisina ni Gobernadora Alconis idi pagammuan ta mangngegna ti pannakaawag ti naganna. Nagsipael ti karabukobna. Pagsublien la ketdi ti gobernadora tapno ipennekna nga ungtan. Nagintutuleng. Indakdakkelna dagiti askawna nga umadayo. Ngem nangngegna ti nagsasaruno manen a panna-kaawag ti naganna. Idi tumaliaw, addaytan ti badigard ti gobernadora nga agdar-daras a mangkamakam kenkuana.

"Kap! Kapitan Enteng! Agsublikayo kano, kuna ni Gob!" impayapay ti agkabannuag a bayabay ni Gobernadora Alconis.

Napasardeng, nagmalanga ni Kapitan Enteng. Nagkalamiisan. No mabalin, saanna a kayat ti agsubli iti opisina ti gobernadora. Ngem saan a makapagrason idi miraen ti nabisked a badigard ti gobernadora.

"W-wen, boss," kinunana ket kasla dina mayaddang dagiti sakana a nagbuelta.

"Nalipatam metten daytoy ayudam!" immisem ni Gobernadora Alconis a nangipayapay iti nabengbeng a brown envelop ken ni Kapitan Enteng idi maibuang ti ridaw ti opisinana nga inlukat ti bayabay ti gobernadora.

Kunam pay, immawer a namimpinsan ti nerbios ni Kapitan Enteng. Nakaparpardas a nangawat iti nabengbeng a sobre. Kurang la nga agkanna ti sakaanan ti gobernadora iti panagkurnona.

"Thank you, gob! Thank you!" nagsasaruno ti panagyaman ni Kapitan Enteng.

Ket nakagaygayaden ti isem ti kapitan a nagpakada kalpasanna. Igpilna ti brown envelope, nakalaglag-an dagiti paddakna a nanglabas lattan kadagiti empleado iti kapitolio a mangdumdumog kadagiti trabahoda. Kasla nagpayak dagiti sakana. Namin-ano la nga inaskawna ti narra a suelas, nakadanonen iti agdan. Nalag -an ti riknana a nagturong iti nakaiparadaan ti luganna iti abagatan ti kapitolio.

"Para kampaniam dayta, kap!" kinuna itay ti gobernadora nga umis-isem idi yawatna ti sobre. "Siguraduem a layus ti butosmo!"

Uray idi un-unorennan ti kalsada nasional nga agpa-San Sebastian, kasla saan pay la a patien ni Kapitan Enteng a naitakalna manen. Agasem a pabor ti gobernadora kenkuana? Saan a makakikit no adda man intulong ni Mayor Marcelino ken ni Angkuan. Mangigis ti isemna a pasaray mangtaliaw iti drayber ken badigardna. Mangabak a mangabak uray kagudua laeng ti gastosenna iti inted ti gobernadora. Gumanansia pay! Sabalinto pay ti inayon ti diputadoda.

Dakkel ti botante iti Barangay Camanguegan. Pagrubuatan dagiti kandidato. No maala ti kandidato a mayor ti butos ti barangay, dakkelen ti pangitarayanna iti kalabanna. Dayta ti kangrunaan a pangawis ti Barangay Camanguegan kadagiti nangangato nga opisial iti probinsia. Armenda ti butos ti barangay. Ket naiturturog ni Kapitan Enteng ti panagdaydayyengna a nakaigpil pay laeng iti nabengbeng a brown envelop.

Agur-uray dagiti kakaduana idi sumangpet ti kapitan iti balayda. As-asikasuen ida ti asawana ken dagiti katulonganda. Adda pagsasanguan dagitoy a mainum ken pulotan. Nakitana dagiti tinuno a paltat ken adobo nga igat a paboritona.

"Insangpetanka, kap! Naggapu idiay surong dagitoy a paboritom!" kinuna ni Kagawad Banong.

"Pangnamnamaanka a talaga, kagawad! Pangpaubing dagitoy!" insungbat ti kapitan a nangtapik iti abaga ti kagawad. Nakagaygayad ti isemna.

Apagsukatna iti kuartona, rimmuar met laeng a dagus ti kapitan. Nakapaspasnek daytoy a nangsango kadagiti kakaduana. Adda iti likudanda dagiti coordinator-da.

"Sumadomin, kap!" kinuna ni Mary a nagtugaw iti abay ti kapitan. Adda iggem daytoy a papel ken listaan dagiti botante iti tunggal purok. "Dandani kagudua dagiti botante a kaduatayo ti bimmallasiw iti grupo ni Angkuan…"

"Puniemes!" intabbaaw ni Kapitan Enteng nga uray la a nakapugso iti intagayna a Double Black Label. "Dati a pagpigsaak dagitoy a purok, a!"

Nagmulagat ti kapitan idi palabsanna ti listaan nga inyawat ti sekretaria.

"Napigsa ti amor ni Angkuan, kap!" insalpika ti maysa kadagiti coordinator.

"Ania nga amor amor ti ibagbagam?" Timmayab ti kusilap ni Kapitan Enteng iti ayan dagiti coordinator. "Ti ibagayo, dakkel la ketdi ti nalimed nga impamalmal daydiay nga Angkuan kadagiti botante!" inradiesna.

Saanen a nagtimek dagiti coordinator. Namrayanda ti nagkikinnita sada nagdumog.

"Kagawad," tinung-edan ti kapitan ni Kagawad Banong. "Kitaenyo dagiti purok a pagkapsutantayo. No mano ti bilangda, doblientayto ti dati nga it-itedtayo kadakuada. Pera pera lang yan!" kinunana.

"Areglado, kap. Ken dagitay koma pay tanod, tapno saanda a bumallasiw, igulpetayon nga ited ti sueldoda!" insungbat ni Kagawad Banong.

Nagkuretret ti muging ni Kapitan Enteng. Naamirisna a nalipatanna nga agpayso dagiti tanod manipud idi nagikkat dagiti dadduma a kimmadua ken ni Angkuan.

"Ala, wen, uray dagiti barangay health workers, pagsuelduenyo met amin idan!" intung-edna.

Idi agpakada dagiti coordinator, pinapetpetan ida ti kapitan iti saglilima ribuda.

"Pauna la dayta. Basta siguruenyo a maakkaltayo amin a napan iti bangir. Nayonakto. Sabalinto ti bunosyo inton malpas ti eleksion!" kinunana.

Napalalo a yaman dagiti coordinator idi agpakadada.

Insublat nga inikkan ti kapitan dagiti para kagawad. Nagayad amin ti isemda. Mairamanda manen iti napintas a gasat ti kapitan.

"Masapul nga adda madadaan a pagpainumyo no agpasiarkayo. Agannadkayo laeng ta didakayto masiripan ti bangir. Saan pay a nangrugi ti kampania. Ammoyo metten, adu ti para siputda!" kinunana.

Naudi a nagpakada ni Mary. Nakarabrabuy ti isemna idi pabulsaan ti kapitan iti sangapulo ribu. Kimmayetket daytoy ket nakaal-alisto a kimmarab-as iti kapitan.

Kasla dinalanan ti sangadosena a kabalio ti pigsa ti dalagudog ti barukong ni Kapitan Enteng idi maidennes ti nabayog a barukong ti balasang iti bagina. Kasla ginurigor. Inarakupna iti nairut. Impennekna nga inarusibsib. Ngem apagapaman laeng ti ragut ti riknana. Kasla nasibogan iti nalamiis a danum ti gumayebgeben a riknana. Kellaat a nalagipna nga amangan no kellaat a sumrek iti ayanda ti asawana.

33

ITI dayta nga agsapa, impakada ni Teniente Charlito a saan pay laeng a makasurot iti panagpaspasiar ti grupoda kada Angkuan.

"Adda napateg a pakaseknak, kakadua," kinuna ti retirado a teniente iti dayta a panangpasiar koma manen ti grupoda kadagiti nadumaduma a purok a kas panagsaganada iti umadanin a panangrugi ti kampania.

"Pari Charlie, napigsaka kadagiti agtutubo ken nataengan. Namnamaenda nga agbalin a natalna ti Camanguegan no mangabakka," insungbat ni Maestro Amante.

"No adda pagsayaatan nga as-asikasuem, kompadre, iramramannakami!" imbagi ni Maestro Pitong.

Nagpaggaak ni Teniente Charlito.

Nagtungtung-ed ni Angkuan a nangmingming ken ni Teniente Charlito. Ammona, masansan nga agsarsaritada ken ni General Loreto. Iti naminsan a panagpailina, nakitana ida iti maysa a naulimek a panganan iti poblasion. Adda kadua dagitoy a lallaki. Langada met laeng ti militar. Inyam-ammoda pay kenkuana ti maysa kadagitoy. Ni Major Nap Agustino. Saan nga agmintis. Kameng dagitoy iti operatiba ta iti apagbiit a pannakisarsaritana iti major, impanamnama daytoy a mabantayan ti Camanguegan.

"Awan ti rumbeng a pagdanaganyo iti Camanguegan," kinuna ni Major Nap Agustino. "Makaammokamin kada general ken Teniente Charlito nga agsasarita," kinunana pay.

Iti daydi a panagam-ammoda ken ni Major Nap Agustino, naammuan ni Angkuan a tao ti major dagiti lallaki a nakitana idi nagdebateda ken ni Kapitan Enteng.

Iti dayta a rabii, idi makaawiden dagiti kakaduana kalpasan ti panangrabiida, kas nakairuamanna, pagin-inanaan ni Angkuan ti agbuya iti TV. Kayatna a kanayon nga updated kadagiti mapaspasamak iti man lokal, nasional, ken internasional.

Idi maibilinna ken ni Oppong nga aginanadan kadagiti kakaduana nga um-umian iti balayda, insimpana metten ti nagliad iti kulumpio. Pinis-itna ti remote ti TV. Nakaul-ulimek a nangikidem a nangdengngeg kadagiti damdamag. Idi pagammuan ta mapamulagat. Naiwaragawag nga adda lima a kandidato a para kapitan iti kabangibang a probinsia ti napaltogan! Adda kano pannakainaig iti politika dagiti nasao a pammaltog.

Naimayeng. Segun pay iti damag, indeklaran ti Comelec nga election hot spots dagiti barangay a nakapasamakan iti pammaltog.

Kinarayaman ti danag.

"Yad-adayom, Apo," naitanamitimna. No mabalin, saanna a kayat a mapasamak dayta iti Barangay Camanguegan.

NAATAP ti tuturogan ni Angkuan iti dayta a rabii. Agsublisubli iti isipna dagiti paspasamak maipapan iti eleksion. Nagulo. Narikut unay. Saanna a maawatan no apay a nasken nga agpipinnatayda gapu laeng iti panagiinnagawda iti takem. Eleksion laeng iti barangay. Ti panagserbi ket saan a panagpabaknang. Bassit laeng ti barangay a pagpusiposan. No mapasamak daytoy iti eleksion ti barangay, anianto la ketdin kadagiti nangatngato a mapagiinnagawan a posision?

Saan nga agamak para iti bagina. Ngem adda aripapana para kadagiti kakaduana. Kasanon no mairamramanda iti gulo ti politika? No maminsan, babalawenna ti nakairuaman a sistema. Saan a naurnos. Dagiti paspasurot, paaramatda kadagiti amoda. Dagiti politiko, aramidenda uray maikaniwas magun-odda laeng ti kayatda. Gapu amin dayta iti bileg ken kuarta.

Nagsennaay. Nalagipna a no maminsan, kasla nasaysayaat payen no madutokan laengen dagiti opisial ti barangay. Tapno awanen ti agiinnagaw pay iti takem. Bay-an a ti gobernador wenno presidente ti republika ti mangapointar lattan kadagiti agtakem para iti maminsan laeng a termino. Ngem kasanon no dagiti met la paspasurot ti agturay ti madutokan? Ad-addan a magamsaw ti kalintegan dagiti umili no bilang. Napangilangil. Naamirisna, iti kaano man, saan a talaga a perpekto ti politika.

Nalagip ni Angkuan dagiti agdinamag iti gaget ken siribna a lider iti Amianan a Luzon adun a tawen ti napalabas. Daydi Dr. Godofredo S. Reyes, maysa a mannaniw. Beterano idi gubat. Mabigbig a siruhano, edukador, ken bankero. Adu ti nagsaadanna a poder. Nagmayor, nagdiputado, naggobernador ken nabayag a nag-bise gobernador. Nagdelegado pay iti Constitutional Convention idi 1971 ken nag-chairman iti Medical Board of Examiners. Adun ti nabasbasa ni Angkuan maipapan ken ni Dr. Reyes. Iti laksid iti adu a nagtakemanna, a saan a bimmaknang. Nagtalinaed a simple ti biagda iti kaingungotna a ni Dr. Cion Reyes. Saan a namansaan ti naganda. Magustuanna man ti kinasayaat ni Dr. Reyes. Libre ti singirna kadagiti marigrigat nga agpaagas. Idi tiempona, iti panawen ti kampania, agdandaniw laeng ti doktor. Saan nga uso idi ti aggatang iti butos.

Abogado de campanilia met daydi Dip. Pablo C. Sanidad. Isu ti nangsukat ken ni Dr. Reyes iti Kamara de Representantes. Nasirib nga abogado kas iti daydi kabsatna a Sen. Prospero Sanidad. Natibong ti naganda iti laem ti Kongreso. Abogado ida dagiti marigrigat. Adu dagiti dadakkel a kaso a nairupirda a dimmanon pay iti Korte Suprema. Sakbay a nagdiputado, nabayag a nag-bokal iti probinsia. Edukasion ti impangruna idi ibagianna iti Kongreso ti probinsia. Daydi Diputado Sanidad ti autor iti linteg a nangipasdek kadagiti pagadalan iti probinsia. Maysa ditan ti School of Fisheries iti ilina a Narvacan.

Kasla mailanglangi ni Angkuan iti dayta a panagampayag kenkuana ti napalabas. Naisipna, saan ngatan a maisubli pay dagidi a panawen nga inaw-awaganda iti "Golden Years of Politics" iti pagilian. Iti agdama, mapaliiwna a kasla saanen a ti sirib ti pagrukodan dagiti botante iti agpaidasig iti takem. Ad-addan a ti kinalatak ken kaadda ti pirak.

Napakidem. Nauyos ti nauneg a sennaay ni Angkuan. Adayo a talaga ti naglayagan ti isipna. Nabayagen a pimmusay da Doktor Reyes ken Diputado Sanidad. Ngem saanto a malipatan ida dagiti Ilokano. Agpadada a pagulidanan ken rumbeng a pagsarmingan dagiti agdama nga agserserbi iti turay.

No ania pay dagiti nagsisimparat a laglagip nga immapay ken ni Angkuan. Nagsuyaab. Nagsasaruno ti taraok dagiti abuyo iti di unay adayo a bantay. Pumarbangonen idi sangbayan ni ridep. Inturogna lattan iti kulumpio.

Panagriknana, apagbiit laeng ti pannakairidepna. Kasla agtatapaw ti ulona idi makariing. Nasupnet dagiti matana. Nagtarusanna ti nanglukat iti transistorna.

Naipasabet ken ni Angkuan dagiti umasping met laeng a damdamag. Namurmurayan. Uray kadagiti nadumaduma a paset ti pagilian, pagiinnagawanda met ti puesto. Addayta a naipasabet kenkuana ti damag maipapan iti agkabsat a agkandidato a para a kapitan. Sabali pay ti nagsina nga agassawa nga aglaban met laeng a para kapitan. Adda pay barangay a pito ti para kapitanna ken limapulo ti agbabalubal a para kagawad.

Naisipna la ket ngarud a nasayaat ta maipariten nga agkandidato ti asino man nga adda kabagianna a nakatugaw iti gobierno para iti Sangguniang Kabataan. Nagsanamtek idi maamirisna nga awan duma ti Camanguegan iti mapaspasamak kadagiti nadumaduma a lugar iti pagilian. Napunger unay ni Kapitan Enteng ken dagiti kakaduana. No mabalin, pagkulimbitinanda ti takem.

Tumakder koman tapno mapan mangtempla iti kapena pagur-urayanna iti panamigatda iti kaanakanna idi maitubong ti lapayagna ti news flash iti radio. Iwarwaragawag ti news anchor nga adda natiliw ti Comelec Task Force nga agiwarwaras iti kuarta iti Barangay Camanguegan. Napamulagat. Naapput ti Task Force a buklen ti Comelec, PNP, ken AFP dagiti lallaki a mangal-allukoy kadagiti botante. Segun iti damag, naaktuan dagitoy dagiti lallaki nga agiwarwaras iti kuarta.

Nagdardaras a nagpelles. Mapan iti kuerpo ti polisia.

Nagtarus iti opisina ni Major Salvador idi makasangpet iti PNP station.

"Good morning, Mr. Dela Cruz!" timmakder ti hepe a nangsabet a nangalamano kenkuana idi mapasungadan daytoy ni Angkuan.

"Sir, nangngegko ngamin iti news report iti radio maipapan kadagiti natiliw ti task force idi rabii!" saan a makaidna ni Angkuan.

Nagsanamtek ti hepe a nangpatugaw kenkuana.

"Husto dayta, sir. Tallo a lallaki ti natiliwan ti task force. Isuda dagiti adda iti karsel ita," inlawlawag ti hepe a nangipatuldo ken ni Angkuan iti pagbaludan.

"Bigbigenyo man ketdi, sir. Dida met aminen no asino ti amoda."

Nabayag a miningmingan ni Angkuan dagiti tallo a lallaki nga agtawen ngata iti tallopulo agpangato.

Napangilangil.

"Awan ti am-ammok kadakuada, hepe," kinuna ni Angkuan.

"Adda kaduada a nakalibas, Mr. Dela Cruz. Namalaybalayda iti dis oras ti rabii," kinuna pay ni Major Salvador.

Napamulagat ni Angkuan. Kasta ti kasapa ti panagiwaras iti kuarta da Kapitan Enteng? No aginaldaw nga agiwarasda, paggapuan ti nakaad-adu a pirak?

"Inimbestigaryo dagiti tattao, hepe? Ania ti kunada?" nagsanamtek ni Angkuan a kasla di pay laeng mamati.

"Dayta ti rigatna, sir. Awan met ti mayat nga agtimek. Awan pay ketdi ti mangamin kadagiti lumugar nga adda naawatda a kuarta!"

Ad-addan ti panagmulagat ni Angkuan.

"Ti problema, sir, awan ti naala a kuarta kadagiti tallo. Naitaray dagiti nakalibas a kaduada!"

Kasla aglulok dagiti tumeng ni Angkuan. Iti kinuna ti hepe, kasla ibagbaganan nga awan ti mabalin nga ikaso kadagiti natiliw. Nga awan ti ebidensia ta awan ti mayat nga agsaksi.

Napangilangil. Adda rikna nga agragut a rumkuas iti barukongna. Kaanonto a maipasagepsep kadagiti umili a saan a nasken nga ilakoda ti butosda?

Nagdardaras a nagawid. Inawaganna a dagus dagiti kakaduana.

34

"A RAMIDENDA amin a pamuspusan!" impasabet ni Angkuan idi makasangpet da Maestro Pitong ken Maestro Amante. "Rinugiandan ti aggatang iti butos!"

Nagsasaruno a simmangpet dagiti dadduma pay a kakaduada.

"Kunakto pay! Imbag ta naalisto dagiti autoridad!" insungbat ni Maestro Amante a nangmesmes. "Saanda a nakapagplastar!"

"Agpatinggadanto!" kinuna met ni Teniente Charlito idi maipasabet kenkuana ti pagsasaritaanda.

Tumanuktok dagiti ramay ni Teniente Charlito iti rabaw ti lamisaan idi makapagtugaw. Kunam no agmakmakinilia. Pasaray tumangad a kasla agpampanunot. Nakapaspasnek a dimngeg kadagiti ibagbaga dagiti kakaduada.

"Awan ti agbilang a di agpullo!" intungtung-ed ni Maestro Pitong.

"Wen, agtultulid ti pilid ti biag. Bay-an ta agbulallekda!" kinuna met ni Engr. Redong. Sumanamtek a pasaray tumangad a mangapiras iti tengngedna a kasla agsumsumar.

"Dagiti pada a marigrigat ti pumpuntiriaenda. No masisirap iti sileng ti pirak dagiti kalugarantayo, awan latta ti nasayaat a masakbayan ti Camanguegan," kinuna ni Manang Ellen a nangsarapa iti ulona.

"No ngata pabantayantayo ida kadagiti kakaduatayo?" immulagat ni Maestro Pitong.

"Saan, narikut. Amangan no mapasuboda laeng," inyatipa ni Angkuan.

"Wen gayam, dagiti agtutubo, kakadua. Isuda ti namnamatayo. Isuda ti napinget a mangiruprupir iti prinsipio nga ilablabantayo!" insungbat ni Maestro Pitong a nangbiding iti selponna.

Inlawlawag ni Maestro Pitong a panay ti report kenkuana dagiti kontakna nga agtutubo iti barangay. Maammuanna amin a kontra garaw ti grupo ni Kapitan Enteng.

Napangilangil ni Angkuan. Sinangona dagiti kakaduana.

"Ti pampanunotek, no asino dagiti ar-aramatenda a tattao? Paggapgappuanda? Saan nga am-ammo dagiti kalugarantayo ida. Sangsangailida. Namak payen no adda sabali a planoda?" insanamtekna.

"Kompadre, saanka nga agdanag. Agtalektayo kadagiti autoridad. Saan nga amin, mapamalmalan iti pirak!" kinuna ni Teniente Charlito a timmakder sa nagpagnapagna.

"Saantayo a tuladen ti wagas nga ar-aramidenda. Tumulongtayo laeng no adda agkiddaw ti tulong," kinuna ni Angkuan. "Ipakita ken paneknekantayo kadagiti tao a saan laeng a kuarta ti napateg…"

"Wen, isurotayo ida babaen ti nasayaat   nga aramid. Agbalintayo a pagulidanan. Saan a ti panangabak ti kangrunaan a gagemtayo. Napatpateg a maisurotayo dagiti umili," imbagi Patricio.

Namingmingan ni Angkuan ni Patricio. Manmano nga agtimek daytoy. Ngem tunggal agsarita, nabagas. Adda latta ti tugot ti kinamannurat kadagiti balikasna.

MARIKNAN ni Angkuan ti bannogna. Inaldaw ti pagnada. Saanda nga agkamkampania. Agpaspasiarda laeng a makitungtungtong kadagiti kalugaranda. Konsultasion a kas kuna ni General Loreto. Ammuenda ti karirikna ken kasapulan dagiti bumarangay tapno ad-adda pay nga ammoda no ania ti mabalinda nga ikari kadagiti tattao no rugiandanton ti mamalaybalay.

Madlaw ni Angkuan nga iti kapapasiarda, limmag-an ti bagina iti panagriknana. Nupay kimmuttong, simmikkil ketdi ti bagina iti panagriknana. Simmaranting payen nga aggargaraw. Gapu ngata ta makapagpaling-eten. Saan a kas idi mangop-opisina pay laeng. Ad-adda a nakatugaw iti agmalem iti de-aircon idi nga opisinana iti rehion.

Ngem no kasano ti panagpasiarda kadagiti kakaduana, ad-adda pay ti panagdakiwas ti grupo ni Kapitan Enteng. Sangkabilin ni Angkuan a liklikanda ti panagraranada kadagiti pasken. Saannan a kayat a maulit ti napasamak iti kasaran. No dadduma, kasla linnemmengen ti aramidda. Mapandanto laengen iti natayan wenno bodaan no siguradoda a nakapanawen ti grupo da Kapitan Enteng. Saan a kayat ni Angkuan nga adda maisarsarak kadagiti kakaduana.

Naaklonen ni Angkuan. Paset ti biag dagiti politiko ti panagatendar kadagiti pasken. Saan a mabalin a lumanganda no adda awis a kasar, buniag, wenno mina-tayan. Saan a mabalin a dida mangdutdot. Inawaganda daytoy nga agkakadua iti KBL. Kasal, binyag, ken libing iti Tagalog.

"Paset ti panagserbi ti panagsakripisio," sangkakunana. "Saan a panaggatang iti butos no di ket tulongtayo kadakuada."

"Ngem dagiti dadduma, pati metten igatangda iti gatas, agas, pagplete, pagkasangayan, ken no ania la ditan, yasugdan!" insanamtek ni Maestro Pitong. "Uray diay sigsiglotan ni kumanderko, mairamramanen!" inyanek-ekna.

"Ala, napia laeng a pakairamananda iti pensionmo, pare. Napuspuskol la bassit ti panagpitpitakam!" inyangaw ni Maestro Amante a puon ti nagkakatawaanda.

Bassit laeng a lubong ti pagpusiposanda. Ammo ni Angkuan, tunggal pagnada, masipsiputan. Ket mapangpangilangil laengen. Madamdamagna a doblien ti grupo da Kapitan Enteng ti bassit a maipapaayda a tulong kadagiti agkasapulan.

NASANGAILI ni Angkuan ni Mayor Marcelino iti maysa a malem. Naparagsit dagiti bayabay ti mayor. Nasiputda idi dumsaag ti mayor iti luganna. Taliawda a taliaw. Mata amin a likudan ken sikiganda.

Saan a mababalaw ni Angkuan ni Mayor Marcelino. Masapul nga agannad. Saan la a mamin-ano. Adun ti damdamag a napapatay a mayor a di pay nasolbar.

Kas iti napasamak iti maysa a mayor iti Cagayan a madama ti flag ceremony idi mapasag iti ima dagiti kabusor ti turay. Sabali pay ti kaso ti maysa pay a mayor iti umabagatan a napapatay met laeng bayat ti flag ceremony. Adda pay dagiti natambang iti dalan, napapatay iti uneg a mismo ti simbaan, ken naserrek iti balayda. Awan ti naglawlawagan ti kaso dagiti dadduma. Ngem ammo ti amin a politika ti gapuna dagiti pammapatay.

"Damagko a gaboranda iti tulong da gobernadora ken diputado ni Kapitan Enteng," panangirugi ni Mayor Marcelino

"Dayta ti parikutmi iti grupomi, mayor," insungbat ni Angkuan.

"Binilinkon ni hepe nga ingetanda ti agpatrulia tapno dida maaramat ti kuarta. Uray asino, imbagak a dida ida a santuen. Ipakatda ti ngipen ti linteg!" kinuna ni Mayor Marcelino.

"Ngem nalawa ti San Sebastian, mayor. Baka dida maaguantaran a bantayan!".

"Imbagakon ken ni hepe nga agkiddaw ken ni provincial director iti nayon a puersa ti lokal a polisia. Masapul nga aldaw ken rabii, adda agrekorida kadagiti amin a purok iti barangay!"

Limmawag ti rupa ni Angkuan iti nangngegna. Nagyaman ken ni Mayor Marcelino.

"Agunikayo laeng no ania ti maitulongko. Silulukat ti opisinak iti aniaman nga oras, Mr. Dela Cruz!" kinuna ti mayor a nangsallabay ken ni Angkuan sakbay a nagpakada.

MAKAPUNGTOT ni Kapitan Enteng. Naidanon kenkuana ti pannakatiliw dagiti tallo a kakaduana ken ti awan sarday a panangbambantay dagiti autoridad iti Camanguegan. Masiudot. Uming-inget dagiti polis. Naipalapayag pay kenkuana ti kaadda ti grupo dagiti operatiba nga idadauluan ti maysa a major a nalimed nga agdakdakiwas iti San Sebastian. Agparparikna kenkuana, ti Barangay Camanguegan ti kangrunaan a bambantayanda.

"Ammuenyo no sadino ti safe house dagita nga operatiba!" immandar ti kapitan kada Kagawad Banong. "Saan a mabalin a paunaantayo kadakuada no ania man ti panggepda!"

35

SAAN a maputpot, rummuar sumrek dagiti tao iti laong da Kapitan Enteng. Nasapa pay no kasta iti bigat, tumuyutoyen dagiti aglilinia. Agingga iti malem. Nupay nadagaang iti kinaadu dagiti kumunolkunol a tao iti nalawa a covered court, pinalinonganna pay ti likud ti balayda. Naanus dagiti bumarangay nga aguray iti batangda. Uray matuokanda a makilinia, naisemdan no agawidda.

Imbilin ti kapitan nga amin nga adda masapulna iti barangay, masapul a makasaritana. Amin nga agpapirma, lumasat amin kenkuana. Penkenna no kaduana met laeng ida wenno saan. No wen, dagdagusenna a gusugosan. Ngem no saan, tugawanna dagiti papelesda. Gunggonada, sangkangayemngemna.

Gapu itoy, kanayon la ket ngarud ti panangbabalaw kenkuana dagiti komentarista iti radio ken telebision. Parparigatenna kano dagiti kabarangayanna. Ken apay a saan kano nga agopisina iti barangay hall? Ad-addan a ti balayda a pinagbalinna nga opisinana.

Makapungtot tunggal madakamat ti buniagna a Kapitan Bayyuot kadagiti blind item. Ngem awan ti bibiangna kadagiti tiradada. Napunnuanen kadagiti komentarista a kanayon a mangbanat kaniana. Aglalo kada Danny Antal ken Joks Caban. Pulos a saanna a makadua ida.

Iti naminsan nga adda agpapirma iti Certificate of Indigency, intantan ni Kapitan Enteng ti nagpirma. Masapul a maipasa iti MSWDO ti sertipiko. Masaksakit ti asawa ti nagpapirma. Agkiddawda iti pinansial a tulong ta awan ti pangalaanda iti nayon ti gastuenda. Ngem adda nangipalayapag nga asawa ti maysa kadagiti barangay tanod a bimmallasiw ken ni Angkuan ti immay nagpapirma.

"Agpakpakaasikami, apo kapitan, ta maitaraymi iti ospital ti anakko," kinuna ti babai a makasangsangit.

"Adda met la masapulyo, 'ya, kaniak?" imbugtak ti kapitan. "Inkayo agpatulong kadagiti pagkarkarityo!"

Nagawid nga aglulua nga imaima ti babai.

Saan a nagbayag, nagdinamag a natay ti ubing.

Nagbalin a nabara nga isyu iti Camanguegan ti napasamak. Uray iti grupo da Angkuan, saan a matay ti tungtonganda ta nakakaasi ti ina ti biktima a napan dimmawat iti tulong kadakuada.

"Awanan, asi dayta a kapitan!" adda nagkuna.

"Adda idumdumana! No kakaduana, uray saan a masakit, paginsasakitenna tapno makadawat iti AICS!"

Idi kataripnong ni Angkuan dagiti kakaduana, napagsasaritaanda iti napasamak iti anak ti tanod.

Maysamaysa nangibaga kadagiti kakaduana a nakaro ti panagpolitika ni

Kapitan Enteng. A natangken ti pusona.

"Saan met nga aggapu kaniana ti AICS?" kinuna ni Manang Ellen. "Aggapu met iti munisipio! Apay nga ipaidamna laengen ti sertipikasion?"

"Ania ngamin dayta AICS?" nagmulagat ni Angkuan. "Kasla damok la a mangngeg dayta."

Ni Maestro Pitong ti nanglawlawag.

"Dayta ti kunada nga Assistance to Individuals in Crisis Situation wenno AICS, Pari Angkuan. Mangted ti LGU iti pinansial a tulong kadagiti marigrigat nga agkasapulan basta adda sertipikasion ti kapitan," kinunana.

"Maawatakon," intung-ed ni Angkuan. "Makaala laeng iti tulong iti munisipio no adda sertipikasion ti kapitan a nagtaud iti marigrigat a pamilia ti agkasapulan iti tulong!" kinuna ni Angkuan.

"Impatangken kano ni kapitan a saan a rumbeng a maikkan iti AICS ti pasiente ta adda kano kabagianna nga adda mabalbalinna," kinuna ni Maestro Amante. "Anian a panagrasrason!" ingngilangilna pay.

Nairaman a napagsasaritaanda ti saan a patas a panangtratar ni Kapitan Enteng kadagiti bumarangay. Gapu iti simmangbay a bagyo, nagsasaruno dagiti programa ken tulong a naidanon kadagiti umili. Adda cash assistance, rasion a makan, ken adda pay programa ti Tulong Panghanapbuhay sa Ating Disadvantaged/ Displaced Workers wenno TUPAD manipud iti Department of Social Welfare and Development ken Department of Labor and Employment. Masuelduan dagiti mairaman a benepisiario iti programa kalpasan nga agtrabahoda iti sangapulo nga aldaw. Agalen dagiti lumugar ti aramid ni Kapitan Enteng. Pilpilienna dagiti iramanna iti listaan. Imbes a dagiti marigrigat, dagiti ketdi kabagianna ken gagayyemna ti ipailistana. Pasuktanna pay ti irekomenda dagiti kagawadna no ammona a saanna a kadua dagiti mailista. Adda pay dua wenno tallo iti maymaysa a pagtaengan a mailista.

No adda agriri, ipatangken ti kapitan nga isu ti matungpal.

"Siak ti kapitan, siak ti masurot!" iradiesna no kasta a maidanon kenkuana dagiti saosao dagiti kabarangayanna.

Nagbuteng a nagreklamo dagiti kabarangayanna. Ngem tumanabutobda. Inkarida a balsenda ti kapitan iti eleksion.

ITI dayta nga aldaw, adu manen dagiti agpipila iti laong da Kapitan Enteng. Napanunotna, nasaysayaat no maunaanda ti grupo ni Angkuan. Agiwarasda. Paumayenda iti balayda dagiti tao. Saandan a rummuar pay ta dinto ketdi adda manen maappot a taona. Naturay ti bilinna. Saanna a kayat nga adda sabali a mailaok kadagiti mawarasan. Nasken a maarisit dagiti sumrek.

Maturtoran ni Mary, kaduana ti barangay treasurer, nga agilista kadagiti agsangpet a tao. Idasigda dagitoy iti naalada a listaan dagiti botante manipud iti

Comelec nga iggemda.

Kadua ni Kapitan Enteng dagiti kakaduana a kasla teggaak a mangkitkita kadagiti agsangpet. Maipaibati amin a selpon iti agbambantay iti gate. Awan ti makastrek iti uneg. Amkenna nga adda makalusot nga espia ti kabalubalda nga agi-video. Agannad. Dinto ketdi adda makastrek a manglimlimo a kameng ti Comelec Task Force.

"Ipaibatiyo amin a selpon!" inulit ni Kapitan Enteng nga imbilin kadagiti taona.

"Areglado, kap! Awan danag!" Tung-ed a tung-ed dagiti pasurotna.

Isem bennek ni Kapitan Enteng. Pasarayna taldiapan ni Mary. Agkalkaling-etan daytoy a mangbilbilang iti papel de banko a mayawat kadagiti nakalinia. Pasaray agsabet ti panagkitada. Agkulibagtong ti barukongna no kasta nga itakaw a pallilitan ni Mary. Agminar ti pakabuklan ti balasang iti insuot daytoy a derosas a blusa. Nasuerteanna ti sekretariana. Napintas. Nalailo. Adda utekna. Saansan a malagip pay ni Mary ti makiasawa.

Tinerredna ti rumasok manen a riknana. Agan-annad kadagiti kakaduana. Awan ti ammo dagitoy maipapan kadakuada ken ni Mary. Dina kayat nga adda rummuar nga isyu kadakuada a dua. Amangan no isu pay ti pagburikintuan ni baketna. Addan planona ken ni Mary. Ipasiarnanto iti makalawas iti Hongkong no malpas ti eleksion. Ipakadananto laeng ken ni Lily, ti asawana, nga adda atendaranna a seminar dagiti kapitan iti makalawas iti Manila. Kayatna nga ibalayan. Ngem saan nga iti San Sebastian. Iti sabali nga ili wenno probinsia.

"Adayo pay ti butos. Bassibassit pay laeng ti panagitedyo," imbilin ni Kapitan Enteng. "Sigurado, agsublisubli dagita. Inton asideg ti kaaldawanna, isunton ti panangmansotayo iti waras!" imbannikesna kadagiti kakaduana.

Awan bibiang ti kapitan uray ania pay ti ibagbaga dagiti kalabanna. Awan ti pammaneknekda. Natalek. Nalawa ti laongna. Iti likud ti balayda a pinalinonganna nga asideg iti nakaiparkingan dagiti bagonna ti pakaurnongan dagiti mangsupsuporta kenkuana. Awan ti makastrek. Nangato ti alad. Saan a makita iti ruar ti mapaspasamak iti uneg.

Masansan a rabiin no makaiwakas da Kapitan Enteng. No dadduma, maturogen dagiti kakaduana iti pagtaenganna. Aglalo no maimasanda ti agsasarita. Agiinumdanton kalpasanna gapu iti bannogda.

MALAKSID iti balayna a pagyanan dagiti bayabay ken supporter-na, nangupa iti maysa a nalimed a disso ni Kapitan Enteng para kadagiti tao nga inupaanna. Adda iti ruar ti poblasion. Inrekomenda ni Bise Mayor Nixon Peralta ti grupo. Saanna a kayat nga adda makabigbig kadakuada. Nabiit pay dagitoy a simmangpet manipud iti kabangibang a probinsia.

Sinurot ni Kapitan Enteng ti estilo ni Bise Mayor Peralta. Pinagawidnan dagiti dati nga armado a grupona. Nangala iti kabarbaro a kaduana itoy nga eleksion. Awan ti makaam-ammo iti kinasiasinoda. Tapno nawaya a makapagdakiwasda. Maikadua itan nga eleksion a kasta ti inaramidna. Nataltalek nga agpayso ngem iti mangala iti kalugaranna a mabalin a mangirubo pay kenkuana.

"Diak kayat nga adda makaammo nga addakayo ditoy," nainget ti bilin ni Kapitan Enteng kadagiti lallaki iti dayta nga agsapa a panangpasiarna kadakuada iti safe house. "Saankayo a rummuar malaksid no adda lakadyo. Amin a masapulyo ibagayo laeng kadagiti kakaduak. Idanonda kadakayo!" innayonna.

Kadua ni Kapitan Enteng ni Kagawad Escobar. Malaksid ken ni Kagawad Banong, daytoy ti maysa pay a talkenna. Nalinis ti trabahona. Tirador. Adun ti nagkadkaduaanda manipud idi dinutokanna a chief tanod sakbay a pinagkonsehalna.

"Liniami dayta, kap. Kabisadomi ti trabahomi. Dayta ti pagbibiaganmi. Namnamaem, saan a masayang ti imbayadmo kadakami," kinuna ni Ka Zoilo, ti lider ti grupo. "Agunika laeng. Makaammokamin nga aggaraw. Nalimed no agtrabahokami," innayonna.

Masapul ni Kapitan Enteng ti serbisio da Ka Zoilo. Isuda ti pangnamnamaanna no adda nasken nga ipatrabahona. Kompletoda iti kargada. Pasigda a dati a kameng ti militar. Saanen a makaidna manipud nadamagna nga adda grupo ti special operations group a mangsipsiput kenkuana. No bilang, ti grupo ni Ka Zoilo ti isangdona kadakuada. Nalawag ti tulaganda. Saanda nga agaammo no mabuliliaso iti trabahoda.

Makaanay koman da Kagawad Escobar ken Kagawad Banong a pagtrabahuenna. Ngem am-ammo idan ti San Sebastian. Saanda a makapaggaraw. Adu ti mata nga agsipsiput. Ti laengen panangiwanwanna iti grupo ni Ka Zoilo ti aramidenna.

KADAGITA a kanito, agdardaras ni Angkuan nga agturong iti pagtaengan ni General Loreto. Saanna nga ammo no ania ti nangpaayaban kenkuana ti heneral. Ngem agparparikna a napateg ti ibaga ti heneral. Ita man la a paayaban ti heneral.

Iparparada pay laeng ni Angkuan ti luganna iti nalawa a laong da General Loreto, nailasinnan ti maysa kadagiti lugan a nakaparada ti asideg ti mini-swimming pool iti abay ti garahe. Lugan ni Teniente Charlito.

Agkebbakebba ni Angkuan a dimsaag iti luganna.

36

INISEMAN ni Angkuan dagiti lallaki a nadanonna nga agsasarita iti terasa. Nalawa ti balay ni General Loreto. Napalawlawan ti nalawa a laong iti nadumaduma nga agsabong a masetas. Agpada a naayat ti heneral ken ti kaingungotna a retirado a superbisor iti masetas. Adu ti orkidia iti aglawlaw a naipakapet kadagiti murimor a puon dagiti nagango a kawkawati.

Agsarsarita da General Loreto ken ni Teniente Charlito a nasangpetan ni Angkuan iti salas. Adda sumagmamano a lallaki a nakatugaw iti asidegda. Adda iggem dagiti dadduma a papeles. Iti langa ken iti disiplinado a gargarawda, ammo lattan ni Angkuan a militar dagiti lallaki nupay imingan ken lampong dagiti dadduma.

"Naimbag nga aldawyo, general, teniente!" inkablaaw ni Angkuan kada General Loreto ken Teniente Charlito.

"Apo Kapitan!" inyisem ti naka-shorts pants iti camouflage a heneral.

Napaisem ni Angkuan.

"Barbareng adda gasat, general," kinunana. "Ti la problematayo, kinaban sa ketdi ti kuarta ti kalaban. Awan sarday ti warasda," ingngilangil ni Angkuan a nagtugaw a simmango kada General Loreto ken Teniente Charlito.

"Actually, dayta ti nangayabanmi kenka," inkatek ti heneral. "Masapul a maguped dayta nga aramid ni Kapitan Enteng! Adu ti report nga ilegal nga aramidna!"

"Ilegal? Ania ti kayatyo a sawen, general?" nagmulagat ni Angkuan.

"Ilawlawag ni teniente kenka, padre," insungo ti heneral ni Teniente Charlito iti abayna.

Nakaul-ulimek ni Angkuan a nagtungtung-ed idi saggaysaen ni Teniente Charlito nga ipalawag dagiti koneksion ni Kapitan Enteng.

"Isu met la a kasla agubbog ti kuarta kenkuana," insanamtek ni Angkuan.

"Madama ti beripikasion. Malaksid iti illegal logging, kasosio iti hueteng ken utek iti sugalan iti San Sebastian ti kapitan. Ti kadaksan, adda private armed group-na. Ulitek, agur-urnong pay laeng dagiti taotayo iti naan-anay nga ebidensia," kinuna ni Teniente Charlito.

"Isu a kayatko a ditoyta nga agsarita, padre. Masapul nga awan ti rummuar kadagiti mapagsasaritaan ditoy tapno saan a ma-pre-empt ti tropa. Adda gun for hire ni kapitan!" kinuna ni General Loreto.

Madama ti panagpalawag ni Teniente Charlito idi sumangpet ni Major Nap Agustino. Adda kadua daytoy a natayag ken napudaw a lalaki.

"Major, malagipmo ni Mr. Juan Dela Cruz? Ti kandidatok a para kapitan ditoy Barangay Camanguegan!" kinuna ti heneral idi agsaludo ti major kenkuana.

"Yes, sir! It's nice to finally meet you again!" nairut ti alamano ti major kenkuana. "By the way, this is Lieutenant Ferdie Corteza, my deputy," inyam-ammo ti opisial ti kaduana ken ni Angkuan.

"Welcome to the club!" kinuna ni Teniente Charlito.

Nagtungtung-ed ni Angkuan. Saanen nga agdudua pay. Saan la nga agpagayam, naun-uneg pay ti panagkadua da Teniente Charlito ken da Major Nap Agustino!

"It's a long story!" Intapik ni Major Nap Agustino idi makitana nga agmalanga ni Angkuan. "We work as a composite group. We cannot simply explain you in detail no ania ti trabahomi. And General Loreto, even after retirement, is still connected with the higher ups in ISAFP. Retiradon ni Lieutenant Charlito. But he is one of our dependable assets in the unit. Namnamaem tumulongkami tapno maksayan no di man mapugipog ti kriminalidad a mapaspasamak iti probinsia, nangruna iti San Sebastian!"

Napatilmon ni Angkuan. Kayatna ti agsaludsod ngem kasla nabalud ti dilana. Nakapaspasnek a dimngeg idi agsarita ni Lt. Ferdie Corteza

"Nainget a sipsiputanmi dagiti aktibidad ni Kapitan Enteng!" kinuna ti teniente. "Malaksid iti panagtroso, sugal, ken ita, ti panagiwarwarasna iti kuarta, am -ammuenmi pay no sadino ti safe house dagiti kinontratana a gun for hire!"

Napaumel ni Angkuan. Nataliawna da General Loreto ken Teniente Charlito.

"Agan-annadkayo, padre. Dakayo amin!" kinuna ti heneral.

"Mr. Dela Cruz, saankami nga agpatingga agingga a dimi maipasuli ida," kinuna ni Lt. Ferdie Corteza a nangtung-ed ken ni Angkuan.

Nakaadayon ni Angkuan. Un-unorennan ti kalsada a sumina iti ayanda General Loreto. Kumamangen iti ruaran iti kalsada nasional. Ngem kasla saanna pay la a patien a kasta ti kinauneg ti koneksion iti ilegal nga aramid ni Kapitan Enteng.

"Dayta ti rason a dina kayat nga ibbatan ti takem, padre," kinuna itay kenkuana ni Teniente Charlito. "Mausarna ti akemna nga umasideg kadagiti adda iti poder. Tapno nawaya a maaramidna dagiti ilegal nga aktibidadna."

Pinaayaban a dagus ni Angkuan dagiti kakaduana iti kinabigatanna. Inlanadna kadakuada a nasken nga agannadda amin. Imbagana ti balakad ni General Loreto. Saannan nga imbuksilan no apay. Ngem imbagana a saanda nga ammo no asino dagiti mabalin nga aggandat iti dakes kadakuada.

"Inton rugiantayo ti agkampania, awan ti agsolo a magna kadatayo. Agkukuyogtayo met laeng. Saanda a makapaggaraw no adutayo," kinuna ni Angkuan.

"Agkararagtayo ken ni Apo Dios," kinuna ni Manang Ellen a timmallikud ket pinagakubna dagiti dakulapna. Nagkidem a nangitanamitim iti ababa ngem napasnek a kararag.

SAAN a maipinta ti rupa ni Kapitan Enteng. Kalkalpas nga immawag kenkuana ni Ka Zoilo. Agburburek ti darana iti naipakaammo kenkuana. Indanon kenkuana ni Ka Zoilo a ni Teniente Charlito ti kadua ti dida pay am-ammo a major nga agdakdakiwas iti San Sebastian.

Saan a mabalin, ingngariet ni Kapitan Enteng. Tunggal malagipna a dakkel ti mapukawna no maabak iti eleksion, agburek a dagus ti darana. Nagintaer iti alintatao ti isipna ni Teniente Charlito. Saanna a kabuteng dayta a teniente. Kasla kuto laeng daytoy nga ipalig-isna.

Binaliwanna nga inawaganna ni Ka Zoilo iti selpon.

"Umayak dita safe house-yo. Adda ipaaramidko kadakayo!" agpigpigerger ti bosesna.

"Saan a ditoy safe house, kap! Delikado!" kinuna ni Ka Zoilo.

Saan a nakatimek ni Kapitan Enteng. Nagmalanga.

"Under surveillance-ka, kap! Uray dakami!" kinuna manen ni Ka Zoilo idi saan nga agtimek ni Kapitan Enteng. "Agsasaraktayo laengen iti neutral ground!"

"Ah, okey, okey! Agkikitatayo idiay Villamor Resort. Addaakton idiay iti maysa nga oras!" kinuna ni Kapitan Enteng ket iniddepnan ti selponna.

Kinitana dagiti kakaduana. Tinung-edanna da Kagawad Banong ken Kagawad Escobar.

"Intayon! Usarentayo 'tay baro a lugan!" kinunana. "Mangitugotkayo iti kargada. Escobar, sika ti agmaneho!" immandarna.

Nagdardaras ni Kagawad Escobar a nangilukat iti Fortuner. Inruarna dagiti armas. Inyakarna iti kabarbaro a Ford Explorer ni Kapitan Enteng.

Kairuruar ni Kapitan Enteng ti lugan iti casa. Saan nga ammo dagiti kakaduana. Ngem dita nga inggatangna ti kagudua ti inted ni Gobernadora Alconis a para kampania. Tapno saan a nakadkadlaw, kagudua laeng ti impaunana. Tintinnagannan ti balansena.

Insimpa ni Kagawad Escobar dagiti armas iti lugan. Saggaysada ken ni Kagawad Banong iti Baby Armalite ken kalibre .45. Babababassit ken nalaklaka nga idulinda. Saanen a makita pay no maaplagan iti floor mat ti lugan.

"Agbatikan," kinuna ni Kapitan Enteng iti polis a bayabayna a nagtungtung-ed. "Adda laeng papananmi. Makaammoka pay la ditoy nga agsiput no adda umay a sabali a tao, awagannak," innayonna.

Talkenna ni Sgt. Robino. Nabayagen a naka-detail kaniana. Tunggal eleksion, isu latta ti maipatulod nga escortna. Adu ti umap-apal kenkuana. Gapu iti pigsana ken ni Gobernadora Alconis, makapagkiddaw latta iti escort iti ngato a saanen a dumalan iti hepe, malaksid la kadagiti personal a bayabayna. Ngem saanna a kayat ti agmintis. Saan latta nga agsigsigurado. Amangan no ti polis pay ti makaikanta iti maipapan iti grupo ni Ka Zoilo.

Immuna a rimmuar iti inaladan ni Kagawad Banong. Siniguradona a nadalus iti ruar. Nagtaltalangkiaw. Idi masinunuona nga awan ti matatao malaksid iti aginaldaw nga aglaklako iti taho a gumatgatangan dagiti guardia iti gate, inseniasnan ti iruruar da Kapitan Enteng. Tinung-edanna ti sorbetero a lumned tumpaw iti bangir ti kalsada a nalabsanda a makisarsarita kadagiti ubbing nga aggatgatang.

Agsisimparat ti agtartaray iti panunot ni Kapitan Enteng idi aginiin ti lugan a nangunor iti kalsada a sumarut iti kamino real. Nabanglo ti ipug-aw ti aircon a nalamiis nga angin. Iti kinabayagnan iti politika, daytoy ti kadakkelan a labanna. Uray idi agkabannuag a sumursurot pay laeng iti ama ni Gobernadora Alconis a nagserbi met laeng a gobernador iti probinsia, awan idi ti kastoy a taray ti politika iti lugarda. Pagiinnagawanda laeng ti agkapitan idi dumakkelen ti kuarta a sumrek kadagiti lokalidad babaen kadagiti proyekto. Aglalo idi maituding nga agsueldon dagiti opisial ti barangay. Immadun ti agngayangay. Awan idi ti sueldo dagiti konseho ti ili ken opisial ti barangay. Bassit la nga honorarium a sukat ti bannogda. Saan a kas ita, agsueldon dagiti kapitan. Ket kadakkelan ti sueldo dagiti opisial ti Barangay Camanguegan gapu iti nabangon a planta ti koriente.

37

NAGTUPA dagiti sangi ni Kapitan Enteng idi malagipna ni Teniente Charlito. Siit iti dalanna ti teniente. Asino ti pagkarkaritna? Ni General Loreto? Uray asino pay, nalaka laeng nga ipaiwalinna ti teniente. Naggiteb ti pispisna. Nalagipna ti maipapan iti major a kadua ni Teniente Charlito. Ania ti panggepda iti San Sebastian? Ti kadi Barangay Camanguegan ti ipangrunada a bantayan? Asino dayta a major? Ania ti katataona? Nasemsem. Naalimadamadna a pati ti panagtrosoda iti kasosiona nga Intsik, masipsiputan. Imbilinnan a saan pay laeng a sumalog dagiti trakna iti bantay agingga a di malpas ti eleksion.

Iti panagpampanunotna, saan a napupuotan ni Kapitan Enteng, nakadanonda gayamen iti papananda. Agur-urayen iti Villamor Resort ni Ka Zoilo. Adda dua a kadua daytoy. Nakapaisanoda. Maysa a kuarto ti inupaanda iti resort.

"Idiaytayo restauran nga agsasarita," intudo ni Kapitan Enteng ti panganan iti resort.

Manmano ti makaammo nga adda kuarta ni Kapitan Enteng a naisugpon iti Villamor Resort. Nabangon daytoy iti igid ti baybay. Imbautna ditoy ti daddduma a maaw-awatna iti hueteng. Intsik ti kasosiona. Importasion ti negosio ti Intsik. Importer kadagiti surplus a piesa iti lugan. Uray dagiti kagawadna, awan ti ammoda maipapan iti resort. Ditoy ti umokda ken ni Mary no adda wayada.

"Kayatko a maammuan no asino dayta a major a lider ti grupo nga agop-operate iti San Sebastian," ababa ngem naturay ti timek ni Kapitan Enteng idi agsasangodan iti lamisaan. "Mangtedka iti mainum ken mabalinmi a pagsasanguan," inkiddayna iti serbidora.

"Dayta a Teniente Charlito ti tulbek, kap!" intung-ed ni Ka Zoilo.

"Mapagkantayo ngata?" immurareg ti kapitan. "Laglagipenyo, nakasanggir iti pader! Diyo mabalin a banggaen ni General Loreto!"

Nagpaggaak iti nasarangsang ni Ka Zoilo a nangkita kadagiti taona a nakatugaw iti sabali a lamisaan.

"Uray sintonado, no husto ti pasakalyena, kap. Agkanta nga agkanta dayta a teniente!" in-thumbs-up ni Ka Zoilo. "Dakamin ti makaammo kenkuana. Pakaammuandakanto. Trabahuenmi iti mabiit!"

Saanen a nagbayag ni Kapitan Enteng. Kalpasan ti panagsasaritada, nagpakadan. Sakbay a pimmanaw, nangibati iti nakasobre.

"Agorderkayo pay iti mainum ken mapulotan! Siakto ti makaammo! Kinunana a nangyawat iti sobre ken ni Ka Zoilo. "Paghapihapi ti grupo!" kinunana.

Apagsangpetna iti balayda, nadanon ni Kapitan Enteng ni Danilo, ti impatugawna a presidente ti farmers organization iti Camanguegan. Iggem daytoy ti surat manipud iti Municipal Agriculture Officer ti San Sebastian.

"Punieta!" Nakunes ti kapitan ti surat idi mabasana. Nakalawlawag ti marginal note ni Mayor Marcelino. Pagpalpalawagen ti mayor maipapan kadagiti nai-turn-over a makinaria iti Camanguegan.

Nagburek ti darana. Adda nangidanon iti mayor a mannalon iti barangay a maipapaidam dagiti makinaria nga inted ti gobierno nasional ken lokal.

"Anak ti salbagnan, bibianganda amin!" ingngarietna a nangtaliaw kadagiti traktora, kiskisan, ken reaper iti dayaen ti covered court. Naabungotan dagitoy iti tolda.

"Ania ti aramidek, boss? Inreklamoda ken ni mayor. Siak ken sika ti mataltal ta duata a nangawat idi turn-over!" kinuna ni Danilo.

Nagsanamtek. Anak ti salbag a talaga dayta nga Angkuan, intabbaawna. Ammona, daytoy ti nangsulsol kadagiti mannalon a nagpulong iti mayor. Nakamurareg a nangtaliaw kadagiti agsasarita a kakaduana iti terasa. Nalawag ti bilinna. Prioridad a mapabulodan dagiti kakaduana.

"Agsasaritatayo, kakadua!" nakarupanget a nangipukkaw. "Madi daytoy! Aramidenda aminen nga isyu a maikontra kaniak. Diak kano nga ipaspasublat dagiti makinaria kadagiti mannalon. Eleksion met ngarud!" makapungtot ni Kapitan Enteng a nangsango kadagiti kakaduana.

"Adda nangipulong ken ni Mayor Marcelino, bossing!" kinuna ti pangulo ti asosasion dagiti mannalon a nangkita kadagiti kakadua ti kapitan. Nagdumog daytoy idi kitaenda iti natadem.

"Apay ngamin a dimo ipabulod iti amin tapno awan koma ti masasao dagiti tao, Mang Danny?" naalumamay ti timek ti kaubingan a pailayon a para kagawad iti grupo ti kapitan.

"K-kua ngamin, apo kagawad," kinunana a nangkudkod iti ulona a nangtaliaw ken ni Kapitan Enteng. "I-isu met ngamin ti bilin ni apo kapitan! Prioridad kano dagiti kakaduatayo…"

Kasla aso a nagngernger ni Kapitan Enteng iti pannakadakamat ti naganna.

"Naglokokan? Saannak nga imameg, a!" kinunana ket kurang la a tapisenna ti presidente ti asosasion dagiti mannalon a limned iti nagtugawanna.

"Aguray, kap, kastoy laengen. Sungbatantayo ti surat da mayor. Ilawlawagtayo no apay. Agrasontayo!" imbagi ni Kagawad Banong a nangtaliaw iti presidente ti asosasion.

Naasian ni Kagawad Banong iti langa ti pangulo ti asosasion dagiti mannalon. Komparina ni Danilo. Inanak daytoy iti buniag ti buridekna a lalaki. Kasla nakukkokan a bisukol. No maminsan, dayta ti babalawenna ken ni Kapitan Enteng. Awan bibiangna no mapasaktanna ti kasarsaritana. Nasabrak nga agsasao. Nalimed a tinung-edanna ni Danilo tapno saanen a sumungbat pay.

Inarasaasan kalpasanna ti kagawad ni Kapitan Enteng. Nagtungtung-ed ti kapitan a nangtaliaw iti presidente ti grupo dagiti mannalon. Mangigis ti isemna a nanggabbay iti daytoy kalpasanna.

SAAN a maawat dagiti mannalon ti pannakaipaidam kadakuada dagiti makinaria a pagtalon. Narabaw ti rason ni Kapitan Enteng. Nadadael kano dagiti makinaria ken ramramit. Isu a saan a maipabulod. Ken saan kano a basol ti kapitan. Ti kano presidente ti asosasion ti nagdesision no asino dagiti mapabulodan. Ammo ni Angkuan, pinagrason laeng ken insakripisio ti kapitan ti presidente ti farmers association. Inyumanda daytoy ken ni Angkuan.

"Ti rigatna, kakadua, siak manen ti itudtudo ni Kapitan Enteng a nagipulong kada Apo Mayor iti dayta. Dina maamiris nga adda karbenganyo a mangaramat ken mangbulod kadagiti makinaria. Kukua amin dagiti mannalon dagita a pagsayaatan nga impaay ti gobierno!" panangilawlawagna.

"Dayta ti dakesna, barok. Manon a tawen a kasta lattan. Nagadun a kuliglig, traktora, kada water pump nga impapaay ti gobierno lokal ken nasional iti Camanguegan. Aglumba ti Department of Agriculture, gobierno probinsial, ken ti gobierno lokal a mangted iti ramit. Ngem antukab la unay ni Kapitan Enteng ken ti presidente ti asosasion. Bukodanda. Dagiti la asideg kadakuada ti mairanranud!" kinuna ti maysa a nataengan a mannalon.

"Adda pay idi dua a lugan nga inted ti turay. Pulos a di masublat uray panawen ti emerhensia. Diay maysa, idi madadael, imporkiloda lattan a dida impakpakada!" kinuna met ti kalakayan. Sakasaka daytoy. Madlaw a kagapgapuna iti taltalon ta nakapitpitak pay laeng dagiti gurong ken takiagna.

"Nalaglag-an la koma met ti panagtalonmi, Mang Angkuan. Uray agupakami, basta makasublatkami la ketdi!" imbagi ti maysa a babai a tagtagibian.

"Apay ngamin a tagikuaenda? Naglawag a naited kadagiti mannalon dayta ta naggapu ngarud iti apag ti buis ti birhinia ti naigatang?" kinuna ni Maestro Pitong.

Nagtungtung-ed ni Angkuan. Adda puntos dagiti kalugaranna. No apay ket ngamin a kasta nga agpayso ti sistema a mapaspasamak? Napasennaay. No mapagasatan, daytanto ti maysa kadagiti umuna nga aturenna.

"Ti madi pay, awan ti maibaskagda a naurnong iti nagpaupaan. Uray no igatang laeng koma iti piesa dagiti makinaria. Butbotanda ti kaha ti barangay ta aggapu amin iti pundo ti pagpatpatarimaanda kadagiti madadael a makinaria," insalpika ni Maestro Amante.

NAKAIRUAMANEN ni Angkuan a paginanaan ti agdengngeg iti damdamag no kasta a makapanawen dagiti inaldaw a mangpaspasiar kadakuada a supporters-da. Iti dayta a malem, kumaradapen ti sipnget ngem nagbati da Teniente Charlito, Maestro Pitong, Maestro Amante ken ni Patricio a nagtutungtong iti ruar. Binitbit ni Angkuan ti transistorna. Rimmuar a nakigrupo kadagiti kakaduana idi makapagsukat.

Inayabanna ni Oppong idi makatugaw. Imbilinna a mangiruar iti sanga botelia iti Fundador a pagsasanguanda iti terasa.

"Nabara daytoy nga eleksion, kakadua. Segun iti damag, adda manen innem a kandidato iti barangay idiay Mindanao nga inwalangda!" kinuna ni Maestro Amante a naparupanget idi allawaten ken uluanna ti Fundador.

"Dayta ti dandanagek. Uray kadagiti kabangibang nga ili ken probinsia, addan dagiti napapatay. Uray idi adayo pay ti eleksion, nabaradan!" kinuna ni Angkuan a nangisenias ken ni Oppong nga ipatengngana ti kilawen a kalding a pulotanda. Nagpaala iti yelo.

"Naimas daytoy! Pagpaikkat iti bannog!" kinuna ni Patricio a simmublat a nanglengnges iti arak.

"Kasla piek itan ti biag ti tao. Adu ngamin ti matangdananda. Agmandar ti kuarta!" imbagi ni Maestro Amante. "Dayta koma ti rumbeng a maisardeng a kultura iti pagilian. Ti agpipinnatay gapu iti politika!" kinunana ket intik-olna ti basona iti baso ni Teniente Charito.

"Mapaspasamak dayta gapu ta adda dagiti agum iti turay. Dida kayat ti agpasublat. Kasla isuda la ti nalaing ken makabael!" nangemkem ni Teniente Charlito a nangipamindua a nanglengnges iti botelia. Binukbokanna ti basona. Di pay nagkirem a nangitangnguap.

Namrayan ni Angkuan a sinaggaysa a kinita dagiti kakaduana. Ammona, naraniag ti masakbayan ti Camanguegan no ipabulod dagiti kabarangayanda ti talek kadakuada. Mapagpiaran amin dagiti napilina a para kagawad. Adda prinsipioda. Mabalin nga awan ti isarangda a kuarta. Ngem nalablabes pay ngem iti maipaay ti kuarta ti maipaaydanto kadagiti kalugaranda no maikkanda iti gundaway nga agserbi.

Nagsasanga ti saritaanda. Maysa maysa nangiruar kadagiti parikut a mapaspasamak iti barangay. Nga ultimo solar drier a pagibilagan iti irik a nairanta a para iti amin, dandani bukbukodan ti kapitan ken kakaduana a pagibilagan. Maiparit met ngarud ti agbilag iti kalsada. Nadakamatda pay ti pundo dagiti senior citizens a bibiangan ti kapitan. Adun dagiti pimmusay a lallakay ken babbaket. Di pay naawat ti pamilia dagitoy ti benepisioda. Sabali la ti panangpabpabor laeng ti kapitan kadagiti annak dagiti kakabagian ken kasingedna a maikkan iti educational assistance.

"Saankay nga agdanag, asidegen nga agbannawag iti daya ti narayray a masakbayan ti barangay babaen iti manamnama a baro a kapitantayo!" intuyag ni Patricio a nagkurrin manen ti kinamannuratna. Nagtungtung-ed ken nakagaygayad ti isemna a nangkita ken ni Angkuan.

Nagpapaggaakda. Medio rumasawda aminen. Uray ni Teniente Charlito. Rummuaren ti kinaparatona. Kasla kinirog a pasayan iti nagsasaruno a panangitangadna iti basona.

"Naipasngayen ti mangibalat ken ni Kapitan Enteng!" kinunana.

"Advance celebrations ngarud daytoy, kakadua!" nangituyag met ni Maestro Pitong.

Nasinga ti naragsak a saritaanda idi agkiriring ti selpon ni Teniente Charlito. Kinitana ti umaw-awag. Ni Major Nap Agustino.

"Major, sir! Naimbag a rabiiyo!" kinunana. Timmakder nga immadayo kadagiti kakaduana.

Naiturong amin ti imatang da Angkuan ken ni Teniente Charlito a tung-ed a tung-ed. Pagna a pagna daytoy iti pannakisarsaritana iti selpon. Idi agangay, iniddep ken imbolsana met laeng ti selponna. Nagsubli iti ayan ti grupo.

"Okey, rumabiin, kakadua. One for the road, Pari Angkuan! Balbaliwantayto manen!" kinunana.

Damagen koma ni Angkuan no ania ti nagsaritaanda ken ni Major Nap Agustino. Ngem nagdardaras ni Teniente Charlito a nangikaratay iti sling bag-na. Nagsaludo pay daytoy kadakuada sakbay a nagpakada. Madamdama pay, in-inuten nga inalun-on ti ulimek ti sardam ti andar ti umad-adayon a Crosswind ti teniente.

38

NABAYAGEN a nagpukaw ti ungor ti lugan ni Teniente Charlito ngem awan pay la ti nangburak iti ulimek. Nataliaw ni Angkuan dagiti kakaduana. Agpapada ti saludsod dagiti matada. Asino ti immawag ken ni Teniente Charlito?

Saan a maibuksilan ni Angkuan kadagiti kakaduana a ni Major Nap Agustino ti nangtawag ken ni Teniente Charlito. No ibagana, adu la ketdi a saludsod ti tumanor. Saan pay a panawen a maammuanda ti ammona maipapan ken ni Teniente Charlito. Agpeggad kadi daytoy? Ammona a natured ti teniente. Mapagtalkan. Ammona a salakniban ti bagina. Ngem no umay ni peggad, sumangbay a di agpakpakada. Mangliliput.

Nabayagen a nagpakada dagiti kakaduana. Ngem alimbasagen pay laeng ni Angkuan. Saanna nga ammo no epekto ti bassit a nainumna. Naatap ti ridep. Kadagiti napalpalabas, dayta mamintallo wenno mamimpat a mangituyag, mayaten ti uurokanna. Ngem sabali ti marikriknana ita. Sabali ti agparparikna kenkuana.

KADAGITA a kanito, naigarahen ni Teniente Charlito ti luganna. Mayat ti kalawikiw ni Blanca, ti putot nga asona, itay dumsaag iti lugan. Ungor la ti luganna a mangngegna, nakaparparagsiten daytoy a mangur-uray iti ididissaagna. Nakaam-amo nga umay mangangot-angot iti sapatosna no kasta nga ikabilna daytoy iti shoe rack. Pangnamnamaanna ti asona. Maymaysa daytoy nga anak ti asona met laeng a natay idi aganak. No kasano ti kinaamo ken kinalailona kenkuana, kasta met ti kinauyongna no adda sangsangaili a dina kaim-imuan. Naisurona iti aso dagiti naadalna idi adda pay iti K9 Section iti serbisio. No kasano nga aywanan ken sur-suruanna, maysa la a saona, ammon ni Blanca ti aramidenna.

Nakaturogen dagiti kabbalayna idi lumaem. Agalas onsen. Naimasanda ti nagsasarita kada Angkuan. No saan pay nga immawag ni Major Nap Agustino, saan koma pay a nagawid. Inyunay-unay ti major ti panagannadna. Adda report nga adda mangganneb kenkuana. Isu a saanna a sinurot itay ti gagangay a dalan a paglaslasatanna. Nanglikaw. Nakasagana ti .45 na. Nupay ad-adayo ti dalan, ammona a natalttalged. Paset dayta ti training-da. Saan a routinary ti garaw ken pagnaan. Be unpredictable, sangkakunana iti isipna.

Insiguradona a nakarikep amin a ridaw ken tawa iti balayda. Naraniag dagiti solar lights a naipalikmut iti balayda. Inkeddengna a maturogen idi masinunuona nga awan ti aniaman a karkarna iti aglawlaw. Sapaennanto ti mapan iti safe house da Major Nap Agustino.

Saan nga ammo ni Teniente Charlito no kasanon kapaut ti pannakailibayna. Nalukag idi aganaw-aw ni Blanca. Saan a gagangay ti panagtaul ti aso. Ammona, saan a pusa wenno banias ti tataulanna. Napunger. Makaunget ti taul ti aso. Kayatna ti dumuklos.

Nagin-inayad a bimmangon iti iddana. Nakariing pay ti asawana. Inseniasna nga agulimek daytoy. Sinaggaysana kalpasanna nga inarudok dagiti dua nga annakna iti kuartoda. Imbagana nga agidda pay laeng dagitoy iti baldosa.

"Uray ania ti mapasamak, saankay a pumanaw ditoy!" inyarasaasna.

Kasla mata ti sibeg dagiti mata ni Teniente Charlito a nanglukip iti dialosi. Bitbitna ti M-16 a naipasirok laeng iti katreda, naannad daytoy a nagpaliiw. Tumanaul latta ni Blanca. Kayatna a dugsaken ken pasardengen. Ngem dina kayat a maammuan ti immarubayan ti ayanna.

Iti lawag ti solar light, naipasirna ti tallo nga anniniwan a naglinged iti puon dagiti tallo a dadakkel a mangga. Nasipnget iti ayanda. Saanna a mailasin ti kinaasinoda. Ngem nalawag a maipasirna ti garawda. Agpapada dagitoy nga armado. Atiddog ti iggem ti maysa idinto a side arms dagiti dua. Atapenna, imparada la ketdi dagitoy ti luganda iti adayo isu a saanna a nadnadlaw ti yaasidegda.

Lining-et ni Teniente Charlito iti nagsapidenganna. Nataliawna ti asawana a kumkumpes iti uneg ti kuarto. Saanna a kayat nga adda mairaman a kameng ti pamiliana.

Nalagipna ti selponna. Nagarudok a nagsubli iti kuarto.

"Adda tao iti ruar. Agpasirokka pay laeng iti katre, baket. Saankay a rummuar uray ania ti mapasamak," inseniasna iti asawana nga agpigpigerger.

Indayalna ti selpon. Idi agkiriring ket sungbatan ni Major Nap Agustino ti awagna, imbagana a dagus iti nakapsut a timek ti situasion. A masapulna ti augmentation. Saannan nga inuray ti sungbat ti major. Iniddepnan ti selpon. Nagdardaras a nagsubli a nagsiim iti tawa.

Saan latta nga agsarday ti taul ni Blanca. Idi agangay, dinanggayanen dagiti aso dagiti di unay adayo a kaarrubada.

Simmirip manen ni Teniente Charlito. Adda pay laeng dagiti tallo nga anniniwan iti arubayanda. Agsisiimda. Ammona, agur-uray dagitoy iti gundaway.

Nakaikeddengen. No agpilit nga umasideg dagiti immarubayan, kukuana amin ida. Uray nabayagen a nakapagretiro. Ngem no kunana a puntiriaenna ti mata ti agtartaray a kalding, saan nga agmintis. Marksman idi adda pay iti serbisio. Inubonna ti medalia iti pannakaipasungalngalda iti adu a laban iti Jolo ken Basilan.

Nabayag a nagpaliiw. Saan a naggaraw dagiti anniniwan. Kumkumlebda pay laeng iti sirok dagiti mangga. Naisip ni Teniente Charlito, kayatda la ketdi a paruaren. Nalaklakada nga anupen no maappananda. Nagngariet. Nagbiddutda no dayta ti planoda. Saan nga agsebba. No nasken, isu ti mangappan kadakuada tapno sumrekda iti teritoriona.

Idi pagam-ammuan ta mangngegna ti ungor ti umas-asideg a lugan. Napardas, nasiputanna ti panagal-aludoy dagiti tallo nga immadayo a linamut ti kasipngetan. Nangngena kalpasanna ti andar ti lugan iti di unay adayo nga in-inut a nagpukaw. Kinamat ida ni Blanca. Ngem sinitsitanna ti aso.

Madamdama pay addaytan dagiti dua a lugan iti arubayanda. Iti andar pay laeng dagitoy, kabisadonan a military jeep. Uray la naganikki dagiti pilid ti lugan iti pardas ti panagsardengda. Alisto a timmappuak dagiti nakalugan iti military jeep a nangipaturong kadagiti armasda iti aglawlaw.

Nakaanges ni Teniente Charlito iti nalukay. Ipagarupna itayen no addan maidasay iti arubayanda. Agkebbakebba, nagdardaras nga immulog iti balayda.

"Teniente! Teniente! Ni Lieutenant Ferdie Corteza daytoy!"

"Lieutenant! Imbag ta nakarespondekayo a dagus!" kinuna ni Teniente Charlito a nangsabet iti grupo.

"Ayanda?" naparagsit ni Lt. Ferdie Corteza a nagsaludsod a nagtaltalangkiaw iti aglawlaw.

"Nakapanawdan! Nagdardarasda itay mapasungadandakayo! Kunak no mapasuboakon!" inyanangsab ni Teniente Charlito.

"Ammok, kayangkayam ida uray siksika. Ngem nagsayaat koman no naapputmi ida!" kinuna ni Lt. Ferdie Corteza a nangtapik iti abaga ni Teniente Charlito.

Apagbiit laeng ti panagsarita da Teniente Charlito ken ni Lt. Ferdie Corteza. Madamdama laeng, sinenniasannan dagiti taona.

"Okey, men, move out! Kamatentayo ida!" imbilinna ket nagdardarasdan a pimmanaw.

Tinaray nga inarakup ni Teniente Charlito ti agpigpigerger pay laeng iti buteng nga asawana. Pumurpuraddaw met annakna.

"Apo, ania daytoy nasnastrekmon, Charlito! Nakabutbuteng. Agatraskan!" insangit ti asawana.

"Ituloyko ti laban. No agatrasak, ibagadan nga awan ti sangik ken imbaagkon ti ipusko!" kinuna ni Teniente Charlito a nangap-apros iti bukot ti asawana.

Idi agnadnad ti rikna ti asawana, imbilinnan nga umunegdan iti kuarto. Saanen a nagsubli dagiti dua nga annakda iti kuartoda. Simmurotda iti inada iti kuartoda nga agassawa.

Nagsubli iti salas. Alimbasagen. Naatapen ti tuturogan kenkuana.

Naitalimudok ti panagkitana kadagiti medalia ken plake ti pammadayaw a nakakuadro ken nakabitin iti narra a diding. Naipaay amin kenkuana dagitoy idi adda pay iti serbisio. Tallopulo a tawen a nagserbi iti AFP. Kas beterano, adu a tuok ken rigat ti nagpasaranna. Natatek ti bagina iti piglat. Naalana iti pannakaipasungalngalna iti adu a laban iti Mindanao. Master Sergeant idi pumanaw iti serbisio. Kas pagallagadan, maital-oda nga agretiro iti nangatngato a maysa a ranggo iti panagretiroda.

Napaanges iti nauneg. Maysa kadagiti tagipatgenna a pammadayaw ti Gold Cross Medal. Daytoy ti maikatlo a kangatuan a military award nga ipaay ti Armed Forces of the Philippines a pangbigbig iti kinatured ken kinabannuar ti asinoman a soldado a di agpangadua a mangisebba iti karadkadna iti pagbabakalan.

Napaanges iti nauneg. Uray no nakapagretiron, saan nga inibbatan ti AFP. Nagtultuloy ti panagserbina. Asset ita ti ISAFP – a pagkaduaanda kada General Loreto, Major Nap Agustino, ken Lt. Ferdie Corteza.

Nasinga ti panagpampanunotna idi agkiriring ti selponna. Ni Major Nap Agustino ti umaw-awag. Sinungbatanna a dagus. Impeksana ti panagyamanna iti napardas a panagresponde ti tropa.

Naleppay ti abaga ni Teniente Charlito idi ibaga ti major a saan a nakamatan da Lt. Ferdie Corteza dagiti immarubayan kenkuana. Imbilin ketdi daytoy nga agkitada iti safe house iti kabigatanna.

"Agkuyogkayo ken ni Mr. Juan dela Cruz," kinuna pay ti major.

NASAPA a nagkuyog da Angkuan ken Teniente Charlito a nagturong iti safe house da Major Nap Agustino. Imbatida ti luganda iti presinto. Agur-urayen sadiay ni Maestro Amante a nasapa a kinasaritana. Impakadana a ti pay laeng lugan daytoy ti usarenda. Isurotda ni Maestro Amante. Ammo ni Angkuan nga agpada a markado dagiti luganda ken ni Teniente Charlito.

"Kunak no mapasuboakon idi rabii," insalaysay ni Teniente Charlito ti napasamak idi agtartarayen ti lugan. Napamulagat , kasla saan a mamati ni Maestro Amante iti naammuanna.

"Mayat koma tapno narissinganda, pari!" kinuna ti maestro. "Umatipukpok ket koman a laban, aya!"

"Dayta ngarud. Patpatek koma ida a tallo! Ngem saan a napintas nga iti mismo laongko nga agsayasay ti dara itoy nga eleksion," ingngilangil ni Teniente Charlito.

Naulimek ni Angkuan a nagtungtung-ed. Saan a nagkibaltang iti nagparikna kenkuana. Adda puntos ni Teniente Charlito. Masapul nga agtalinaed a natalna ti barangay itoy nga eleksion. Ngem rinantada daytoy a pagulimeken. Karbengan ti teniente a salakniban ti bagina ken ti pamiliana.

Agur-urayen kadakuada da Major Nap Agustino ken Lt. Ferdie Corteza idi sumangpetda iti safehouse. Pinauneg a dagus ida ti major.

Inyam-ammo ni Teniente Charlito ni Maestro Amante iti major. Nairut ti dinnakulapda.

"Positive. Grupo ni Ka Zoilo dagiti immay mangaradas koma kenka idi rabii, teniente. We are validating reports iti koneksionda iti dayta a Barangay Captain Vicente Camanaoan. No nakemmeg koma da Lieutenant Ferdie Corteza ida, nalpas koman ti problema. Nagalisda. Kabisadoda ti pasikutsikot ken limsotanda. But we are closing in on them, saankayo nga agdanag," impanamnama ti major.

"Burnt out-nak kadin, sir?" nagmurareg ni Teniente Charlito.

"Kayatdaka a kalapen. Ammoda ngamin a sika ti dakkel a katulongan ni Mr. Dela Cruz. Dakayo ken ni General Loreto. Ammoda a no mapukawka iti eksena, nalaklakada nga isayangkat dagiti planoda tapno maisiguro ti panangabakda!"

Nataliaw da Angkuan ken Maestro Amante ni Teniente Charlito.

"Doblienyo ti agannad!" Pinerreng ni Major Nap Agustino da Teniente Charlito ken Angkuan. "Saantayo nga ammo ti kinaasino dagiti kabusor. But this time, baliwantayo ti laban. Saantayo nga agpatingga agingga a di maammuan ti paglemmenganda. Let's have picnic, gentlemen!" inkidday ti major.

Picnic?

Nagkinnita da Angkuan ken Maestro Amante.

"Operation ti kayatda a sawen iti picnic!" inyarasaas ni Teniente Charlito kadagiti dua.

39

SINAPA ni Kapitan Enteng ti napan iti ayan da Ka Zoilo. Rantaenna. Nainget ti bilin daytoy kenkuana a saanen nga umawag iti telepono kadakuada.

Kas iti sigud, sinigurado nga umuna ni Kagawad Escobar a nadalus iti kalsada sakbay a rimmuar ti lugan ni Kapitan Enteng. Pinagbatina ni Sgt. Robino a detail security-na.

"Clear! Clear!" insenias ni Kagawad Escobar ken ni Kagawad Banong idi makitana a nadalus ti ruar ken iti kalsada. Ti laeng manen managsapsapa a mangipukpukkaw iti lakona a taho ti kakaisuna a nakitana a nagsardeng iti igid ti kalsada. Mangrugin nga araken ken aribungbongan daytoy dagiti tumuyutoy nga uries.

Pinaswitan ni Kagawad Escobar ti agkabannuag, lampong, ken kasla kimriit ti kudilna nga aglaklako iti taho. Inseniasna ti dua a baso a plastik. Itedna ken ni Kagawad Banong ti maysa.

Napalalo a yaman ti aglaklako iti taho idi saanen nga innala ni Kagawad Escobar ti supli ti imbayadna a sangagasut a pisos.

Idi unoren ti Fortuner ti kalsada, nalagip ni Kapitan Enteng ti kinuna ni Ka Zoilo idi awaganna. Nga agannad ta mabalin a naka-wiretap ti selponna.

Nagmusiig. Kasano koma a mapasamak dayta? Nainget ti bilinna nga awan ti asinoman a makastrek iti balayda. Dagiti sangailida iti inaldaw, agpatinggada laeng iti pagawatan iti sangaili. Nupay kasta, awan ketdi ti mapukawna no tungpalenna ti bilin a nasken nga agannad. Dina la ammo amangan no adda pay sabali a wagas a mabalinda nga aramiden tapno matiktikan ida dagiti autoridad.

"Pardasam, kagawad!" indagdag ni Kapitan Enteng.

Magagaranen ni Kapitan Enteng a makisarita ken ni Ka Zoilo. Kayatna a maammuan ti nagbanagan ti impatrabahona kadagitoy.

"Dikay met impalnaaw daydiay a Teniente Charlito?" impasabat ni Kapitan Enteng ken ni Ka Zoilo idi makadissaag iti luganna.

"Alisto dagiti nagresponde, kap. Narigat no mapasubo dagiti ubbingko. Buliliaso amin a plano no maapputda dagiti taotayo!" kinuna ni Ka Zoilo.

"Nagkapuydan? Sinerrekda lattan koman, a, ti balay dayta aTeniente Charlito! No mapukaw dayta a tao, mapukolan la ketdi dayta nga Angkuan. Awanton ti pagkaritna!" ingngariet ni Kapitan Enteng.

"Masapul a nalinay dagiti garawtayo. Nabayagkamin iti kastoy trabaho. Ammomi ti ar-aramidenmi. No rimmuar la idi rabii dayta a Teniente Charlito, husto 'diay kunayo, dungdung-awan koma itan ti pamiliana!"

"Asino ngarud dayta a major nga agop-operate ditoy San Sebastian?" binaliwan ni Kapitan Enteng ti saritaan.

Napangilangil ni Ka Zoilo.

"Naatap a kasla kigaw! Awan makaammo iti husto a nagan wenno langana. Ngem kumagatto dayta iti appanmi!" kinuna ni Ka Zoilo.

Saanen a nagbayag pay ni Kapitan Enteng. Nagpakada a dagus idi adda awagna iti telepono. Ni Bise Mayor Nixon Peralta ti umaw-awag. Agturong kano ti bise mayor iti balayda.

Nagayad ti isem ni Kapitan Enteng. Ammona, adda la ketdi napintas a damag nga idanon kenkuana ti bise mayor.

Idi makasangpetda, addayta a mangrugi manen dagiti tao nga aglilinia a sumrek iti balayda. Nabara ti darang ti init. Awanen 'tay aglaklako iti taho. Ti met aglaklako ita iti ice cream a barbasan ken lampong ti nakitada nga adda iti asideg ti ruangan. Tumuyutoy latta dagiti ubbing a magsigatang iti nakaapa nga ice cream.

"Ikkam man amin dagita nakalinia iti sorbetes! Bayadak aminen 'ta lakom!" kinuna ni Kapitan Enteng a nangsenias iti sorbetero.

"Wen, kap! Tenk yo!" Naragsak a nagtung-ed ti sorbetero idi mangdutdot iti tres mil ni Kapitan Enteng.

"Panagkunak, sobran dayta," kinunana idi mabatoganna ti sorbetero a nagkurno pay kenkuana.

"Mayat sa ti ririingan ita ni kap," inyisem nga inyarasaas ni Kagawad Escobar ken ni Kagawad Banong iti abayna.

Agur-urayen ti Land Cruiser ni Bise Mayor Nixon Peralta idi makaunegda.

NARABUY ti isem ni Bise Mayor Nixon Peralta a nangsabet ken ni Kapitan Enteng. Uray la aglag-oy ti butiog ti kapitan a naitupa iti maskulado a bagi ti bise mayor iti panagginnabbayda.

Awan iti langa ti bise mayor ti edadna nga innem a pulo. Nabisked. Bigotilio. Natundiris ti agongna. Naparsiakan iti dara ti Kastila. Retirado a Philippine Marines.

Namitlo a nabutosan a konsehal ti ili sakbay a nagbise mayor. Koboy. Aw-awaganda iti asiendero nupay aglima la nga ektaria ti napundarna a daga. Nasiggisiggit dagiti dagdaga iti San Sebastian ken kadagiti kabangibang nga ili. Maibilangen nga adda mabalbalin ti asinoman nga adda bukodna a daga a nasursurok ngem maysa ektaria.

Nasinged da Kapitan Enteng ken ti bise mayor. Agkaeskuelaanda iti flying school. Nupay saan unay a sumursurot iti galiera, ipasurotna lattan ti pustana iti bise mayor. Adun ti manokna a nagkampeon iti derby. Ti maysa pay a pagpadaanda, isu ti kinaarmendoda. Nupay nalalaing ti bise. Masukansukat ti parehana.

"Nakapasiarkayo, apo bise?" inyisem ni Kapitan Enteng.

Sineniasanna ni Kagawad Escobar a mangisagana iti mainum ken pulotanda.

"Makaammokanton kadagiti badigard ni bise," impakamakamna.

Nagdardaras ni Kagawad Escobar a nagpakosina. Idi agsubli, sumarsarunon kenkuana ti dua a serbidora a nakaiggem iti Black Label ken nakaplatito a kilawen a kalding a pulotanda.

"Kasano ti taray ti kampania? Agwarwaras met ti damag a natibong ti nagan ni Angkuan a kalabanmo?" awan palpalikaw ti bise mayor. Nagtilmon idi lengngesenna ti botelia ti arak. Nagparang dagiti nalitem a ngipenna iti panagsanapsapna.

Limmidem ti rupa ni Kapitan Enteng iti panangdakamat ti bise mayor iti nagan ni Angkuan. Tinengngelna ti riknana. Masapul nga ipakitana ken ni Bise Mayor Nixon Peralta nga awan ti dadanaganna.

"Uray agkabalio iti puraw, awan pannakaatiwta, bise. Am-ammonak metten! Saan a kayat dagiti kalugarak a masuktanak ditoy Camanguegan a kapitan!" impigsana ket dandani mapunno ti basona iti intuyagna.

"Kunakto pay!" inggarakgak ti bise mayor. "Biddut ti ibagbaga ni Mayor Marcelino a napigsa kano ti guyod daydiay nga Angkuan!" naggarakgak manen ti bise mayor a nangtapik iti kapitan.

Kasla adda nagsalat iti karabukob ni Kapitan Enteng iti panangdakamat ti bise mayor iti nagan ti tao a kagurgurana unay. Indoblena a linengnges ti botelia. Tinuyaganna ti basoda iti bise. Di pay nagkirem a nangitangnguap iti guduat' baso nga arak. Pinagdaraddanna ti nangkutsara iti kilawen. Nagtig-ab idi pasarunuanna iti sangabaso a danum. Nariknana a timmapis ti bara ti arak.

"Bise, kinunak idin ket kunaek manen. Saan pay a naipasngay ti mangibalat ken ni Kapitan Enteng iti Camanguegan! Sisiw daydiay nga Angkuan!" kinunana a nangitag-ay pay iti gemgemna.

Ad-adda la ket ngarud ti paggaak ni Bise Mayor Nixon Peralta. Ammona, nasukitna ti rikna ti kapitan. Kabisadonan ti ugali ti gayyemna. Saan a makaliklikmut iti kalleb. Ababa ti kurdonna. Ngem magustuanna ta manipud idi simrek iti politika, nagkaduadan. Dakkel ti naitulong ti kapitan kenkuana. Ti butos a naalana iti Camanguegan ti nangpangabak kenkuana iti panagbise mayorna. Isu nga asideg ti riknana iti kapitan.

"Lalaingem. Masapul a mangabakka. Kayatko a sikanto ti katiketko iti sumaruno nga eleksion!" impormal ti bise mayor.

Kunam pay, napukaw amin a simron ni Kapitan Enteng. Tinuyaganna manen ti basoda iti bise mayor. Pinagtinnik-olda dagiti basoda sada naggidan a nangitangnguap.

"Sangduentanto daydiay a Mayor Marcelino!" imbirkakakna ket uray la nagsapri ti ngiwatna iti pigsa ti paggaakna.

"Wen, sublatenta ti rienda ti turay. No agtipon ti puersata, dakkel ti namnama!" indanog ti bise mayor ti imana iti angin iti panagtung-edna.

Nagampayag a dagus ti panunot ni Kapitan Enteng. Nagkallasawan ti isipna.

No makapag-bise mayor, saanto laengen a kasosio iti hueteng. Dakdakkelton ti apagna. Ken nalawlawanton ti pagdakiwasan ken pamastrekanna. Ad-addanton a bigbigenda ti bilegna. Kitaem man la ti gasat, aya, naisipna a nagarapaap. No makapagbise, kasla makitkitanan ti sumaruno a papananna. Iti panaglayag ti isipna, saanna a nadlaw nga itay pay gayam nga adda ibagbaga ni Bise Mayor Nixon Peralta.

"Kapitan, nasaysayaat no dakkel ti pangitarayam ken ni Angkuan tapno napigpigsa ti kidagna! Makapagplanotan no kua a nasapsapa!"

Kasla natarimbangon ni Kapitan Enteng, nakigtot idi sipaten ni Bise Mayor Nixon Peralta ti abagana iti nalag-an.

"Sigurado! Awan danag, bise! Ilampasota daydiay nga agbibisin!" kinuna ni Kapitan Enteng a nangbukbok manen iti basona a pangdismolarna iti riknana iti panangulit-ulit a panangdakamat ti bise iti nagan ti tao a puor ti kararuana.

MANGRUGIN ti kampania. Kas imbalakad ni Major Nap Agustino, baliwanda Angkuan ti estratehia ti grupo. Liklikanda ti agkarabiyan a mangpasiar kadagiti purok nga agkampania. Nasken a saanda nga ipakaammo no sadino ti papananda pagkampaniaan. Usarenda ti lugan dagiti dadduma a kakaduana nga agpasiar kadagiti purok iti barangay tapno maulaw dagiti pasurot ni Kapitan Enteng a mangmonitor iti garawda.

Kas nagnunumuanda kada Angkuan ken Maestro Amante, inlimed ni Teniente Charlito ti pananggandatda kenkuana iti pagtaenganna. Saan a mabalin nga agam-amak dagiti kakaduada nga agkampania.

Ngem talaga a nagpayak ti damag ken naglapayag ti daga. Adu ti nangunton kenkuana maipapan iti napasamak. Ngem nagulimek lattan. Dina kayat a mairaman pay nga agdandanag dagiti kakaduada.

KALPASAN ti umuna nga aldaw ti kampania, imbilin ni Angkuan nga agtarusda amin iti balayda iti kamalmanna. Nagpaparti iti maysa a baboy a pagsasanguanda. Inawisda amin dagiti mangkuykuyog kadakuada. Awan sabali a maisubadna. Dayta laeng ti kabaelanna a pagsubalit iti ayat ken tulongda iti grupo.

Nasapa pay ngem nakasaganan ti pagsasanguanda idi sumangpetda. Aduda a simmurot a nagbalaybalay iti umuna a purok a napananda. Makapalag-an rikna ti naimatangan ni Angkuan a kinaregta dagiti tao. Mamatin nga adu kadagiti kalugaranna ti saan a masisirap iti sileng ti pirak. Adu ti nangibaga kenkuana nga awatenda ti iwarwaras ni Kapitan Enteng. Ngem isunto ti bitibitenda.

Madaman ti panaglalanglangda idi pagammuan ta agiinnuna dagiti ubbing a nagtataray a rimmuar. Nangngegda ti batingting ti sorbetero.

"Siakon ti mangbayad! Ikkam amin dagiti ubbing!" kinuna ni Teniente Charlito nga immasideg iti sorbetero.

40

MUMALEMEN ngem nakapayabyab pay laeng ti sorbetero. Kas iti aglaklako iti taho, am-ammon ti kaaduan kadagiti ubbing ken agtutubo ti sorbetero. Aparna a paglakkuan ti Camanguegan. Ranaenna dagiti ayan ti pasken ken punsionan a yan ti adu a tao. Naragsak a makipimpinnadamag kadagiti mapaspasamak iti Camanguegan. Gapu ta dandani aginaldaw nga adu ti tao iti laong da Kapitan Enteng, ayuyangna a mapan paglakkuan. Kaangawannan dagiti bayabay ni Kapitan Enteng. No dadduma, pasaray pay pastrekenda payen iti uneg nga aglako

Iti dayta nga aldaw, nakaragragsak dagiti ubbing a nagdadarison a nagtataray a nagturong iti ayan ti sorbetero nga agkilkililing iti paraangan da Angkuan.

Alisto a rimmuar ni Teniente Charlito a nangsabet iti sorbetero.

"Ala, ikkamon amin ida. Siakto ti agbayad!" inkidday ni Teniente Charlito iti nagtung-ed a sorbetero.

Pinaglilinia ti sorbetero dagiti tumuyutoy nga ubbing a maragragsakan.

"Yeheyy!" inyikkisda a naglalagto a kimmita ken ni Teniente Charlito.

Manipud iti nagtakderanna, sinipsiputan ni Angkuan ni Teniente Charlito. Agingga idi immasideg daytoy a nakisarita iti sorbetero. Nadlaw a dagus ni Angkuan ti panagkinnissiim daTeniente Charlito ken ti sorbetero. Adda nagay-ayam iti panunotna.

Nasinga ni Angkuan idi kablaawan dagiti agsangpet a bisita. Napaisem a nangsabet ken ni Atty. Juanario idi mailasinna daytoy.

"Naimbag man, attorney, ta nakadaw-askayo," inalamanona ti abogada ken dagiti dua a babbai a kakaduana.

"Da Attorney Estela ken Attorney Perlita," panangyam-ammo ni Atty. Juanario kadagiti kaduana ken ni Angkuan. "Kaduak ida iti League of Women Lawyers," inyisemna.

Nairut ti panangalamano ni Angkuan kadagiti dua nga abogada. Naisemda. Kas ken ni Atty. Juanario, agpada dagiti dua a naemma ti tigtignayda. Iti langada pay laeng, masinunuonan a kas met laeng ken ni Atty. Juanario dagitoy a mabilbilang ti ibbatanda a balikas.

"Adda laeng napateg a rantami, Mr. Dela Cruz," kinuna ti abogada ket impusingda ni Angkuan. Saan a nabayag ti panagsasaritada. Adda sobre nga impapetpet ti abogada ken ni Angkuan. "Bassit a para gasolinayo," kinuna ti abogada.

Nagyaman ni Angkuan a nagtamed iti abogada. Saanen a nagbayag dagitoy kalpasanna.

"Napateg sa ketdi ti ginagara da Attorney Juanario?" inasitgan ni Maestro Pitong.

"Wen, maestro. Naan-anay ti suportada iti grupotayo. Diak koma awaten ti imbatina a tulong. Ngem mabainak, amangan no adda makunada," kinuna ni Angkuan.

Nalagip ni Angkuan ni Teniente Charlito. Idi taliawenna ti kalsada, awanen daytoy. Uray ti sorbetero, nagpukaw met a kasla asuk. Naakasanen ti igid ti kalsada kadagiti tumuyutoy itay nga ubbing. Saan nga agkibaltang iti pattapattana. Nagtungtung-ed a nangsubli a nangasikaso kadagiti dadduma pay a sangaili.

SERIOSO ti rupa ni Kapitan Enteng. Agsarsaritada ken ni Ka Zoilo. Sinapsapana a dinanon daytoy iti safehouse. Masikoran. Nagalis dayta a Teniente Charlito. Binaliwan a sinublian dagiti tao ni Ka Zoilo. Ngem saanen nga agintaer iti balayda.

"Ania ti mapaspasamak? Ibagayon no awan ti magudilanyo!" makaunget ti timek ni Kapitan Enteng.

"Uray dakami, madukotanen, kap. Ngem talaga a nagalis ti salbag! Addan sa ket gingginammolna! Saan a matsambaan dagiti taok!" insungbat ni Ka Zoilo a mangdaldalus iti stainless a kalibre .45-na.

"Saan a makapaggaraw dagiti taok. Addan amakda nga agiwaras. Atapenda nga adda pannakamata ti bangir kadagiti sumsumrek iti balay!" inridis ti kapitan.

"Tsk tsk tsk… Saan a ni Angkuan ti akimplano kadagita no adda man! Alwadanyo, adda la ketdi iti arubayan dagiti mangsipsiput kadakayo!" kinuna ni Ka Zoilo.

"Diablesna ketdi! No asinoman dayta a major, ammuenyo! Trabahuenyo sakbay a maappotdakayo!" imbang-es ni Kapitan Enteng nga itay pay a pagna a pagna ken sunel a sunel iti sigariliona.

Nagngirsi ni Ka Zoilo.

"Maappot? Dayta ti adayo a mapasamak, kap!" ngimmato ti bosesna ket kasla kumilaw dagiti matana a nangtaliaw kadagiti agiinum a kakaduana.

"No billit koma, Ka Zoilo, nalaka laeng nga ammuem ti apon a sanga dayta a major. Gunggonem ti kayo a nagaponanna! Ammomton ti pagkayabkabanna!" imbannikes ni Kapitan Enteng.

Napatakder ni Ka Zoilo iti nagtugawanna. Naperrengna ni Kapitan Enteng a nakabannikes pay laeng a kumitkita kenkuana.

"Kompormen kada Teniente Charlito ken ni Angkuan ti umuna a makalapmi!" ingngarietna.

Kunam pay, gimluong ti paggaak ni Kapitan Enteng ket nagtinnag a palakpak ti nakasiksikkil itay a bannikesna.

Idi makasubli iti balayda, nagsidunget ni Kapitan Enteng idi ipasabet dagiti tinangdananna nga agsurbey ti resulta ti panagsurbeyda. Maar-arus iti amin a purok. Ti laeng purok ti kapitan ti pangat-atiwanna.

Makapungtot. Sinangona dagiti nagsurvey.

"Apay a napasamak dayta?" gimluong ti timekna.

"Nabileg dagiti agtutubo a mangipagpagna ken ni Angkuan, apo kapitan!" kinuna ti lider dagiti nagsurbey.

Nagsabet dagiti kiday ni Kapitan Enteng. Nalukot dagiti gemgemna. Kasla kimat a nangdanogdanog iti kayo a diding. Nagdakkelen a kuarta ti nabusbosna, ngem napigpigsa ti guyod ni Angkuan? Nagkaling-etan. Nalagipna nga uray dagiti padana a kapitan, kanayonda a kantiawan no miting ti Liga dagiti Barangay. Ibagbagada nga amangan no mapaspasarakan kano ni Angkuan nga agdadamo laeng iti politika!

"Dayta ti saan a mabalin! Apay a napigsa dayta nga Angkuan?" gimluong manen ti nabangag a boses ni Kapitan Enteng.

Iti kigtot dagiti nagsurbey, immalikeskesda nga immadayo.

"Dagiti agtutubo, idoloda metten ni Angkuan!" kinuna ti lider dagiti agsursurbey.

Ad-addan a narubroban ti rikna ni Kapitan Enteng. Rimmasuk ti darana. Timmayab ti napidutna a plorera.

Saan a nakatagari ti dadaulo dagiti agsursurbey iti kigtotna.

"Kap! Kap, agpalamiiskayo!" alisto ni Mary nga immasideg. Inyawatanna iti mineral water ni Kapitan Enteng.

Umanangsab ti kapitan a nangarub-ob iti danum.

Idi agnadnad ti riknana, pinaayabanna a dagus ken ni Mary ni Kagawad Banong.

"Ammuenyo man no asino dagiti agtutubo a mangipagpagna ken ni Angkuan! No nasken, pamelmelanyo ida iti kuarta!" imbirkakakna.

"Natangken dagiti agtutubo a mangsupsuporta ken ni Angkuan," kinuna ni Kagawad Banong. "Ngem adda met pangontratayo kadakuada. Dagiti annakmi kada Kagawad Escobar, isuda ti mangikamkampania iti grupotayo."

"Ngem ad-aduda iti bangir, kagawad," imbagi ni Mary a nangtaliaw ken ni Kapitan Enteng.

"Dayta ti problema!" insanamtek ti kapitan.

Ginabbay ni Kapitan Enteng idi agangay ni Kagawad Banong. Adda inyarasaasna. Kalpasanna, pinapetpetanna iti nabengbeng daytoy.

"Para kadagiti ubbing. Basta ibagam, aramidenna ti imbagak!" intung-edna. Insublatna a kinasarita dagiti agsursurbey. Naturay ti timekna a nagmandar. Nasken nga ammuenda amin no asino dagiti saanna a kadua.

Sintagari, nagal-aludoy a nagpakada dagiti para surbey.

NARAGSAK ni Angkuan. Iti dayta nga oras ti sardam, kalkalpasda a nagsarita ken ni Carlota. Kayat ti asawana ti agbakasion. Mailiw kanon iti

Camanguegan. Kailiwna metten ti kaingungotna. Uray dagiti annak ken appokona. Ngem binagbagaanna a saan pay laeng nga agbakasion daytoy. Saanna nga imbaga a nabara ti labanda ken ni Kapitan Enteng. Dina kayat nga agdandanag daytoy.

Napaanges iti nauneg. No maminsan, mapampanunotna a pudno a simple koma laeng ti biagna no saan a simrek iti politika. Makaturog iti kaykayatna. Makagaraw nga awan ti sipsiputanna. Wenno saan, naragsak a mangaw-awir kadagiti appokona iti Estados Unidos. Ngem iti panagretirona iti gobierno, nakitana ti kasasaad ti Camanguegan. Naamirisna a nasken a maiwayat ti panagbalbaliw. Kayatna ti tumulong tapno mapasamak dayta a panagbalbaliw. Kayatna ti makipaggamulo iti pannakaisayangkat dagiti gannuat ken proyekto tapno magun-od ti arapaapna a panagbalbaliw. Kayatna a mananam met dagiti kalugaranna ti bunga ti panagdur-as. Kayatna ti sapasap a panagprogreso. Saan ketdi a manmano laeng ti mamutittit ken agsayaat.

Napangilangil ket bimmangon iti iddana. Ania ti agur-uray a gasatna iti politika? Maamiris ngata dagiti lumugar ti ilablabanna a panagbalbaliw? No awan la ti gasatna, agdedennadanton iti pamiliana iti America. Nabayag sa nagsubli iti iddana. Agingga a naiturturog ni Angkuan ti panagpampanunotna.

INUMMONG ni Kagawad Banong dagiti agtutubo a gagayyem ti barona a ni RJ. Malaksid kadagiti annak dagiti kakaduana a konsehal, adda pay dagiti dadduma a gagayyem ti barona nga annak dagiti kaduada nga agkamkampania. Agad-adal iti high school ken kolehio dagiti dadduma. Ngem adu kadakuada ti nagsardengen nga agbasa.

"Sarunuenyo dagiti grupo dagiti agtutubo a supporter ni Angkuan. Kampaniaanyo amin ida. Ibagayo a nasaysayaat no ti addaanen iti padasna ti ibutosda. Ammuenyo no adda kayatda a kiddawen ken ni kapitan ta idanontayo," kinunana pay.

Nagtungtung-ed dagiti agtutubo.

"Dakkel ti maitulongyo. Ad-adukayon nga agtutubo a botantes!" kinuna pay ni Kagawad Banong.

Imbilinna nga agrekrut pay dagitoy iti ad-adu a kaduada. Inkurimedna nga impapetpet ti inted ni Kapitan Enteng.

"Wow! Panghapihapi, RJ!" kinuna dagiti agtutubo idi iwaradiwad ni RJ kadakuada ti iggemna a pamuskolen a nalukot a papel de banko a gunggonada.

Kunam pay, nakakarkaranting a nagtutulag dagitoy no ania ti aramidenda. Insursurot ni Kagawad Banong ti panagkitana iti grupo ti anakna a nakamotorsiklo iti ipapanawda.

KADAGITA a kanito, un-unoren ni Teniente Charlito ti dalan a sumina iti kalsada nasional. Sumsumreken iti kalsada nga agturong iti purokda. Manmano ti balbalay iti dayta a paset ti dalan. Mayat ti irair dagiti kawayan iti agsumbangir nga abaga ti natapok a kalsada. Kasla rumugma dagiti nasamek a turod iti dayaenna.

Nagsanamtek a nangtaliaw iti relona. Pasado alas onsen. Naibayagda ken ni Major Nap Agustino ti nagsarsarita. Adu dagiti nakalapda nga impormasion kontra kadagiti tao nga agdakdakiwas iti Camanguegan. Saan a mabayag, malukaisandan no sadino ti apon dagitoy.

Nagsuyaab. Makaturturogen. Sinarapana ti kalibre .45 na idi aguyas iti tugaw iti panaglikig ti luganna iti pagpikoran. Idi pagammuan ta maripar ni Teniente Charlito nga adda naibalangan iti dalan a kayo. Dakes ti nagparikna kenkuana.

Naganit-it ti lugan idi ibaddekna ti preno. Kasla kimat a nangigayang kalpasanna iti bagina idi mailukat ti ridaw ti agan-andar pay laeng a lugan. Sinaruno dayta ti panangpisang dagiti ranipak ti armas ti ulimek ti rabii.

41

NAGKAYABKAB dagiti mangrabrabii a tumatayab idi agallangogan dagiti putok ti paltog. Iti kidem a sipnget, bumegbeggang dagiti sumanengseng a buli a kasla awan aniamanna a nangsalpot iti Crosswind. Lumanitak dagiti bala nga agkallatik a nangsapul iti sumarianda iti uneg ti lugan. Kasla awan met aniamanna a naruros ti windshield iti pannakatatek ti bala. Idi sumardeng dagiti putok, nagari ti makatitileng nga ulimek.

Kasla simmardeng ti panagtayyek ti lubong iti panagrikna ni Teniente Charlito. Nakapakleb daytoy iti gulis iti baet dagiti minaisan a nagdissuanna. Tinengngelna ti asugna. Limmukay ti petpetna iti kalibre .45. Nagpaliiw. Natengngelna ti angesna a nangitungraraw iti ulona idi awan ti matimudna a karasakas.

Bakras ti dalan ti nagtulidanna agingga a nakadanon iti minaisan. Napuskol dagiti muyong a kasla napatulidan iti nambaan. Napasardeng ti panagangsabna idi makangeg iti anabaab. Idi tumangad, naisarang iti lawag ti agan-andar pay laeng a lugan ti tallo nga anniniwan. Agar-arudokda nga agturongda iti ayan ti agas-asuk a lugan.

"Kanibusanamon!" imbugtak ti maysa kadagiti lallaki a nangtatek iti Armalite iti Crosswind.

Kasla awan patinggana ti panagbusi ti igam. Umas-asuk ti kanion ti paltog.

Tinengngel ni Teniente Charlito ti angesna. Talaga a kayat dagiti nangtambang kenkuana a sentensiaan.

"Sigurado a napuruan dayta a teniente!"

Nupay mangrugin nga agbibineg ti bagina, nalawag a mangngeg ni Teniente Charlito ti saritaan dagiti nangtambang kenkuana. Plinaslaitan dagitoy ti uneg ti lugan.

Agpigpigerger. Mariknan ni Teniente Charlito ti panagkapsutna. Ngem inkarigatanna nga inurnong amin a pigsana. Itablana ti biagna.

Idi masaripatpatanna dagiti tallo nga agar-arudok a mangtantan-aw iti lugan, tinengngelna ti angesna a nangsirig iti nakaiggem iti Armalite. Pinagsarunona a kinalbit ti gatilio.

Agkakapsuten. Agkudrepen ti panagkitana. Ngem nakita ti teniente a naarinuknok ti naka-Armalite.

"N-naalaak! Naalaak, kakadua!" nangngegna ti pugsapugsat a kinuna ti nanabsuok iti dalan a napaltoganna.

"Animal!" kinuna ti maysa a nakaiggem met laeng iti Armalite. Apagdarikmat, kasla agpaguggan daytoy a nangiwaradiwad iti nagbusi nga igam. Ngato baba ti nakaipaturongan ti paltog a nagsaltek iti kimleban ni Teniente Charlito.

Insubsob lattan ti teniente ti ulona iti daga idi sumanengseng ti bala iti ngatuen ti ulona.

Idi sumardeng ti putok, natimudna ti panagpinnapilit dagiti dua a lallaki.

"Bagkatenta!" kinuna ti maysa kadagitoy a nangulod iti natumba a kaduada.

"Bay-antan! Diaske, dandani itan dagiti agresponde!" impigsa ti maysa.

Agkapsuten ni Teniente Charlito. Iti kuridemdemna, nasirayanna pay laeng nga inalun-on ti kasipngetan dagiti dua a lallaki. Sinaruno dayta ti andar ti lugan iti di unay adayo a nagin-inut a nagpukaw.

Naarikap ni Teniente Charlito ti bagina. Nariknana ti bara ti agsayasay a dara.

NABUAK ti Camanguegan iti dayta a rabii. Napardas a nagrekorida dagiti polis. Mismo a ni Hepe Salvador ti nangakup ken nangitaray ken ni Teniente Charlito iti ospital. Imbaonna ti deputy-na iti balay da Teniente Charlito ken ni Angkuan.

Nagdadarison dagiti kakadua ni Angkuan a simmangpet. Madandanaganda. Kaduada ni General Loreto. Ni laeng Manang Ellen ti awan. Awan ti pakilugananna. Simmangpet ti grupo ni Major Nap Agustino. Naka- full battle gear dagitoy

"Sir!" nagsaludo ti major ken ni General Loreto. Adda inyarasasna.

"I see... I see. Any ID?" kinuna ti heneral a nangperreng iti major.

"Madama nga am-ammuen ni Lt. Ferdie Corteza, sir. Madama ti joint manhunt operation ti grupomi ken dagiti tao ni Major Salvador kadagiti kriminal!"

"Naserreganyo met laeng dagiti exit points?" immulagat ni General Loreto.

"Yes, sir! Naka-set up dagiti blocking force!" intung-ed ti major.

Saan a mapagkalma ni Angkuan ti riknana. Agkebbakebba a dumdumngeg iti saritaan da General Loreto ken ni Major Nap Agustino. Idi agangay, kasla nasulek dagiti matana idi mailangaanna ti maysa kadagiti kadua ti major. Saan nga agbiddut. Ti sorbetero! Nalawagen ti amin kenkuana. Iti langana a nakauniporme iti camouflage, narigaten a mairupaan nga isu ti aginaldaw a makapulpulapolda a sorbetero.

"Komusta ni Teniente Charlito?" sinaludsod ni Angkuan kadagiti polis.

"Naitaray a dagus iti hospital, sir!" ni Teniente Tabugadir, ti nabiit pay a nadutokan a deputy chief of police ti San Sebastian, ti simmungbat. "Urayentayo ti tawag ni Major Salvador!"

"Saan met la a grabe?" dinamag ni Maestro Amante nga agkalkalimduosan.

"Maammuantayto no sumangpet ni hepe, sir."

"Dagiti nangtambang ken ni Teniente Charlito? Natiliwda? Asinoda?" agpigpigerger ni Maestro Pitong. Pumurpuraddaw. Sangkapiditna ti selponna nga agtawtawag.

"Nakatabla ni Teniente Charlito , sir. Maysa a bangkay ti nakita dagiti tropa iti ambush site. Addan iti puneraria ti bangkay. Madama ti hot pursuit operations!"

kinuna ni Teniente Tabugadir a nangtaliaw kada General Loreto ken ni Major Nap Agustino nga agpada a nangtung-ed kenkuana.

Napamulengleng ni Angkuan. Nataliawna da Maestro Pitong ken Maestro Amante.

"Marksman a talaga ni Pari Charlito!" kinuna ni Maestro Amante. "No maammuan ti kinaasino ti natay, dakkel ti namnama a masolbar ti kaso!"

Inasitgan ni Angkuan ni Teniente Tabugadir a makisarsarita ken ni Major Nap Agustino.

"Sapay koma ta saan a grabe ni Teniente Charlito," kinunana. "Pangngaasiyo, maammuanmi koma a dagus ti kinaasino ti natay," innayonna.

"Wen, sir, saankayo nga agdanag. Coordinated payen kadagiti kabangibang nga ili tapno nadardaras a matiliw dagiti kriminal" kinuna ni Teniente Tabugadir. Inkeddeng da Angkuan a bisitaenda ni Teniente Charlito iti ospital.

"Ammuenmi ti kasasaadna, teniente ," kinuna ni Angkuan.

"Saankayo pay laeng a mapan ita, Mr. Dela Cruz," ni Major Nap Agustino ti simmungbat.

Impusing dagiti dua nga opisial ni Angkuan.

"For safety, sir, nayakaren iti undisclosed hospital ti pasiente!" kinuna ni Major Nap Agustino. "We hope for the best. Sapay ta malasatna… Adu ti tamana!"

Nagkikinnita da Angkuan ken dagiti kakaduana. Maysamaysa napangilangil dagitoy a napadumog. Rugi kadin daytoy iti lumanlanlanen a kasasaad ti linak ken talna iti Camanguegan? Addan napasag. Ken pagduduaan met ti kasasaad ni Teniente Charlito.

Napaanges iti nauneg. Ania ti agur-uray a gasatna? Kasanon no adda bumales a kabagian ti teniente? Wenno no agpunger dagiti kakaduana?

Mataltalipungaw ni Angkuan a nangtaliaw kadagiti kakaduana. Nairteng amin ti rupada.

Pumarbangonen idi agpakada dagiti kakadua ni Angkuan. Sakbay a pimmanaw ti deputy chief of police, imbilinna nga agbati ti maysa a polis iti balay da Angkuan. Pinaiposte met ni Major Nap Agustino ti maysa a taona a mangkadua iti polis.

Nagdardaras a nagpakada ti major ken ni Angkuan idi umawag ni Lt. Ferdie Corteza.

"Amangan no addan update da Lieutenant Corteza iti bangkay. I will keep you posted, Mr. Dela Cruz," kinuna ti major a nagdardaras a naglugan ken nangpasiwet iti military jeep.

Insursurot ni Angkuan ti panagkitana iti umad-adayon a lugan. Napaanges iti nauneg. Kasla napaksuyan, intugawna iti butaka. Nagsisimparat dagiti nagampayag iti isipna. Agingga a nailibay.

42

KASLA uram a nagramaram ti napasamak ken ni Teniente Charlito. Naibandera ti damag kadagiti lokal a pagiwarnak. Nabara a topiko iti radio ken telebision. Kondenarenda ti panagraira ti armado a grupo iti Camanguegan. Saan kano a rumbeng nga agari ti kriminalidad iti barangay. Nainayon a pagpiestaan dagiti komentarista ti saan pay laeng a pannakatiliw dagiti kriminal. Maymaysa ti punto de bista dagiti komentarista. Maammuan ti utek iti pannambang tapno mairaman a maigarangugong iti pagbaludan.

Alusiisen ni Kapitan Enteng. Kayatna ti mapan iti safehouse da Ka Zoilo. Ngem iti panagriknana, kasla nareppet dagiti imana. Saan a makapaggaraw. Magagaran a mangammo iti napasamak. Maulaw iti aglalaok a damag. Adda mangibaga a nakaro ti sugat ni Teniente Charlito ket naka-ICU. Ibagbaga pay ti dadduma a natayen daytoy. Ilimlimedda laeng iti publiko. Ti siddaawenna, awan ti makaammo no sadino ti nakayakaranna nga ospital. No pudno met a natayen, ayan ti bangkayna? Nangemkem. Awan ti danagenna iti napasag a tao ni Ka Zoilo. Awan ti makaammo iti kinaasinona. Segun kadagiti imbestigador, peke ti ID a naalada iti bangkay.

"Anak ti salbag!" ingngariet ni Kapitan Enteng. Bigbigat pay laeng ngem agkalkaling-etanen daytoy.

Dengdenggenna iti radio nga isu ti paspasagidanda. Makaluksaw iti komentarista a ni Joks Caban. Isu ti pumpuntiriaenna. Agsiusiudot a nangyalis iti sabali nga istasion. Ngem ad-addan ti luksawna. Isu met la ti paspasagidan ni Ronald Unnoy. Ad-adda a bimmara ti piditpiditna. Panagriknana, pagkaykaysaan dagiti komentarista. Saanna a magustuan ti tabas ti panagdildilada. Isingsingasingda a rumbeng kano a maimbestigar! Daytan ti dina kayat a mapasamak. Ta ania koma ti ebidensiada?

Nalagipna ni Ka Zoilo. Nalawag ti saritaanda. Awan ti agipug-aw kadakuada. Uray ania ti mapasamak. Ngem no dadduma, seknan latta ti danag. Kasanon no adda matiliw kadakuada? No parigaten ida dagiti autoridad, amangan no addanto mangikanta kenkuana.

"Masapul nga agsaritata!" kinuna ni Kapitan Enteng idi paaawaganna ni Ka Zoilo iti dayta nga agsapa. Inaramatna ti selpon ni Mary.

"Agpalamiistayo pay laeng, kap," kinuna ni Ka Zoilo. "Nabara nga isyu ti napasamak!"

"Punieta! Ania ngarud ti aramidek? Inaldawen a paspasagidandak iti radio ken telebision?" makapungtot ni Kapitan Enteng.

"Aduda ti agsipsiput, kap. Kompirmado, intel ti AFP ti grupo dayta a major nga agop-operate iti San Sebatian!"

"Kasanon no adda mangbigbig iti bangkay ti kaduayo? Maibambanderan iti telebision ken diario ti ladawanna!" agpigpigerger ti boses ti kapitan.

"Relaks laeng, kap. Siak ti makaammo iti dayta. Adayo a mapasamak ti ibagbagayo!" impanamnama ni Ka Zoilo.

Saanen a simmungbat ni Kapitan Enteng. Ad-adda a lining-et iti impadamag ni Ka Zoilo. Nangemkem. Saan la a polis, pati payen dagiti elemento ti AFP, mainayonen iti pagparikutanna. Ad-adda itan a saanda a makapaggaraw. Agamak la ketdi dagiti pasurotna. Nareppet amin ti imada. Ad-addan a narubroban ti rurodna. Kangitingit ti kampania. Saan a mabalin a dida makapaggaraw. Masapul a maipamuspusanda ti panagmaniobrada. Kayatna a dakkel ti pangitarayanna ken ni Angkuan.

Iti dayta met la nga aldaw, naklaat ni Kapitan Enteng idi awagan ni Gobernadora Alconis.

"Ania daytoy pammapatay iti barangaymo, Kapitan Enteng?" makaunget ti timek ti gobernadora. "Agbalin metten a hot spot ti Camanguegan? Diak kayat a madadael ti imahe ti probinsia!"

"Awan ti pannakaibiangko iti dayta, gobernadora," di pay nagkirem ti kapitan iti panaglibakna. "Amangan no aramid dagiti makakanigid dayta. Ammo ti amin a retirado a soldado ni Teniente Charlito."

Nainget ti bilin ni Gobernadora Alconis. Nasken a maliklikan ti aniaman a kinadangkes iti eleksion.

"Ay-ayam laeng ti politika iti barangay. Saan a bale a gumastoskayo, agtalinaed la ketdi a natalna ti eleksion! Ulitek, diak kayat a madadael ti nagan ti probinsia!" imballaag ti gobernadora.

NAIWARAGAWAG a nairaman iti listaan ti areas of concern ti Comelec ti Barangay Camanguegan. Imbilin ni Atty. Baldos nga ingetan pay ti Task Force ti panangsiputda kadagiti kandidato no adda armado a grupo dagitoy. Kinuna ti Comelec officer nga inrekomendanan a maisalinong iti Comelec control ti barangay gapu iti pannakatambang ni Teniente Charlito.

Binilin met ni Mayor Marcelino dagiti polis a pardasanda ti imbestigasion iti napasamak a pannambang. Mansa iti San Sebastian ti napasamak a panagtambang. Nangidiaya ti mayor iti P100,000 a gunggona iti asinoman a makaitudo iti utek ti panagtambang.

"Agingga a siak ti mayor, diakto ipalubos nga agraira ti kriminalidad iti San Sebastian!" kinuna ti mayor iti pananginterbiu kenkuana ni Danilo Antal iti DWTP.

Para ken ni Angkuan, pabor iti grupona ti pammilin ti Comelec. Ad-adda pay a maingetan ti panagbantay dagiti autoridad iti San Sebastian, nangruna iti Barangay Camanguegan. No maipasdek dagiti checkpoint kadagiti kangrunaan a dalan iti barangay, saanen a makapagdakiwas pay dagiti armado a grupo.

Kasla saan pay la a patien ni Angkuan ti napasamak ken ni Teniente Charlito. Tunggal malagipna ti teniente, sallukoban iti danag. Saanda pay a napasiar ti teniente. Uray dagiti kakaduana, saanda met a makaidna nga agpampanunot. Agpugpugtoda iti kasasaad ti teniente. Dinanon payen ni Angkuan ti pagtaengan da Teniente Charlito. Ngem manipud pannakatambangna, nakarikepen ti balayda. Awan ti makaibaga no sadino ti ayan ita ti pamiliana.

"No adda dakes a mapasamak iti kaduatayo, mapukolantayo," kinunana iti naminsan a panagtataripnongda nga agkakadua a kaduada ni General Loreto.

"Pangnamnamaan ni Teniente Charlito…" kinuna Maestro Pitong.

"Maammuantayo la koma no sadino ti ayanna nga ospital. Tapno mabisitatayo," insungbat ni Maestro Amante.

Napaanges iti nauneg ni Angkuan. Narigatda nga awatenda no dakes laeng ti gasat ni Teniente Charlito. Napasamaken ti nagam-amkanna. Ti pay mismo a nasinged a gayyemda ti biktima. No saan a matiliw dagiti suspek, amangan no addanto pay sabali nga isarunoda kadakuada. Kinarayaman ti lamiis ti duri ni Angkuan iti dayta a simmelsel iti isipna. Kellaat a nalagipna ti pamiliana. Yad-adayom, Apo, naitanamitimna idi mapanunotna nga agpeggad ti biagna.

Nalagipna ti kinuna ni Major Nap Agustino. Saanda nga agpatingga agingga a di masolbar ti napasamak ken ni Teniente Charlito. Dayta met ti intawag ni Provincial Director Fajardo kenkuana. Imbaon pay ti koronel ti deputy-na, ni Lt. Colonel Damolkis a nangipanamnama met nga ikarigatan ti PNP a solbaren ti krimen.

"Nagtiponen ti puersa ti PNP ken ti grupo ni Major Nap Agustino a manganup kadagiti kriminal," kinuna ti Deputy Provincial Director. "Maburburtiaankami laeng no apay nga awan ti makaibaga iti kinaasino ti bangkay. Awan man la ti mapan mangbigbig wenno mangtunton la koma a kabagianna…"

SANGSANGPET da Angkuan ken ti grupoda a nagkampania iti dayta a malem. Kas iti nakairuamanda, adda latta paisaganana a pagsasanguanda. Adu ti patarakenna a kalding ken baboy. Manipud nangrugi ti kampania, aginaldawda nga agparti. Saanna a kayat a mabisinan dagiti mangtultulong kadakuada. Malaksid iti tarakenna adu pay ti gatangna a baka idi adda pay la iti gobierno. Impatarakenna dagitoy kadagiti kakabagianda. Inreserbanan ti dua kadagiti dadakkel a bakana. Mapartinto ti maysa inton kaaldawan ti eleksion. No adda gasgasatna, pulpogandanto ti maikadua apaman a maiproklama.

Nagpaparti ni Angkuan iti dua a dadakkel a baboy iti dayta a malem. Alaenna dayta a naisangsangayan a gundaway a mangrambak iti panagkasangay ni Carlota. Awagannanto no rabii tapno ag-video call-da iti kaingungotna.

"Birthday gayam ni madam, sir!" kinuna ti maysa a nataengan a nangtangad iti tarpolin a yan ti dakkel a ladawan ti asawa ni Angkuan. "Ngem agaddayokayo met, sir, ta adda met idiay America."

Immisem a nagtung-ed ni Angkuan. Nagyaman kadagiti kabarangayanna iti tulong ken kablaawda.

"Pagyamanko 'toy bassit a pagsasanguantayo iti suportayo patpatgek a kalugarak," kinunana.

"Ayos daytoy, Pari Angkuan. Kangitingit ti kampania. Umad-aduda nga agboluntario a sumursurot iti grupotayo," inyarasaas ni Maestro Pitong ken ni Angkuan.

"Makabang-ar rikna dayta," inyisem ni Angkuan.

Naragsak dagiti kakadua ni Angkuan. Adun a kadua ni Kapitan Enteng ti bimmallasiw kadakuada. Uray awan kuarta nga itanggayada, mariknada ti sinseridad dagiti kabarangayanda. Adu ti mangibaga nga alaenda latta no agiwaras ni Kapitan Enteng. Ngem naganto ni Angkuan ti isuratda iti balota.

"Ammodanto pay 'ya, no asino ti imbutosmi!" sangkasaoda.

Makais-isem ni Angkuan. Pudno nga adu kadagiti sangailina ita ti masansan a mapmapan no agpabunar ni Kapitan Enteng. Saanna a mababalaw ida. Ti napateg, isu pay a pakairanudan dagiti kalugaranna iti kapitan.

"Agyamankami iti ayatyo a tumultulong kadakami, kakabsat," inwagis ni Angkuan idi aglilinia dagiti kabarangayanna nga agturong iti komida.

"Saankayo nga agdanag, sir. Ti grupoyo ti adda iti pusomi," kinuna ti maysa kadagiti tagtagibian a mangak-aklili iti bassit pay nga agsussuso nga anakna. Kumkumpet ti dua pay nga annakna iti pandiling daytoy.

"Ti kas kenka iti kinatakneng, Apo Angkuan, ti maiparbeng nga agkapitan!" imbagi met ti maysa a lakay a nangituktok pay iti nasileng a yantok a sarukodna iti baldosa.

Nagpapalakpak dagiti tattao. Ayonanda ti kinuna ti lakay.

"Ammok ken mariknak ti ir-irukenyo. Maawatak amin a sensennaayyo. Saankay nga agdanag, no mapagasatan 'toy numo, subadakto iti napudno a panagserbi ti talekyo!" inlugay ni Angkuan.

Nagpalakpak dagiti timmabuno iti padaya.

"Dagiti agtutubo a kaduatayo, para kadakayo daytoy a labanmi," imbagi ni Maestro Amante.

"Dayta ngarud ti problema, kakadua," insungbat ni Maestro Pitong. "Adu ti report dagiti kakaduatayo nga adda sabali a grupo dagiti agtutubo a mangdaddadael ken ni Angkuan. Napingetda pay a mangallukoy kadagiti nakampaniaantayon!"

"Ania ti kayatmo a sawen, Pari Pitong?" napamulagat ni Angkuan.

"Pudno ti kinunak. Annak ni Kagawad Banong ti dadauloda. Ti amkek, no agraranada kadagiti agtutubo a kakaduatayo a nababa met ti kurdonna. Baka agiinnalada pay!"

Nagpanunot ni Angkuan. Inkeddengna, kasaritananto dagiti kakaduada nga agtutubo. Nasken a saan a mairamraman dagitoy iti nagulo a politika.

Nakaul-ulimek ni Angkuan a nangbuybuya kadagiti aglilinia a mapan mangala iti kanenda. Naisipna a no maminsan, gapu iti kinarigat ti biag, saan a mababalaw dagiti umili. Dakkel nga agpayso a tulong kadakuada no adda maipapetpet. Igatangda iti bagas ken dadduma a kasapulanda. Saan a nasayaat, ngem nailasagen a kinapudno a galad ken kultura iti pagilian dayta tunggal dumteng ti eleksion. A nupay sangkasao dagiti nangangato nga agtuturay nga itandudoda ti pagsayaatan ken pannakaitag-ay ti kasasaad ti panagbiag, kasla ubbaw iti panagriknana dagita a kari. Ta ad-adu latta met ti marigrigat. Awan ti pagbaliwan ti biagda iti no namin-anon a panagbaliw ti turay. Panagriknana, kasla magustuan dagiti nangangato nga agtuturay nga agtalinaed a mangarkaramut dagiti adda iti baba tapno agtultuloy ken nalaklaka a maadipenda ida.

Saan nga ammo ni Angkuan no kasano kapaut ti panagampayag ti isipna. Ngem timmayab laeng ti panagpanunotna idi pagammuan ta mangngegda ti ungor ti sumungad a puraw a van iti kalsada.

Nagmalanga ni Angkuan idi agsardeng ti lugan iti mismo a sango ti landok a ruangan iti paraanganda. Saan met a nakatagari dagiti kakaduana a nagtitinnaliaw. Sangsangaili ti lugan a nakaplasplastar ti pannakaiparadana.

Apagdarikmat, kasla kimat a nagdeploy ti polis ken ti soldado. Nairut ti petpetda kadagiti igamda. Naka-trigger dagitoy a nangipaturong iti igamda iti puraw a van.

Nagdeppes dagiti tao a nagsibirok iti kumlebanda.

Nagkaling-etan ni Angkuan. Saanna a kayat nga iti pay paraanganna ti pakapasamakan ti rinnupak!

43

AGTALNAKAYO, kakabsat!"

Kinuna ni Angkuan a bimmallaet iti polis ken soldado a nangbangen iti ruangan.

Kasla naiwalin a nagdeppes a pagay dagiti nakidaya a kimies. Kimleb dagiti nagriaw a babbai a tagtagibian a nagsiakay kadagiti agtataray nga annakda a kasla awan aniamanna a mangbamban-a ken mangkabkabukab kadagiti nabatbati a taraon iti lamisaan.

Natengngel ni Angkuan ti angesna a nangtaliaw kadagiti kakaduana. Ammona, armado ti dadduma kadagitoy. Adu ti mairamraman no adda dakes a mapasamak. Awan pilpilien ti bala!

"Agtalnakayo!" Nababa ngem nabatad ti timek ni Angkuan. Pinagsaggaysaanna nga inwalin nga imbaba dagiti nakapaturong a riple ti polis ken soldado iti ayan ti van.

Nagari ti ulimek idi in-inut a maibuang ti ridaw ti van.

"Ania ti masapul---" saan a naituloy ti polis ti panagsaona idi itungraraw ti babai iti uneg ti van ti rupana idi mailukat a ridaw ti lugan.

Nagmalanga ti polis ken ti soldado. Saan nga intuloy ti nakabelo a babai ti ididissaagna koma. Nailabeg idi maipasabet kenkuana ti langa ti polis ken soldado. Nakasagana dagitoy a makirinnupak.

Napanganga ni Angkuan. Isu pay la ti pannakailasinna a ni Carlota ti nakalugan idi mapan sumirip daytoy iti lugan.

Kunam pay, nakaal-alisto a nangappungol ken ni Carlota idi bumaban daytoy iti lugan.

Nagkikinnita dagiti nakidaya. Maysamaysa nangtangad iti tarpaulin iti terasa.

"Ni met gayam, ma'am!" nayesngawda.

Agsalsaludsod dagiti mata ni Carlota a nangipalawlaw iti panagkitana idi magnadan a sumrek iti nalawa a pathway.

"Apay nga adda polis ditoy?" kinunana a nangtaliaw kadagiti nalikudanda a polis ken soldado iti gate.

Sakbay a makasungbat ni Angkuan, addaytan dagiti agtutubo nga immasideg nga immaribungbong a kimmablaaw iti asawana.

"Hello, Ma'am Carlota! Welcome home!" inkablaaw dagiti agtutubo a nangwagis kenkuana.

"Happy birthday, madam!" inyisem dagiti dadduma.

Sinubadan ni Carlota ti isem dagiti agtutubo.

"Kasla gayam first lady iti kinapintas ni Apo Kapitana!" adda nangisalpika a nagpapalakpakan dagiti bisita ni Angkuan.

Maysamaysa nangaribungbong ken ni Carlota. Nakaragragsak dagiti kakadua ni Angkuan a nangalamano iti daytoy.

NAKAAWIDEN dagiti sangaili ni Angkuan. Binay-anna lattan dagiti nabatbati a kakabagianda a nangisimpa kadagiti gamigam a naaramat iti panagpaskenna. Aginanan. Mariknana ti bannogna. Uray ni Carlota, itay pay a simrek iti kuartoda kalpasan ti pannakisarsaritana kadagiti kakadua ni Angkuan a para kagawad.

"Sinorpresanak, baket. Kellaat ti panagbakasionmo. Impakadam koma ta sinabetka idiay airport?" kinuna ni Angkuan idi makitana a nakariing pay ni Carlota idi sumrek iti kuartoda. Nakatugaw daytoy iti kama a mangsagsagaysay iti buokna. Kadigdigosna.

"Idi koma pay napan a lawas nga agawidak. Ngem narigat ti mangi-book iti flight. Nag-connecting flight-nak lattan iti Laoag a nangabangak iti van a nangitulod kaniak," kinuna ni Carlota.

"Kadagaam ti America, sweetheart. Umub-ubingka!" kinuna ni Angkuan a nagdardaras nga immabay iti katre.

Namatmatanna ti asawana. Napnuan iliw a nangamloy iti agat shampoo ken sibabasa pay laeng a buok daytoy. Iti panagtulid ti panawen sipud idi agkallaysada, imet pay laeng ti asawana ti kinapintas a nangkayaw iti pusona pinullon a tawen ti napalabas. Wen, kasla awan nagbaliwan ni Carlota. Isu pay laeng daydi Carlota nga inayatna iti daydi damo a panagam-ammoda.

Nakariing ti nabayag a nailibay nga essem iti barukong ni Angkuan. Kasla aglulumba dagiti kabalio iti pigsa ti dalagudog ti barukongna. Kayatna a lemmesen ti agragut a riknana. Kayatna ti agpasag iti maminribu iti sam-it ti lailo iti saklolo ti asawana. Nakain-inayad, inawidna daytoy. Kayatna a baluden iti nairut nga arakup.

"Ania ngamin ti naknakanmo ta simrekka iti politika?" inwagteng ni Carlota ti imana.

Timmakder a nangbannikes kenkuana.

Nagmalanga ni Angkuan.

"Idi maipadamag kadakami kadagiti annakmo ti pannakatambang ti kaduam, napanunotko a dagus, agpeggadka, Johnny! Diak kayat a maisarsarakka!" naapput ni Carlota ti rupana. Nayugyog dagiti abagana iti panaganug-ogna.

"A-adayo a mapasamak ti pampanunotem, sweetheart. Manangngaasi ti Apo," kinunana a nangassibay iti asawana a nangipatugaw iti katre.

"No naituredda a tambangen ti kaduam, anianto la ketdi kenkan a dadauloda? Nasaysayaat, yatrasmon ti kandidaturam. Agkuyogtan iti panagsublik iti America!" Ad-addan a saan a nakatimek ni Angkuan. Ania ti aramidenna? Tallikudanna ti nairuginan a laban ket pilienna ti sumurot iti asawana? Agpili no ania ti napatpateg, panagserbi wenno pamilia?

Napasennaay a nagtugaw iti kama. Sinarapana ti mugingna nga agngilngilangil. Saanna nga ammo no kasano nga ilawlawag ken ipaawatna ti amin ken ni Carlota. Nabayag a nagari ti ulimek iti nagbaetanda. Agingga a naisipna, baliwannanto a kasarita ti asawana. Yunana pay a palusposan ti itay pay nga ikankanawana nga agragut a riknana.

Dinarasna nga iniddep ti silaw. Immabay ken ni Carlota. Nakasikigen daytoy a nakaidda. Saannan a materred ti gulagol iti pus-ongna. Napnuan lailo, naannad a nagdakiwas dagiti dakulapna.

Iti lawag ti sumirsirip a bulan iti apaglukip a binulong ti dialosi, naaragaag ni Angkuan ti nakalemmeng a langit.

NABARA ti ulo ni Kapitan Enteng. Nagdinamag ngamin ti panangidiaya ni Mayor Marcelino iti gunggona iti asinoman a makaitudo iti utek iti pannakatambang ni Teniente Charlito.

"Agiinnuna la ketdi dagiti karuprupa ti kuarta! Paginteresanda ti sangagasut a ribu a pisos!" ingngarietna. "Biangot a talaga dayta a mayor!" kinunana ket uray la aglabutab ti ngiwatna iti kangangawngawna.

"Apay nga agdanaganyo, kap," insungbat ni Kagawad Banong. "Damagko nga awan met ti nangtunton iti bangkay agingga ita?"

Nagsanamtek ni Kapitan Enteng. Uray impanamnama kenkuana ni Ka Zoilo nga awan ti rumbeng a pagdanaganna, sumallin ket sumallin latta iti isipna nga amangan no adda mailaw-an a makaipug-aw iti amin. Adda amakna iti panangidiaya ti mayor iti gunggona. Sinalbagen, intabbaaw manen ti unegna. Ammona, saanna a mabalin kariten iti sangon sango ti alkalde. Pinalagipanen ni Gobernadora Alconis.

Ad-addan a bimmara ti ulona idi sumangpet dagiti binaonna a mapan mangbukkual kadagiti napasurot ni Angkuan. Agpapada a leppay amin ti abagada.

"Adda metten check point, kap! Sipsiputanda amin a garawmi!" kinuna ti liderda. "Saankami a makapagmaniobra!"

"Anak ti salbag! Kabutengyo ti checkpoint?" Impunger ni Kapitan Enteng. "Nagrasonkayo, koma, a!"

Saanen a simmungbat pay dagiti tao ti kapitan idi mariknada a nabara ti ulona. Nagal-aludaidda a pimmanaw.

"Narigat ti agdardarasudos, kap. Agdinamag ti panagestrikto ti Comelec. Narigaten baka isu pay ti pakasiripanda iti abot kontra kadakayo a mabalinda nga ikaso!" imbalakad ni Mary a nangyawat iti mineral water iti kapitan.

"Buisit dayta a mayor!" indayamudom ni Kapitan Enteng.

Inggagara ni Kapitan Enteng nga insaguraman nga inaprosan ti nalamuyot a dakulap ti sekretaria idi awatenna ti mineral water. Kasla adda koriente a nangriing iti riknana idi maaprosanna ti dakulap ti balasang. Nagsig-am a nangdismolar iti rumagot a riknana. Anian, pinalamiis ni Mary ti pudot ti ulona. Kiniddayanna ti balasang.

Naglayag ti isipna. Nabayag la daydin. Sipud idi kampania, awanen ti gundawayda a rummuar iti sekretariana. Ket nagmawmaw ti riknana idi malagipna nga amangan no masalamaan ida ti asawana.

Rimmuar. Tinurongna dagiti kakaduana.

Kasarsaritan ni Kapitan Enteng dagiti para kagawadna idi agkiriring ti telepono ni Mary.

"Awag, kap. Para kadakayo!" kinuna ti sekretaria a nakaporpormal a nangkita ken ni Kapitan Enteng idi yawatna ti selpon.

Minira ti kapitan ti telepono. Ni Ka Zoilo ti umaw-awag.

44

NAKAIR-IRTENG ti rupa ni Kapitan Enteng a nangallawat iti selpon. Kimmayakay kadagiti kasangsangona. Saanna a kayat nga adda makangeg iti pagsaritaanda ken ni Ka Zoilo.

"Masikoranakon!" kinunana a dagus idi mangngegna nga ag-hello ni Ka Zoilo. "Ania ti mapaspasamaken? No makalasat dayta a Teniente Charlito, delikado!"

"Kap, imbagak idin kadakayo. Awan ti nakailasin kadagiti taok! Sangsangailikami amin ditoy! No rekord ti pagibasaran, napunaskamin a nabayag iti daga!" insungbat ni Ka Zoilo a masemsem.

"Ania ngarud ti kuenyo? Aggarawkayon! Diak kayat ti maabak!" indagsen ti kapitan a pagna a pagna. Pasaray tumangad a kunam no agsapsapul iti balay ti lawwalawwa iti bobeda a napinturaan iti puraw.

"Agur-uraykami la 'ti tiempo, kap. Isarunomi daydiay nga Angkuan!"

"Rumbeng laeng! Tapno saan met a masayang ti imbayadko kadakayo!" nagpigerger ti boses ti kapitan.

"Adayo, saan a masayang! Adda sumaruno a maitumba!" insippaw ni Ka Zoilo.

Adu koma pay ti kayat ti kapitan a damagen. Ngem naiddepen ti selpon.

"Buisit, iniddepannak ketdin! Diak pay nalpas a nagsarita!" ingngarietna. Kurang la nga ibarsakna ti selpon ken ni Mary iti pungtotna.

"Saannaka nga iniddepan, kap! Lowbat ti selponko!" kinuna ni Mary nga umis-isem.

NAGPAKPAKAASI ni Carlota ken ni Angkuan a yatrasen daytoy ti kandidaturana.

"Saanak nga agsubli iti America no saanka a kadua!" impettengna.

"Sweetheart, laglagipem a saan laeng a ti dayawko ditoy ti nakataya. Anianto laengen ti ibaga dagiti kalugarantayo? Tangken tabungawak? Nga inrubok laeng ida? Pinanamnamaak ida. Sa agatrasak met laeng?" panangilawlawag ni Angkuan idi saan latta nga inggaan ni Carlota.

"Ikannakami koma met iti gundaway, Johnny. Maibturam ti mayadayo kadakami? Saanta nga umub-ubing? Dimo kayat nga iliwen dagiti appokom idiay America? Iti video call laeng a makasarsaritadaka. Iliwem koma met nga aywanan ken ubbaen ida…" impakaasi ni Carlota.

Napaanges iti nauneg. Uray kasano a panangay-ayona iti asawana, ipatangken latta daytoy nga agatras. Awan kano ti gangganabenna iti politika. Buong laeng ti ulo.

Nagsanamtek. Kasano nga ilawlawagna ken ni Carlota nga adu ti arapaapna para iti barangayda? Kasano nga allukoyenna a mangtulong koma ketdi kenkuana? Maawatanna ti asawana. No pagpilienna iti pamilia wenno politika, napatpateg kenkuana ti pamilia. Nagsakripisio tapno mapaadalna dagiti annakda. Dayta ti nagpangalanda no apay a nadanonda ti arapaapda iti biag. Ammona, kayat met dagiti annakda ti agsubalit iti adu a sakripisiona kadakuada. Kayatda nga agdedennadan idiay America. Ngem saan pay nga ita ti panawen. Adda napateg a misionna iti Camanguegan. Saanna a mabalin a tallikudan dagiti kabarangayanna.

"Palubosandak, sweetheart, uray maysa laeng a termino. Ikarik, maysa laeng a termino no ited ti gasat a mangabakak iti daytoy nga eleksion," inyunnoy ni Angkuan.

Naperreng ni Carlota. Nagsalip dagiti matada.

Am-ammon ni Angkuan ti asawana. Addaan daytoy iti prinsipio. Ammona nga adda met panangisakitna kadagiti kabarangayanda. Saan a mailibak ken ni Carlota ti kasasaad dagiti kalugaranda. A no adda man simmaliwanwan, manmano laeng. Ad-adu kadakuada ti umar-araraw agingga iti agdama.

Saanen a nagun-uni pay ni Carlota. Naliday dagiti matana a timmallikud a simrek iti kuartoda. Nagsennaay ni Angkuan. Naikararagna a sapay ta maawatanto met laeng ti kaingungotna ti pateg ti sinerkanna a bokasion.

SAAN a maliklikan ni Angkuan ti agdanag iti panagbakasion ni Carlota. No mabalin, saanna a kayat a mairamraman ti asawana iti kinagulo ken kinarugit ti politika iti Camanguegan. No mabalin, dagdagennan nga agsublin iti America ti asawana. Saanna a mapakawan ti bagina no adda mapasamak ken mairamraman pay ti asawana.

No namin-anon a ginandat daytoy ti sumurot iti kampaniada. Ngem inlawlawag ni Angkuan a saan a mabalin a makibiang ni Carlota iti kampania. Malaksid ngamin a dina kayat a mairamraman no adda mapasamak a saan a nasayaat, dina pay kayat a masiripan manen ida da Kapitan Enteng iti padakkelenda nga isyu.

"US Citizen-ka, sweetheart. Narigaten, amangan no pabasolendaka pay a makibibiang iti politika," kinuna ni Angkuan. "Ditoyka laengen balay. Sika ti mangasikaso kadagiti sumangpet a sangaili." pinangay-ayona.

AGSAKIT ti ulo ni Kapitan Enteng iti kapapanunot. Mano laengen nga aldaw, eleksionen. Kayatna a baliwan ti estratehiada. Maar-arusda latta iti surbey. Saanen a makapagdakiwas dagiti taona. Agamakda a maapput ida dagiti agrekorida a pannakabagi ti linteg. Manipud idi mapasamak ti pannambang iti Camanguegan, masansanen nga agpatrulia dagiti polis.

Nangemkem. Kasla makulkol ti utekna. Ania ti aramidenna?

"No awatenda ti kuarta, ikarida ti butosda, kap!" kinuna ni Kagawad Escobar. "No labsen ti agsao, kanigid kanawan no umawatda. Ti dakesna, mangngegmo met a dumayamudomda no nakatallikuddan!" ingngilangilna.

Nagtungtung-ed laeng ni Kagawad Banong. No maminsan, kayatna nga ibaga ken ni Kapitan Enteng ti kapaliiwanna kadagiti dagiti tao. A naadalan ken nasiriben dagiti botante. Ngem awan turedna a mangibaga iti dayta. Adu ti utangna a naimbag a nakem iti kapitan. Uray no ibagada a buklis, masapul a suportaranna.

"Doble kara dagiti buisit!" imper-ak ni Kapitan Enteng. "Dagiti dadaulo dagiti agtutubo, nakasaritayon ida?" innayonna idi malagipna dagiti agtutubo a mangipagpagna ken ni Angkuan.

"Isuda ti natured, kap!" ni Mary ti simmungbat. "Kuartayo la ta kuartayo kunada ketdin idi padasenmi a kasarita ida!" ingngilangilna.

Nangurat ti aggitebgiteb a pispis ti kapitan. Agaluad dagita nga agtutubo. Apaman a malpas ti eleksion, suruanna ida iti leksion. Adunto ti masapulda kenkuana. Parigatennanto ida.

"Agpalamiistayo pay laeng iti waraswaras. Didatayto kasuan iti vote buying!" kinuna ni Kagawad Banong. "Narigat no mabideoandatayo, sika ti akin-uneg, kap!" Nagtungtung-ed ni Kapitan Enteng. Naisipna, saan met ketdi a nagbaliw ti burnok dagiti pumilpila iti balayda. Imbilinnan nga amin nga umay, mawarasan. Awanen ti pilpilienda. Kitaenna no dina maguyod met laeng dagiti bimmalasiw ken ni Angkuan a botante.

"Kasano dagiti saan a maallukoy, kap? Ania ti aramidentayo? Aduda!" immulagat ni Mary.

"Taktika! Isu a baliwantayo ti estratehia!" ingngirsi ni Kapitan Enteng. Ket bimmullad pay dagiti matana iti nalagipna.

Imbilin ti kapitan ken ni Mary nga awaganna ni Ka Zoilo.

Indayal a dagus ni Mary ti selponna. Idi agkiriring, inyawatna a dagus daytoy ken ni Kapitan Enteng.

"Masapul a makapagsaritata! Napateg ti ipaaramidko!" naturay ti timek ni Kapitan Enteng.

"Areglado, kap!" .

Binilin ni Kapitan Enteng nga agkitada iti Casa de Abarientos, maysa a paginanaan iti ili ti San Marino nga amianan ti San Sebastian.

"Awan pagdanaganyo, natalged dayta a lugar," kinuna ti kapitan. Immun-una a simmangpet ni Ka Zoilo ngem da Kapitan Enteng. Agur-urayen daytoy iti Casa idi sumangpet ti kapitan. Nangitugot daytoy iti dua a taona.

"Agsiputkayo. Amangan no adda nakasurot kadatayo!" insenias ni Kapitan Enteng ken ni Kagawad Banong.

Pinili ni Kapitan Enteng ti suli a paset ti saan unay a nalawa ngem napintas ti pannakadiseniona a restauran. Kayatna nga awan ti makangeg iti pagsaritaanda ken ni Ka Zoilo. Pinagbati lattan ti kapitan ni Kagawad Banong iti lobby. Kaduana dagiti dua a kadua ni Ka Zoilo.

"Bangking ti laban. Kadua ni Angkuan dagiti agtutubo!" kinuna ni Kapitan Enteng.

"Saanmi a maasitgan ni Angkuan, kap. Adda polis ken soldado a nakaposte iti balayda. Natiktikan pay dagiti taok, aduda a nakapaisano nga agsipsiput iti San Sebastian. Ken ammokon no asino ti major a mangidaulo iti intelligence operative. Awan iggemmi a ladawanna. Ngem maysa a Major Agustino!" kinuna ni Ka Zoilo.

Nagsabat dagiti kiday ni Kapitan Enteng. Nakagatna ti bibigna. Adda gayamen polis ken soldado a nakaposte iti balayda? Ngem asino dayta a Major Agustino? Kabarbaro dayta a nagan kenkuana.

"Rummuar ket rummuarto latta dayta nga Angkuan! Tsambaanyo! Anupenyo dayta a major? Sapulenyo no sadino man a kueba ti paglemlemmenganna!" immirteng ti rupa ti kapitan a nangdanog iti lamisaan.

"Relaks, relaks laeng, kap! Dayta ti ar-aramiden ita dagiti taok. Ken maysa pay a napintas a damag, ipaipumponen dagiti autoridad ti bangkay ti taok a napasag. Awan kano met ti maurayda a mapan mangbigbig iti bangkay!"

Limmukay ti rupa ni Kapitan Enteng. Nakaanges iti nalukay. Napaisem. Awan ti nangkagat iti indiaya ni Mayor Marcelino a gunggona. Nagtungtung-ed. Mapagtalkanna a talaga ni Ka Zoilo.

"Okey, sabaliantayo ti taktika. Daytoy ti aramidenyo," kinuna ni Kapitan Enteng a nangtapik iti abaga ni Ka Zoilo.

Nakapaspasnek a nagtungtung-ed ni Ka Zoilo idi ilawlawag ni Kapitan Enteng ti kayatna a mapasamak.

"Kayatko a nadalus ti lakadyo. Awan ti aniaman a buliliaso. Saankayo nga agdanag. Addanto bunosyo no malpas ti eleksion!" kinuna pay ti kapitan idi agsisinada.

Nabengbeng manen a sobre ti impapetpetna ken ni Ka Zoilo idi agsisinada.

"For the boys dayta! Agannadkayo!" kinuna ti kapitan.

"Isuda ti agannad kadakami, kap!" nakagaygayad ti isem ni Ka Zoilo a simmungbat.

45

KIDEM ti sipnget. Managsaggaysa ti bituen iti tangatang iti dayta a rabii. Agin-inanan dagiti agtutubo a dadaulo ni Angkuan iti pagtaenganda idi kellaat nga agbrown-out. Saan a maawatan dagiti agindeg kadagiti sumagmamano a purok iti Camanguegan a dimmanonanen ti elektrisidad no apay a nagiddep lattan ti koriente. Mangliwengliweng ti kasipngetan iti Camanguegan. Nasapa la ket ngarud a nagaapon dagiti nairuam nga agpagnapagna ken agtutungtong kadagiti kalkalsada.

Naulimek dagiti purok. Sinapsapa dagiti agindeg iti Camanguegan ti nangrikep. Uray dagiti tanod kadagiti outpost, nagsiawidda met a nasapa. Dagiti laeng managsaggaysa a naladaw a naggapu iti trabahoda ti makita a nakabisikleta wenno nakamotorsiklo nga aglabas iti kalsada.

Pasado alas dies iti sardam idi pagammuan ta singaen dagiti tumanaul nga aso ti nasapa a panaginana dagiti taga-Camanguegan. Makaunget ti ngernger dagiti aso. Kasla adda kayatda a duklosen. Ngumanerngerda.

Maysa ni Angkuan a nakadlaw iti panagtaul dagiti aso. Nagsardeng laeng dagitoy idi madugsakna. Nadlawna ketdi nga adda dagiti limmabas a tinaulan dagiti aso iti isisiripna iti tawa. Nasipnget iti ruar. Saanna a mailasin dagiti aglabas. Nalagipna nga awan dagiti barangay tanod iti checkpoint itay lumabas. Naisipna a gapu ta awan ti koriente, nagsulit dagiti tanod ket nasapada a nagawid. Inawagannan ni Maestro Amante. Ngem imbaga daytoy a brown-out met laeng iti ayanda. Rimmuar tapno kasaritana ti polis a nakatoka ita nga agbantay.

"Adda dagiti limmabas a lallaki, sir. Narabiyanda a naggapu iti taltalon ta sarsarunuenda pay la ti nuangda. Isuda ti tinaulan dagiti aso," kinuna ti polis.

Nagtungtung-ed ni Angkuan. Natalek ta adda ti polis ken soldado nga agsinnublat a mangbantay kadakuada sipud natambang ni Teniente Charlito. Awan ti makapagbasakbasak iti laongda.

Agbuelta koman tapno mapanen maturog idi pagam-ammuan ta addayta manen ti duklos dagiti aso. Maanninaganda dagiti agsasaruno nga anniniwan iti kalsada. Nakigtot ni Angkuan idi maipasirna nga adda bitbit dagitoy a nakalanggusti. Agturongda kadagiti kabalbalayan iti amiananenda a purok. Nagkebba.

"Kasla armas dagiti nakasako a bitbitda!" kinunana a nangkita iti polis.

"Kasta met ti panagkitak, sir!" insungbat ti polis a di nangisina iti panagkitana iti grupo dagiti lallaki.

Dagus a tinawaganna iti selpon ti presinto. Ngem no namin-ano nga indayalna ti selponna, saanna a makontak ti linia ti polisia.

Napardas nga inalun-on ti kasipngetan dagiti limmabas a lallaki.

"Sir, amangan no kakadua dagidiay!" inyarasaas ti polis a kimleb a nagsiput.

Nagmalanga ni Angkuan. Adda kadi pay kakadua iti San Sebastian?

Kadagita a gundaway, iti balay da Dale, ti lider dagiti agtutubo a napinget a tumultulong ken ni Angkuan, madama daytoy nga agbasbasa iti Ariwanas. Nakatugaw ti agtutubo iti abay ti nagbukel a lamisaan a kayo a yan ti kuridemdem a pagsaingan. Nakaturogen dagiti lima a maadi-adi a kakabsatna. Nakiinnurnosda iti nayaplag a silag nga ikamen a naipatengnga iti bassit a putar a bungalow a balayda. Kasla paragpagan ti dayangdayang a bungalow a naaramid iti haloblak. Di pay napalitada ti balay. Tinidtid laeng a kawayan ti rikep dagiti tawa. Agribribrib dagiti haloblak a pasamano ti tawa a pakaituptupaan ti tugkal tunggal mailukat dagiti rikep iti aldaw ken maibalunet iti rabii.

Mayaten ti susuyaaban ni Dale idi mairingpasna a basaen ti nobela ni Danilo Bautista. Awisenen ti ridep. Kayatnan ti agidda. Masapadanto manen a mapan agkampania.

Apagisu a maalana ti ridepna idi pagammuan ta malukag iti nagsasaruno a taul ti pasaray dumuklos nga asoda. Mangngegna a tumanaul met laeng ti aso dagiti kaarrubada. Napatengngaag a nagallingag. Nangngegna ti anabaab. Adda umar-arubayan iti balayda. Nalagipna dagiti kaduana nga agtutubo. Umayda pasiaren? Nagmurareg. Nalawag ti tulaganda. Agkikitadanto laengen a masapa iti balay da Maestro Pitong.

Pug-awanna koman ti lampara tapno makiurnos metten kadagiti kakabsatna idi madlawna dagiti nagsardeng a danapeg iti sango ti balayda. Adda tao iti paraangan! Nagsardeng a nagtaul ti asoda a kasla napalek. Timmakder tapno sumirip iti ruar. Ngem sakbay pay a maiduronna ti natidtid a kawayan a rikep, addayta a naipasabet kenkuana ti naipasukib a murdong ti kanion ti riple.

Nagmalanga. Napaatras ket nabaddekanna ti saka ti amana a puon ti nakariingan daytoy. Timmakder ti lakay a nangsirarat iti anakna.

"Ania ti -?" saan a naituloy ti lakay ti saona idi maipasabet iti mulagatna ti nakatungraraw a kanion ti riple.

""T-tatang…" kinuna ni Dale nga agpigerger a nangigawid iti ima ti amana.

Nalawag a nakita dagiti agama ti naipigket a papel de banko iti murdong ti kanion ti riple.

"Pakumusta ni kapitan!"

Nakapsut ngem naturay ti timek ti lalaki iti ruar a nangngeg dagiti agama.

Iti regkang ti tinidtid a kawayan, masirayan dagiti agama ti lalaki a nangipataw-aw iti riple. Ngem saan a mairupaan da Dale ken ti lakay daytoy.

Nagtimek manen ti lalaki iti ruar.

"No alaenyo 'ta kuarta, namnamaenmi a kaduadakayo. No saanyo nga alaen, kaipapananna a saandakayo a kadua. No alaenyo, siguraduenyo laeng ti ibutosyo.

Subliandakayo no agkibaltangkayo!" naturay ti timek ti lalaki iti ruar.

Nakariing ti ina ni Dale idi mangngegna ti saritaan. Ngem idi maipasabet kaniana ti kanion ti paltog a yan ti nakapigket pay laeng a sangaribu, nagpigerger a napa-apo. Alisto ti lakay a nangsarapa iti asawana idi matalimudaw daytoy.

NAGDINAMAG   ti napasamak iti Camanguegan iti kinabigatanna. Maysamaysa nangibaga iti amak ken butengda. Saan a naiturturog dagiti dadduma ti panagdandanagda. Saan laeng a dagiti agtutubo ti napanan dagiti nagtagi-armas a lallaki. Uray pay dagiti natangken a mangikamkampania ken ni Angkuan.

"Maestro, kunada a no dimi alaen ti naipigket a kuarta, patayabenda kano ti bangabangami?" kinuna dagiti agtutubo ken ni Maestro Pitong.

"Nakabutbuteng, maestro!" imbagi   ti ama ni Dale. "Ania   itan ti aramidenmi?"

Aduda a napan nangidanon ken ni Angkuan iti napasamak.

"Delikado! Madi daytoyen!" kinuna ni Maestro Amante a nagngilangil.

"Butbutngendan dagiti kakaduatayo! Tumawtawagkami iti polis idi rabii ta agreportkami koma. Ngem dimi ida a nakontak!" kinuna ni Angkuan.

"Nagresponde kano ngamin dagiti polis kadagiti kabangibang a barangay. Adu kano ti nagpaputok iti paltog! Isu nga awanda a nagpatrulia ken dida nakaresponde ditoy Camanguegan!" kinuna ni Maestro Amante.

"Ireporttayo kadagiti autoridad!" kinuna ni Patricio.

"Kaasiannakami, Apo a Mannakabalin!" naapput ni Manang Ellen ti rupana.

"Mabutengen dagiti agtutubo. Agbutengda, saanda a kayat ti agsarita. Uray dagiti dadakkelda!"

Nangemkem ni Angkuan. Asino dagiti immay nangriribuk iti Camanguegan? Saan pay a nalpas ti panagsasaritada idi umawag ni Major Salvador. Imbaga ti hepe nga adda napateg a nga ipakaammo daytoy kenkuana.

Napamulagat ni Angkuan. Nagdardaras a nagpakada.

"Napateg ti pangayaban ni hepe," kinunana idi tarayenna a bisongen ni Carlota iti nagtugawanna a butaka. Itay pay nga agal-allingag ti asawana iti saritaanda.

"Nasaysayaat no kaduaendaka!" kinuna ni Maestro Amante a nangtaliaw kadagiti kakaduada a sangsangkamaysa a nangtung-ed.

Iti lugan, impigsa ni Angkuan ti agkarkarasakas a radio. Apagisu a trattrataren ni Danny Antal iti DWTP ti napasamak a panagpaputok dagiti di pay am-ammo a lallaki kadagiti nadumaduma a barangay iti San Sebastian. Insarunona a trinatar ti napasamak a pamutbuteng dagiti nagtagi-armas a lallaki iti Camanguegan.

"No patan-awandakayo iti Armalite nga adda banderitasna a sagsangaribu, ania ti aramidenyo? Butosanyo kadi 'diay piliyo a butosan wenno pilienyo 'diay nangted iti kuarta?" kinuna ni Danny Antal. "Ti problema, umel met dagiti tao iti butengda, apo! Napankami iti Camanguegan manginterbiu koma kadagiti agindeg. Ngem awan ti mayat nga agsao kadakuada!" kinunana pay ti komentarista.

"Kumarkaron ti mapaspasamak iti barangaytayo!" kinunana ni Manang Ellen a nakikalugan ken ni Angkuan.

"Wen ngarud. Kasla organisadoda. Ania ti gaway dagiti gagangay a lumugar kadagita a baribar ti kararuana?" imbagi ni Patricio.

Maawatan ni Angkuan dagiti kakaduana. Ngem maymaysa laeng ti agtartaray iti isipna. Kaanodanto nga agpatingga?

Apagbiit nga inunor ti komboy da Angkuan ti dalan a rummuar iti kalsada nasional. Idi makadanonda iti Nagsangalan, intarusdan ti napan iti presinto.

Nakatalikud ni Major Salvador iti opisinana a nasangpetan da Angkuan. Ur-urnosen daytoy dagiti agkaraiwara a papeles iti filing cabinet. Adu pay ti papeles iti rabaw ti lamisaanna. Adda maysa a patrolwoman a mangas-asistir iti hepe. Ikarkarga daytoy dagiti papeles iti panakkelen a karton.

"Apay, hepe? Ania ti napasamak?" kinuna ni Angkuan a nagmulagat idi makitana ti panagidaldalimanek ti major kadagiti gamitna.

"Part of the job, sir. I have been relieved!" kinuna ni Major Salvador a nangsabet a nangalamano ken ni Angkuan ken dagiti kakaduana.

Saan a nakatimek ni Angkuan. Agsalsaludsod dagiti matana a nangperreng iti hepe idi ikarga daytoy ti nakaikitikitan ti naganna a tikap ti sagat iti karton.

"Gapu iti napasamak a pamutbuteng, sir. Ken dagiti putokputok kadagiti kabangibang a barangay. Dinegdegan dagita ti napasamak ken ni Teniente Charlito!" kinuna ti hepe.

"Kasanokamin ditoy Camanguegan, hepe, no panawannakami?" kasla agsipael ti karabukob ni Angkuan.

Naperreng ni Major Salvador ni Angkuan. Maawatanna ti kaririknada. Iti pannakaidestinona iti San Sebastian iti nasurok a dua a tawen, naipakitana no kasano nga impategna ti trabahona. Impamaysana ti panagtalinaed ti linak ken talna iti lokalidad.

"Kasta a talaga iti polis, sir. Always follow orders. Adipen ti umili a kunada. Ngem saankayo nga agdanag. Yendorsok iti mangsukat kaniak ti Camanguegan a kas special concern," inyisem ni Major Salvador.

Nagyaman ni Angkuan ken dagiti kakaduana iti hepe. Maysamaysa immasideg a nakialamano iti major.

Nasinga ti panagsasaritada idi pagam-ammuan ta maibuang ti ridaw ti opisina ti hepe. Naikuadro ni Mayor Marcelino.

"Ma-relieve-ka kano hepe?" nagmulagat ti mayor iti yuunegna.

"Wen, sir, agreportnak ita met laeng idiay provincial police office. Addan 'tay orderko a pirmado ni PD," insaludo ni Major Salvador.

Nagsanamtek ni Mayor Marcelino. Inalamanona da Angkuan ken dagiti kakaduana. Kudkodenna a saan ti ulona a nangsango iti hepe.

"Kasaritak ni PD. Nasaysayaat no ditoyka pay laeng," kinuna ti mayor a nangperreng ken ni Major Salvador.

"Thank you, mayor. Ngem saanen. Didanto ket ipagarup nga agpolpolitikaak. Amangan no dumanon pay idiay region, wenno ken ni Chief, PNP idiay Crame. Narigaten, sir. Ammom metten, adu a mata ti nakasiput ita kadatayo…"

"Asino ngata dagiti nangbutbuteng idiay Camanguegan?" pinanda ti mayor a kinita da Angkuan.

Nagngilangil da Angkuan a nagkikinnita.

"Adda atapek. Ngem awan ti ebidensia!" kinuna ti mayor.

Nagtitinnaliaw da Angkuan ken dagiti kakaduana. Adda met agay-ay-ayam iti isipda. Ngem kas kuna ti mayor, awan ti ebidensiada.

"No agtimek la koma dagiti bumarangay, mayor. Ngem saankayo nga agdanag. Madama a trabahuen dayta dagiti taotayo. Mapangnamnamaan ti mangsukat kaniak. Classmate-ko idiay Academy. Ni Major Dan Guzman. Batido daydiay, sir. Addaaan iti prinsipio!"

Nagtungtung-ed ni Mayor Marcelino a nangtapik iti abaga ti hepe. Nangnangngegnan ti nagan ni Major Dan Guzman. No di mariro, nagkameng daytoy iti PSG.

"Kas met laeng kenka, Major! You did your best! Thank you iti serbisiom iti San Sebastian!"

"Thank you too for the kind words, sir!"

Impakada ti hepe a yakarna laeng dagiti gamitna iti PPO. Agsublitno laengen para iti turn-over.

Saanen a nagbayag pay ti panagsasarita da Angkuan ken Mayor Marcelino. Idi agpakada ti hepe, nagsisina metten dagitoy.

"Ulitek, agingga a siak ti mayor iti San Sebastian, diak itulok nga agari ti kinadangkes, Mr. Dela Cruz. Kasaritakto ti baro a hepe tapno ad-adda pay nga ingetanda ti agpatrulia!" kinuna ti mayor idi agpakada kada Angkuan.

KADAGITA a kanito, nakasarsarangsang ti katawa ni Kapitan Enteng. Awan mintis ti planona. Awan ti nagrekorida a polis. Nakadaldalus dagiti kalsada. Asino ti mangipagarup a dagiti met laeng taona ti napan nagputokputok kadagiti kabangibang a barangay? Dagitoy ti nakaiturongan ti imatang dagiti polis. Isu a limmukay ti panagpatruliada iti Camanguegan.

"Perme ti pigergerda, kap!" kinuna ni Ka Zoilo a nangiyawag ken ni Kapitan Enteng iti napasamak.

Nakarabrabuy ti isem ti kapitan iti panangiladawan ni Ka Zoilo iti langa dagiti agtutubo a binallaaganda. Napandada amin dagiti adda iti listaanda a kakadua ni

Angkuan.

"Saan la ket ita a maiturturog dayta nga Angkuan ti butengna a maabak!" impaggaak ni Kapitan Enteng a nangtung-ed ken ni Kagawad Banong.

Napasardeng ti kapitan iti panagpaggaakna idi umawag kenkuana dagiti tanod. Adda agrarapuk iti plasa ti barangay!

46

ASINO dagiti nagrarapok?" immulagat ni Kapitan Enteng.
"Dagiti agtutubo, apo kapitan! Nagrarana dagiti kakaduayo nga agtutubo ken dagiti supporter da Apo Angkuan. Nagbibinnara ken nagkakabilda!" kinuna ti tanod.

Napatakder ni Kagawad Banong. Nalagipna a dagus ti barona.

Napanganga ni Kapitan Enteng idi ipadamag ti tanod nga adda dagiti nasugatan ta adda nagaramat iti igam iti grupo ti anak ni Kagawad Banong.

"Ania kano ti napasamak, kap?" nagdanag ni Kagawad Banong a kimmita ken ni Kapitan Enteng.

"Adtoy, kasaritam man laengen. Makaammokan kadagiti ubbing. No nasken nga idarumtayo dagiti pasurot da Angkuan, idarumtayo!" kinuna ni Kapitan Enteng.

Napasnek a nangitubong iti lapayagna ni Kagawad Banong iti selpon idi maitimkanna ti tanod. Nagmalanga idi estoriaen ti tanod ti napasamak aglalo idi madakamat ti tanod ti nagan ti barona.

Matartaranta, nagdardaras a nagpakada. Saannan nga inuray pay ti sawen koma ni Kapitan Enteng.

Iti plasa ti barangay, awanen dagiti agtutubo a nasangpetanna. Dagiti laengen tanod ken dadduma a bumarangay a nakiusioso ti nadanonna.

Kas kinuna dagiti tanod, naitaray iti ospital dagiti agtutubo a mangikamkampania ken ni Angkuan ta binagkong ken pinangpang-or ida ti grupo ni RJ.

"Itay agrespondekami, naglibas ni RJ a nagmotorsiklo, kagawad. Isu ti bimmagkong!" inlawlawag ti tanod.

Napaumel ni Kagawad Banong aglalo idi ibaga ti tanod nga adu ti nakaimatang.

"Dagiti nasugatan? Asinoda?" immulagatna.

"Kabagian ni Apo Angkuan, kagawad. Naitarayen idiay ospital!"

Agtimek koma pay ni Kagawad Banong idi pagammuan ta adda mangiradio iti tanod nga adda nadesgrasia a nakamotor.

Nagtibbayo ni Kagawad Banong. Nagpigerger idi adda agparikna kenkuana.

Matartaranta, dagus a tinurongna ti ayan ti naireport a nadesgrasia. Asideg laeng daytoy iti purok da Angkuan. Bakras ti turod.

Nadarimusmosanna ti police patrol idi makadanon iti sumang-at a dalan. Nailasinna a maysa ni Angkuan kadagiti agaarimutong. Buybuyaenda ti nalasang a motorsiklo a naisalat iti puon ti dakkel a kawkawati iti bakras ti turod.

Nagulimek dagiti agaarimutong a naglisi idi makitada ni Kagawad Banong. Nagtarusan ti kagawad ti nangtan-aw iti narangrangkay a motorsiklo. Nailasinna a dagus ti motorsiklo mi RJ!

Apo Dios, nayesngawna. Kasla aglulok dagiti tumengna ket napakidem.

"Awanen ti pagdanagam, apo kagawad... Naitaray a dagus ti anakmo iti ospital…"

Saan a nadlaw ni Kagawad Banong ti yaasideg ni Angkuan. Napataliaw. Saan a nakatimek idi agsabet ti panagkitada ken ni Angkuan.

"Apagisu a lumabaskami itay a napan nakisarita kadagiti dadduma pay nga agtutubo a pinangtaannda idi rabii itay malabsanmi a nadesgrasia ti barom. Idi mayaonmi iti nakatnaganna, imbilinkon kadagiti kakaduak nga itarayda iti ospital. Inusarda 'tay luganko…" kinuna ni Angkuan.

Kasla napal-idan iti dakes nga angin, saan a maiperreng ni Kagawad Banong dagiti matana idi kitaen ni Angkuan.

NAKLAAT ni Angkuan idi awagan ni Atty. Baldos. Impakaammo ti abogado nga inaprobaran ti Comelec ti panangyendorsona a maisalinong ti Barangay Camanguegan iti Comelec control.

"Agsasaruno dagiti pasamak. Kalpasan ti pannakatambang ken ni Teniente Charlito, nagipangta dagiti di pay am-ammo a nagtagiarmas nga agdakdakiwas iti Camanguegan kadagiti bumarangay. Sa ita, mairamraman payen dagiti agtutubo," panangilawlawag ni Atty. Baldos.

Nakaanges ni Angkuan ti nalukay. Pabor nga agpayso kadakuada dayta nga addang ti Comelec. Maliklikan ti panagraira ti kriminalidad ken pamutbuteng. Saanen a maestra ti agbilang iti butos. Mismo a dagiti polis ta i-deputize ida ti Comelec.

Impakaammo ni Angkuan kadagiti kakaduana ti impadamag ni Atty. Baldos. Nagdardaras a nagturong kalpasanna ti kuerpo ti polisia. Naitawag kenkuana a nagreporten ti baro a hepe iti San Sebastian.

Naurnong dagiti polis iti sango ti police station a nasangpetan ni Angkuan. Ammo lattan ni Angkuan a ti baro a hepe ti kasarsarita ni Teniente Tabugadir. Natayag daytoy ken napuner.

"Ay, Mr. Dela Cruz, ti baro a hepetayo, ni Major Dan Guzman!" inyam-ammo ti teniente ni Angkuan idi mataliawna daytoy.

"Hello, Mr. Dela Cruz!" inyisem ti major. Nairut ti dinnakulapda ken ni Angkuan.

Iti damoda pay laeng a panagkitada, nariknan ni Angkuan a nalag-an ti riknana iti baro a COP. Kas met laeng ken ni Major Salvador, naisem ken napakumbaba. Kas naammuanna, tubo ti major iti San Juan.

"Adu ti naestoria ni classmate-ko maipapan kadakayo ken ti kabalubalyo, sir!" kinuna ni Major Dan Guzman. "Saankayo a madanagan, amin a nairugi ni Bok Salvador ditoy, ituloyko. Ikarik, agtalinaed a natalna ti eleksion ditoy

Camanguegan," kinuna pay ti hepe a nangsallabay ken ni Angkuan a nangiturong iti uneg ti opisinana.

Naibayag bassit ti pannakiuman ni Major Dan Guzman ken ni Angkuan. Dinamag daytoy dagiti mapalpaliiwna iti barangay. No kasano ti garaw dagiti tao ni Kapitan Enteng. Ken no pay adda umar-arubayan iti balayda. Imbaga ti hepe nga agtalinaed ti polis a nakadetalye kenkuana. Impanamnama ti hepe a silulukat a kanayon ti linia ti telepono iti opisinana no masapul daytoy ti tulong. Inted pay ti hepe ti numero ti selponna.

"Positive, imported dagiti nanganup ken ni Teniente Charlito. Saanda a taga ditoy!" kinuna ti major.

Idi rummuarda, maikulkuleng pay laeng ni Angkuan. Sumken ti aripapana. Nalawagen ti amin. Adda naupaan a mangipakni kenkuana! Ti danagenna, isu ti mabalin a pannakairamraman ni Carlota iti narugit a taray ti politika.

NAUNEG ti pampanunoten ni Carlota a nasangpetan ni Angkuan. Saan a nadlaw daytoy ti yuunegna iti kadaklan. Iti kosina, makumikom dagiti nasapa a kakabagianda nga aginaldaw a tumultulong kadakuada nga agbuelta. Inaldaw nga agsangailida. Ilutuanda dagiti agbulbulontario a tumultulong iti kampania.

Nagsig-am ni Angkuan idi saan a nagkir-in ni Carlota iti nagtugawanna. Adayo ti turong dagiti mata ti asawana.

"Sweetheart," kinunana ket nagtarus iti likudan daytoy. Rinakusna a binisong ti asawana.

"A-addaka gayamen!" apagapaman ti pannakaklaat ni Carlota a napatakder.

"Nauneg sa ti pampanunotem. Dinak nadlaw. Itayak pay iti likudam," kinuna ni Angkuan.

Napaanges ni Carlota iti nauneg.

"Johnny, narikut a talaga daytoy nastrekmo. Kitaem, naitureddan a butbutngen dagiti kalugarantayo? Pati dagiti agtutubo, mairamramandan!" nauyos ti nauneg a sennaay ti asawana a nangsango kenkuana. "Maamakak. Nangngegko iti damdamag itay iti radio nga adda dua a kandidato a kapitan ti tinambangda manen iti kabangibang a probinsia. Amangan no ania ti mapasamak kenka!"

Namrayan ni Angkuan a pinetpetan dagiti dakulap ni Carlota.

"Awan ti pagdanagam. Nainget dagiti autoridad. Addan baro a hepe iti San Sebastian, sweetheart," kinuna ni Angkuan. "Saan a mabalin a yatrasko ti kandidaturak. Saan nga ipalubos ti Comelec ti substitution iti barangay elections. No diak agtuloy, awanen ti kalaban ni Kapitan Enteng…"

"Ita ta nasapa pay, agatraska koman!" inyunnoy ni Carlota. Manartaraigid dagiti luana nga immarakup ken ni Angkuan. "Agur-uray dagiti annakmo idiay America. Diak kayat a ti nagan ken dagiti laeng lagipmi kenka ti kaduak nga agsubli sadiay, honey…"

Saan a naterred ni Angkuan ti riknana. Dayta ti pagkapsutanna. Saanna a maibturan a makita nga aglulua ti kaingungotna. Kasla makidkiddis ti pusona. Iti unos ti panagdennada, pulos a saanna a napasaktan ti rikna ti kaingungotna.

Nayugyog dagiti abaga ni Carlota iti panangisubsob daytoy iti rupana iti barukongna. Kasla maiwa ti pusona idi mariknana ti bara ti agarubos a lua ti asawana iti barukongna. Maem-em-eman ti saibbek ti kaingungotna.

Inap-aprosan ni Angkuan ti bukot ni Carlota. Binay-anna nga ibulos daytoy ti riknana.

"Awan ti dakes a mapasamak kaniak, sweetheart. Agkararagtayo laeng ken ni Apo Dios," inyappungolna. "Saannatayo a baybay-an…"

KASLA kasuoran ti rupa ni Kapitan Enteng. Iti panagtugaw ni Major Dan Guzman a hepe iti San Sebastian, kasla nareppet a namimpinsan ti ima dagiti pasurotna. Saandan a makapagdakiwas pay iti man aldaw wenno rabii. Naing-inget ti baro a hepe ngem iti sinukatanna. Isu pay a mismo ti mangidaulo kadagiti taona nga agpatrulia. Masiudot ta nadamagna a kayat ti hepe a maidarum dagiti agtutubo a nangdangran kadagiti supporter ni Angkuan.

Nangemkem ni Kapitan Enteng. Ti la unay kagurana, nagpanayon ti baro a hepe iti puersa ti polisia iti Provincial Mobile Force Company gapu iti pannakaisalinong ti Camanguegan iti Comelec control. Talaga a saanda a palung-awen! Atapenna a dakkel ti pannakaibiang ditoy ni General Loreto. Kabaelan a mandaren daytoy dagiti polis. Adda nalimed a panagkikinnaawatanda. Ket ad-addan a dimmakkel ti gurana iti heneral.

Tumanabbaaw a pagna a pagna iti terasa. Nalawag a matan-awanna ti kalsada iti labes ti nangato a kongkreto nga alad ti laongda. Napasardeng idi madlawna dagiti pasaray agparada a di am-ammo a lugan iti asidegda. Isu pay la a naamirisna a husto ti kuna dagiti pasurotna. Tiktik la ketdi dagiti lugan nga agistambay iti saan nga adayo iti balayda! No kasta, nabayagen a palpaliiwenda!

Nagdardaras nga immulog. Binilinna dagiti pasurotna a rummuarda tapno komprontaenda dagiti agestambay a lugan iti kalsada iti sango ti balayda.

"No kumaritda, ammoyon ti aramidenyo. Saankayo a paunaan!" kinunana.

47

LISTO rimmuar dagiti binilin ni Kapitan Enteng. Sinurot ida ni Kagawad Escobar. Agdudukol ti siketda. Apagisu, adda nagdespasio a van idi makabatog iti gate. Nagin-inayad ti van sa nagsardeng iti di unay adayo.

"Asitganyo!" imbilin ni Kagawad Escobar kadagiti dua a pasurot ti kapitan.

Immaddangda nga immasideg. Ngem nagatrasda met laeng idi agangay. Tinted ti lugan. Agpangaduada amangan no adda kargada dagiti nakalugan.

Nasemsem ni Kagawad Escobar.

"Takrot!" kinunana ket binitbitnan ti calibre .45 nga nga immasideg iti lugan.

Ngem idi makaasideg ket tuktokenna koma ti nakarikep a tawa ti van, nakaal-aliston daytoy a nagpabanurbor a pimmanaw.

Iti ayan ni Kapitan Enteng, agpupungtot daytoy. Nalukot dagiti gemgemna a nakalagip iti report kenkuana ni Ka Zoilo. Napaneknekannan, adu ti mangsipsiput kenkuana. Nalagipna ti sorbetero. Atapenna, maysa pay daytoy. Nabayagen a dina nakita daytoy.

Diaske! Intabbaaw ni Kapitan Enteng. Tiktik ti sorbetero! Uray ti aglaklako iti taho!

Imbilin ni Kapitan Enteng nga isardengdan ti panagiwarasda. No manon nga aldaw a nadlaw ti polis a bayabayna nga adda agam-ampayag a drone iti ngato ti laongda. Pinapaltoganna daytoy. Ngem saan a napuntaan.

Nagkuretret ti muging ti kapitan. Kasaritana ni Mary. Narigaten no saanda nga agsakbay.

"Awagam ni Ka Zoilo!" imbilinna.

Siniggawat ti kapitan ti agkirkiriring pay laeng a selpon. Aggitebgiteb ti pispisna. Panagriknana, dumakdakkel ti problemana. Iti kinainget dagiti polis, madehadoda. Awan serbi ti pagnapagna laeng a makial-alamano kadagiti tao. Masapul nga adda ipapetpetda. Ti pirak ti mangikampania kadakuada. No dakdakkel ti waras, dakdakkel ti namnamana a mangabak.

"Umakarkayo dita hide out-yo. Nabara ti mata dagiti tao. Tiktiktikandatayo amin! Amangan no addadan iti wangawangan ti agongyo!" agpigpigerger ti boses ni Kapitan Enteng. Imbilinna nga urayenda ti maibaon a paglugananda.

"Umakaranmi ngarud, kap?" dinamag ni Ka Zoilo.

"Idiay Gravitas! Mangalakayo iti tallo a kuarto! Makaammon ti sekretariak a makisarita!" kinuna ti kapitan. "Urayendakon idiay. Adda napateg a pagsaritaanta!"

Sinabetna ni Kagawad Escobar idi makitana a sumrek daytoy iti inaladan. Kasaritana ti kagawad. Imbilinna ken ni Mary nga awagan amin daytoy dagiti kakaduada.

Iti agdan, nasarunona ni Lily. Saanna nga ammo no masimron wenno maragsakan. Kasla awan aniamanna a nangtung-ed laeng a nangtaliaw daytoy kenkuana. Agdardaras daytoy nga umulog. Igpilna ti paboritona a bag a Hermes. Tagipatgenna dayta ta inregalo kenkuana ni Gobernadora Alconis. Ammona, mapan la ketdi manen makimadiong daytoy kadagiti amigana. Masemsem. Manipud ngamin idi nasumokna ti makimadiong, masansanen nga awan iti balayda. Saannan a bibiangan uray ania ti aramidenna. Kuarta laeng ti napateg kenkuana. Naisem daytoy no kasta a papetpetanna iti pakiay-ayamna.

Iti nalawa a terasa, inurnong amin ni Kapitan Enteng dagiti kakaduana. Kompleto dagiti para kagawad. Adda pay dagiti lider ken dagiti coordinator.

"Rumikut ti situasion, kakadua. Saan a kas idi a makapagdakiwaskayo iti rabii. Ita, adun ti mata. Amin a garawtayo sipsiputanda!" indagsenna.

Nagtitinnaliaw dagiti kakaduana.

"Ania ngarud ti aramidentayo? Ituloytayo ti agiwaras, kapitan?" dinamag ni Kagawad Banong.

"Isardengyon. Itodotayton inton kasakbayan a mismo ti eleksion. Mano laengen a turog, butosen. Diak kayat a masiripandatayo!" insungbat ni Kapitan Enteng.

Adda agay-ay-ayam iti isip ti kapitan. Padasenna a tapalan iti pirak ti baro a hepe. Uray mano. Ikidemna laeng dagiti matana kadagiti aramidenda.

Saanen a nagbayag dagiti kakaduada. Nagbati da Kagawad Banong ken Kagawad Escobar.

"Sumurotkayo kaniak, kagawad!" inkissiim ni Kapitan Enteng kadagiti dua.

Alisto ni Kagawad Escobar a nangtaray a nangpaandar iti Fortuner idi isenias ti kapitan ti panagluganda. Tinung-edanna lattan ni Mary a nangisurot iti panagkitana iti ipapanawda.

KADAGITA a kanito, kalkalpas da Angkuan a nangpasiar kadagiti kakaduada. Nakaawiden dagiti nayospital a kinabkabil dagiti agtutubo a kadua da Kapitan Enteng. Ti laengen kaanakanna a binagsol ti anak ni Kagawad Banong ti nabati nga agpapaungar iti ospital. Kinasaritana ni Major Dan Guzman nga urnosendanto ti problema apaman a malpas ti eleksion. Saanna a kayat a bumara ti riri.

Inulit da Angkuan a kinasarita dagiti agtutubo a binutbuteng dagiti armado a lallaki. Adda pay laeng amak iti rupa dagitoy. Uray dagiti nagannakda. Adda pay laeng butengda. Nagyaman ni Angkuan ta naisurot kadakuada ni pasado Konsehal Jovito a nakisarsarita kadagiti kabarangayanda.

Nagnagnada a nagawid. Saan a mauma dagiti tao a malabsanda a manglugay ken ni Angkuan. Uray dagiti ubbing, makipagpukpukkaw iti naganna.

"Nabara ti panangawat kenka dagiti tao," inyisem ni pasado konsehal Jovito.

"Dakkel ti namnamatayo!"

Kas iti dati, imbilin ni Angkuan nga agtarusda amin iti balayda. Adda impaisaganana a pagsasanguan. Sabali laeng ti para kadagiti lallaki. Nakasagana ti agua de pataranta dagitoy.

Nagtarusan ni Angkuan a binisong ni Carlota idi makastrek iti balayda a mangbukbukitkit iti balikbayan box. Agsukat laeng iti pagan-anayna. Sublianna met laeng dagiti agiinnestoria iti terasa a kakaduana.

Idi rummuar, kaduan ni Angkuan ni Carlota. Adda bitbit ti asawana a tallo a pakete a tsokolate. Kasta unay a ragsak dagiti agtutubo idi ibagana a pagbibingayanda.

"Daytoy met ti para kadagiti adda nakemna!" inkatawa ni Angkuan a nangitag-ay iti dua a Double Black.

Ad-addan ti sipat da Maestro Amante ken Maestro Pitong.

"Yuluam ngaruden, Apo Kapitan Angkuan!" kinuna ni pasado Konsehal Jovito a nangipangato pay iti dolpona.

"Advance celebrations daytoy, no kasta!" ipasaruno ni Patricio.

Nagyaman ni Angkuan. Intag-ayna ti botelia idi maluktanna.

"Para kadakayo! Para iti balligitayo!" kinunana a nangiyawat iti botelia kadagiti lallaki.

Ngem di pay nagbayag ti nasarangsang a katkatawada idi mapatengngaagda. Dumanarudor ti military jeep a nagsardeng iti paraangan da Angkuan. Nagsaludo ti agbambantay a polis ken soldado idi dumsaag ni Lt. Ferdie Corteza.

Napatakder ni Angkuan. Agdardaras ti teniente nga agturong iti ayanda.

Sinabet ni Angkuan ti opisial.

"Saan a nasayaat a damag, Mr. Dela Cruz!" inyarasaas ni Lt. Ferdie Corteza. Nagkikinnita da Angkuan ken dagiti sangailina.

"Ladingitek, ngem idanonko ti pakaammo ni Major Nap Agustino. Saan a nakalasat ni Teniente Charlito!" nababa ngem nabatad ti timek ni Lt. Ferdie Corteza.

"Saanna a nalasat dagiti nakaro a sugatna…"

Nagmalanga ni Angkuan. Naperrengna ni Lt. Ferdie Corteza. Kasla dina patien ti nangngegna.

Nabayag a nagari ti ulimek.

Idi mapasubli ni Angkuan ti riknana, inasitganna dagiti kakaduana. Immasideg kadakuada ni Lt. Ferdie Corteza.

"Binulbulodtayo laeng ti biag, kakabsat. Panawenen a maammuanyo nga asset ti operatiba ni Lt. Charlito. He is under the care of the agency. The field unit, under Major Nap Agustino, took care of all the necessary arrangement. Isun ti nangipakaammo iti pamiliana," inlawlawag ti teniente.

"Ania ti kayatyo a sawen, teniente? K-kasano ti pamilia ni Teniente

Charlito?" arig di mangngeg ti timek ni Manang Ellen a mangpumpunas iti luasitna.

"For their safety and protection, the agency will take care of his family," insungbat ti opisial a nangpunas iti tumrem a ling-etna. "Awanen ti pagparikutan pay maipapan iti pannakaidulinna."

Nalpay ti abaga ni Angkuan. Kasla nagmanto ti rupa dagiti kakaduana.

"Mapantayo idiay Manila. Makipagriknatayo iti napasamak ni Teniente Charlito," kinuna ni pasado Konsehal Jovito a lining-et iti damag nga insangpet ni Lt. Ferdie Corteza. Nagdadaraddan nga impaid daytoy ti dolpona.

"Rumbeng laeng, kakabsat. Kaasi met ni teniente…" impasarunson ni Maestro Pitong a nanglagip iti kinasayaat ni Teniente Charlito.

Nagpatengnga ni Lt. Ferdie Corteza iti ummong. Immasideg dagiti dadduma nga adda iti paraangan a kasla di pay la mamati nga awanen ni Teniente Charlito.

"Kas kiddaw ti asawana, saanen a nagbayag ti masayag. Naipumpon ti bangkay ni Teniente Charlito iti Libingan ng mga Bayani a kas retirado a soldado …" inlawlawag ni Teniente Ferdie Corteza.

Nalpay dagiti abaga da Angkuan iti nangngegda. Saanda a makita iti maudi a gundaway ti teniente.

48

SAAN a mailadawan ti ragsak ni Kapitan Enteng iti panagwaras ti napasamak maipapan ken ni Teniente Charlito. Kurang la nga agpabunar daytoy. Naikkaten ti maysa a siit iti dalanna. Awan dadanaganna. Imbilangen ti polisia nga unsolved a kaso ti napasamak ken ni Teniente Charlito. Awan ti makaammo no asino dagiti nangtambang iti teniente. Blangko dagiti autoridad.

Nagngirsi idi malagipna a nalaing met a pumaltog ti teniente. Naitablana ti biagna. Awan ti nakabigbig iti kinaasino ti napaltogan ti teniente. Dayta ti pagbilibanna ken ni Ka Zoilo. Ita, maysa laengen ti nabatbati a bangen iti dalanna nga agpailayon a kapitan.

Ni Angkuan.

Dua laengen nga aldaw, ti nabatbati a panagkampania. No apay ngamin a nagababa ti intedda a panawen ti panagkampania. Kuna ni Ka Zoilo, isarunoda nga ipalnaaw ni Angkuan. Kayatna a nalinis ti panangiwalinda kenkuana. Saanna a kayat nga adda pagparikutanda. Tapno saanda nga agmintis, tinudingan ni Kapitan Enteng ni Kagawad Banong a kadua da Ka Zoilo a mangiwayat iti planoda. Malaksid nga isu ti makabisto iti pasikutsikot iti Camanguegan, talkenna nga agtrabaho ti kagawad. Adun ti pasadasna iti nabayagen a panagkaduada. Nadalus nga agtrabaho.

"Siak a mismo ti mangileppas iti dayta nga Angkuan!" kinuna ni Ka Zoilo.

"Duakayo ken ni Kagawad Banong!" impasaruno ni Kapitan Enteng a nangtung-ed ken ni Kagawad Banong.

Napamulengleng ni Kagawad Banong ken ni Kapitan Enteng. Saanna a maawatan ti bagina. Kayatna koma ti sumungbat. A no mabalin, saannan a kayat a maisawsaw pay iti dakes a panggep ti kapitan. Marikanana, rumikrikut ti situasion iti Camanguegan. Ngem no ibagana ken ni Kapitan Enteng dayta, ibaga la ketdi daytoy nga imbaagnan ti ipusna!

Napaanges ni Kagawad Banong. Dina a mailawlawag. Alusiisen. Saan a basol ni Angkuan ti panagkandidatona. Dagiti tao ti nagkalikagum. Kayatna nga ibaga dayta iti kapitan. Ngem awan ti turedna a mangiruangan. Amkenna nga isu pay ti daksen ti kapitan. Aminenna, adu ti utangna a naimbag a nakem ken ni Kapitan Enteng. Nabayag a nairaman iti grasia a sagsagrapen ti kapitan.

Iti napasamak ni Teniente Charlito, in-inut a naamirisna a nagbalinen nga agum iti turay ti gayyemna a kapitan. Maiturednan nga imandar kadakuada uray dagiti maikaniwas nga aramid. No koma pamutbuteng laeng a naisiguden nga ar-aramidenda manipud tumapog ti kapitan iti politika, mairusokna. Ngem sabalin a saritaan ta addan naibuis a biag. Nasken kadi a mangkettelda iti biag gapu laeng iti politika? Mulmulmolan dayta ti isipna. Anian, awan turedna a mangibuksil uray kadagiti kakaduana. Kasla alimatek dagiti kakaduana a nakakapet iti kapitan.

Ti kangrunaan a mangal-alia iti panunotna, isu ti napasamak iti barona. No saan a gapu ken ni Angkuan, nalabit awan koma itan ni RJ. Napaneknekanna, saan a managibales ni Angkuan. Nasayaat a tao. Agsupadida la unay ken ni Kapitan Enteng iti ugali.

"Kagawad Banong, apay a maimaymayengka?" impigsa ni Kapitan Enteng ti nangkidag kenkuana.

"Ay, kua, kap… A-adda la nalagipko," kasla natalimpungaw, adu a rigat ni Kagawad Banong a nangarikap iti isungbatna.

"Imbaagmon sa metten ti ipusmo?" immulagat ti kapitan.

Inlemmeng ni Kagawad Banong ti rupangetna iti nangngegna. Mapilpilit ti isemna idi tumaliaw ken ni Ka Zoilo nga inasitgan ti kapitan. Saanen a nagun-uni pay. Madamdama pay, nagbaybaydan a nagna ken ni Ka Zoilo idi makapagpakadada ken ni Kapitan Enteng.

KAYAT ni Kapitan Enteng nga agdakiwas dagiti taona kadagiti nabatbati nga aldaw ti kampania. Ngem agamak dagiti pasurotna. Nainget dagiti agsipsiput. Gapu itoy, napilitan a nagpastrek met laeng kadagiti tao iti balayda. Imbilinna ketdi a pilienda dagiti sumrek a warasanda. Saanna a kayat ti maaktuan.

Ni Mary ti ad-adda a maturtoran. Nasumokdan ti social media a pangkontakan kadagiti kampaniaanda. Nasursurona payen no kasano ti agipatulod iti kuarta babaen ti e-wallet ken Gcash. Ngem imbilin ti kapitan a nasken nga agannadda. Rehistradon amin a numero iti selpon. Nalakada a matuntonan ti agipatulod.

Mariknan ni Kapitan Enteng ti bannogna. Iti agmakalawas a kampania, awan ti diretso a turogna aglalo no sumken ket sumken kenkuana ti danag. Nupay ibagbaga dagiti kakaduana a napasublida dagiti immikay a dati a mangsupsuporta kenkuana, mariknana ketdi, patpatangkenen laeng dagitoy ti nakemna.

Naatap ti ridep kenkuana no sumelsel iti isipna a mabalin nga ibalat ni Angkuan iti eleksion. No mapasamak dayta, dakkel a pakaibabainanna. Adu ti palimedna. Naaramatna ti akemna tapno magun-oda dagiti kayatna. Simmaliwanwan ti biagda gapu iti sikap a nagpuonanna. Naglemmeng iti pandiling dagiti dadakkel ken nabibileg a politiko. Inaramatna ida tapno lumawa ti lubongna. Immadu ti naam-ammona a mabigbig a tao. No saanda a nagkapitan iti naunday a panawen iti asawana, adayo a nadanonda ti agdama a kasasaad ken kinasaliwanwan ti biag. Saannan a malagip no manon a proyekto ti naidawatanna iti pundo iti ngato. Adda dagiti saan a nakompleto a nayimplementar. Substandard ti pannakaramid dagiti dadduma. Nabileg ti kuarta. Babaen ti tulong dagiti kakumplotna, nairemedio tapno maideklara dagitoy a nalpas ken nakompleto. Adu ti koneksionna.

Saan a makaidna, maymaysa ti nakaisentruan ti isip ni Kapitan Enteng.

Magmagna ti oras. Nasken a maipakni da Ka Zoilo ni Angkuan. Malagipna ti pagsasao dagiti politiko idi panawen ti sakasaka: No dimo atiwen ti kabalubalmo iti balota, masapul nga abakem iti bala! Wen, no saanna nga abaken iti butos, nasken a punasenna iti rabaw ti daga ti kalabanna.

Iti panagpampanunotna, kellaat a naggilap iti isip ni Kapitan Enteng ni Carlota. Adda simmelsel iti isipna. Malagipna ti sangkasao dagiti tarabitab iti Camanguegan. Pagwadan kano nga agassawa da Angkuan ken Carlota. Immisem iti bangbangir. Para makita, inkatekna idi adda simmelsel iti isipna. Madamdama pay, nagtinnagen a paggaak ti isemna iti plano a nabukelna.

KADAGITA nga oras, sangaili ni Angkuan ni Major Nap Agustino. Iggem ti major ti dossier da Kapitan Enteng ken ni Ka Zoilo. Napuskol dagiti folder. Naklaat idi saggaysaen nga ipakita ti major ken ni Angkuan dagiti iggemna a report ken rekord. Nabayag gayamen a kakumplot ni Kapitan Enteng kadagiti ilegal nga aktibidad. Adu a kuestionable a kontrata. Panagtroso. Panangmantener iti private armed group. Saan a mailawlawag a kinabaknang. Reklamo maipapan iti daga a nasakupan ti planta ti koriente. Ken dadduma pay.

"Maawatak itan no apay a kasla agubbog ti kuarta ni Kapitan Enteng, ingngilangil ni Angkuan ken ni Major Nap Agustino. "Pudno gayam dagiti sayangguseng…"

Ad-addan a saan a nakatimek ni Angkuan idi ipakita ni Major Agustino ti maysa kadagiti ladawan ti maysa a lalaki.

"Daytoy ni Ka Zoilo, ti lider ti grupo nga inupaan ni Kapitan Enteng a mangipakni kenka," kinuna ti major.

"Ania ti kayatyo a sawen, major?" naperreng ni Angkuan ti opisial.

"Positive, Mr. Dela Cruz. Isu ti utek iti amin a riribuk a mapaspasamak iti Camanguegan, agraman ti napasamak ken ni Teniente Charlito!"

Saan a nakatimek ni Angkuan.

Adu dagiti inimtuod ti opisial. Dinamag pay daytoy no mano dagiti trak ti kapitan a maar-aramat a pagbunag iti troso. Pinennekna pay no asino dagiti dadduma pay a talken unay ti kapitan.

Innaganan ni Angkuan da Kagawad Banong ken Kagawad Escobar ken dagiti dadduma pay a pasurot ti kapitan.

"Imported ti grupo ni Ka Zoilo. Trabahoda ti agpaaramat tunggal eleksion," kinuna ni Major Nap Agustino.

Nagtungtung-ed ni Angkuan. Naamirisna nga isu met laeng nga awan ti makabigbig no asino dagiti agdakdakiwas iti Barangay Camanguegan.

Inyunay-unay ti major nga ilimed ni Angkuan ti amin, uray kadagiti kakaduana.

"Agannadkayo. Nagalisda. Madama ti tracking-mi iti baro a hide out-da.

Naangotandakami. Sakbay a maiwayatmi ti raid, nakapanawdan! Awanda iti San Sebastian," panangilawlawag ni Major Nap Agustino. "Ngem saankami nga agpatingga ken ni Major Dan Guzman. Priority-mi ida. Nasken a saanen a masunotan ti napasamak ken ni Teniente Charlito!"

Kasla nailansa iti nagtakderanna ni Angkuan. Nagkaling-etan. Daytoy kadin ti nabayag a pagam-amkanna?

Saan nga ammo ni Angkuan ngem nalawag a nangngeg amin ni Carlota ti saritaanda ken ni Major Nap Agustino. Adda laeng daytoy a nailinged iti asidegda. Agpigpigerger iti nerbiosna. Simrek iti kuartoda idi madlawna nga agpakadan ni Major Agustino.

49

NAGSIPAEL ti karabukob ni Kapitan Enteng. Itay pay a nakapanaw da Atty. Baldos ngem kasla mataltalimpungaw pay laeng ti riknana. Kasla kumilaw dagiti matana. No namin-anon nga inulit-ulitna a binasa dagiti naawatna a papeles. Anak ti salbag, sangkatabbaawna. Agsusukot a reklamo ti nayuli kontra kenkuana! Nadumaduma a tao dagiti nagpirma iti reklamo a naipila iti Comelec. Am-ammona amin ida.

Nagkaling-etan. Nagdardaras a nagsubli iti terasa. Segun kadagiti reklamo, nagsalungasing iti Kontra Bigay. Naireklamo iti Vote Buying, Pre-Election Campaigning, ken nagaramat kano iti Illegal Poster! Ania dagitoy a reklamoda kontra kenkuana?

Nalukot dagiti gemgemna. Aggitebgiteb ti pispisna. Intukodna dagiti sikona iti paladpad ti marmol a barandilias. Inggayangna ti imatangna iti labes dagiti agdidinnaeg a kabambantayan iti daya. Sumsumged dagiti matana. Mayugyog dagiti piskelna iti pasaray panangidanogna ti gemgemna iti paladpad. Saanna a maako nga adda nakaitured a nangsangdo kenkuana a kalugarannna. Adda la ketdi pagtangtangkenda.

Saan nga ammo ni Kapitan Enteng, ngem itay pay a nadlaw ni Mary ti dina pannakaidna.

"A-adda kadi problema, kap?" inturtured ti balasang ti nagsaludsod idi pagdadaraddanen latta ti kapitan a danogen ti marmol a barandilias.

Ngem awan ti nauray ni Mary a sungbat ni Kapitan Enteng. Idi agkalimduosan daytoy iti ling-et, nagdardaras a napan nangala iti naipalamiis a mineral water iti repriheradura.

"Agpalamiiskayo, kap," arintukiaden ti balasang nga immasideg idi makasubli iti terasa.

Tinung-edan laeng ni Kapitan Enteng ni Mary a nangidisso iti mineral water iti paladpad.

Saanen a nagtagari pay ti balasang. Nagal-aludoy a pimmanaw idi madlawna a napudot latta ti ulo ni Kapitan Enteng.

Nauneg ti nauyos a sennaay ti kapitan. Inturongna ti imatangna iti power plant. Kasla matmaturog a higante ti planta a mangtantannawag iti pakabuklan ti Camanguegan. Nangisit ti napuskol nga asuk nga awan sarday nga ipug-aw ti simburio ti planta. Ay-ayamen ti angin ti asuk nga ipangato sa in-inut nga agpukaw iti law-ang.

Naglayag manen ti isip ni Kapitan Enteng. Ti planta ti maysa a kadakkelan a proyekto a nabangon saan la nga iti San Sebastian no di pay iti intero a probinsia. Nabangon ti planta iti panawen ti panagsinnublatda iti asawana a mangidaulo iti

Camanguegan. Adu idi nga ili ti umapal iti Camanguegan. Agasem ngamin a gasat a dimteng iti barangay iti pannakabangon ti planta? Dakkel ti buis ti kompania. Kangrunaan a mairanud ti barangay. Isu ti ad-adda a naisagut. Gapu iti planta, umis-isem ti aglaplapusanan a grasia ti naited a bien kenkuana.

Ti pamiliana ti kangrunaan a nairanud. Agasem ti milion a supapak ti kompania kenkuana iti panangallukoyna kadagiti nagpirma tapno mapalubosan a mabangon ti planta iti Camanguegan? Sabali pay ti naliksabna kadagiti minenosna ti presiona a daga a pakairamanan ti kukua ti Pamilia Juanario ken dagiti babassit a mannalon a natagamtam a nakaipatakderan iti planta.

Naggiteb ti pispisna iti pannakalagipna ken ni Atty. Juanario. Madamdamagna a maysa ti abogada a mangsupsuporta ken ni Angkuan. Masemsem tunggal mangngegna ti nagan ti abogada. Maysa met ti abogada a puor ti kararuana. Ngem kitaenna ita ti laingda.

Nagtupa dagiti sangina. Saanna a maaklon a mapukawna amin dagiti napintas a gasatna gapu ken ni Angkuan. Uray ania ti mapaspasamak. Saanna nga itulok a malabusan iti bileg a naikawes kenkuana. Limmidem ti rupana a nangkita manen iti panangipug-aw ti simburio iti napuskol ken nangisit nga asuk nga in-inut nga agpukaw iti tangatang.

Nagsubli ni Mary iti terasa idi mangngegna ti awag ni Kapitan Enteng. Pumpunasen ti kapitan ti ling-etna a nasangpetanna. Imbilin daytoy nga awaganna ni Atty. Bragais. Gayyem ken talken ni Gobernadora Alconis ti abogado. Isu ti kanayon nga asuganna no adda pagparikutanna.

Idaydayalen ni Mary ti selponna idi pagammuan ta nakaal-alisto ti kapitan a nangatipa met la kenkuana. Napatengngaag ti balasang a nangkita ken ni Kapitan Enteng.

"Saanen!" kinuna ti kapitan a nagsakuntip.

Naisipna a saan a rumbeng a maidanon iti asinoman nga asideg iti gobernadora dagiti kaso a naipila kontra kenkuana. Saanna a kayat a makangngeg manen iti sao ni Gobernadora Alconis. Mapanto laengen idiay kabisera. Rantaenna a kasaritana ni Atty. Perafir. Nalaing daytoy nga abogado. Nadagsen laeng ti singirna.

Nagsubli a napan nagilad iti sofa. Inkidemna dagiti nasupnet a matana. Kasla makulkol ti utekna. Agsisimparat dagiti agtaytayab iti isipna.

Saanna nga ammo no kasano kabayag ti panagpampanunotna idi addaytan a guyoden lattan ti nasam-it a ridep.

Nagtagtagainep.

Nalpasen a nabilang ti butos. Nakaragragsak dagiti agindeg iti Barangay Camanguegan a nagdirdir-i.

"Agbiag ti baro a kapitan ti Barangay Camanguegan! Kapitan Angkuan!"

Iti panagrikna ni Kapitan Enteng, kasla nagtupak ti langit kenkuana.

Naglabbet ti riknana. Dimmagsen ti barukongna. Saannan a nagan ti maidirdir-i! Nagan ni Angkuan. Imbalat ti agdadamo laeng a kalabanna!

Anak ti salbag, imper-akna. Kasla sibeg dagiti matana a nangkita ken ni Angkuan. Saanna nga inawat ti ima daytoy idi umasideg a makialamano koma kenkuana. Nasakit ti nakemna. Awan man la ti nakitana a panangisakit iti rupa dagiti kabarangayanna. Umis-isemda a kasla manglalais iti pannakaabakna. Kasla bumtak ti barukongna a nagawid.

Ngem ad-addan ti sakit ti nakemna idi makasangpet iti balayda. Agur-uray dagiti pannakabagi ti linteg kenkuana. Adda iggemda a mandamiento de aresto. Adu a kaso ti nakaidarumanna.

Nagiriag idi posasan ni Major Dan Guzman.

"Awan ti basolko! Apay a posasandak?" inriaw ni Kapitan Enteng a naggulagol.

Nairut ti panangtengngel kenkuana dagiti polis. Ngem nakaikeddengen. Saan a patiliw. Impennekna nga inwadag dagiti polis. Idi makaruk-at, simiagen a kasla kigaw. Ngem napartak ni Major Dan Guzman a nanggamat kenkuana. Idi mabual iti panagguyod ti hepe, nakaal-alisto dagiti polis a nangrugma kenkuana.

Nagtulakak iti dagsen dagiti nangrimpong kenkuana.

"Vicente! Vicente, agriingka!"

Natalimpungaw. Nagdadakkel dagiti angesna a bimmangon. Nagkarkarawa iti nagtugawanna. Naslep iti ling-et.

"Apay nga agririawka?" Nagsasaruno ti tapik ni Lily.

"Awan ti basolko! Awan!" naipigsa ni Kapitan Enteng ket naiwadagna ti ima ni Lily.

Nagmalanga ti asawana. Napigsa ti pannakaiwadagna.

"Itay pay nga agngangngangawka. Ania a basol ti taltalanggutangem?" immulagat ni Lily.

Napamulagat a nangkarkarawa a nangpennek nga awan ti posas iti pungnguapungnguanna. Pinunas ni Kapitan Enteng ti ling-etna. Idi kuan, nagkidem a nangpampag iti mugingna. Nagdakesen a tagtagainep, naisipna.

Kasla di mapnek, inulitna a pinagsinnublat a kinarawa ti pungnguapungnguanna.

Idi mapasubli ni Kapitan Enteng ti riknana, isu pay la ti pannakailasinna iti asawana. Nakatakder daytoy iti sango ti sofa. Nakaabaday iti shoulder bag. Nagdadakkel dagiti alahas nga agbisbissayot iti lapayagna. Sabali laeng dagiti agsusukot a kuentas ken pulserasna. Agadiwara ti bangbanglo ni Lily. Kasla napalitada ti rupana iti puskol ti koloretena.

Nagtayyek a dagus ti isip ni Kapitan Enteng. Adda la ketdi manen konsierto ti asawana ken dagiti amigana iti poblasion. Masapul manen ti asawana ti pakimadiongna.

Aglaladut a nangkarawa iti petakana. Sintagari nga inyawatna ti lima ribu.

"Nayonam, a!" intingig ni Lily. "Natahor dagiti amigami a kamadiongmi ita. Umay pay ti asawa ni bise mayor ken dagiti amigana!" immulagat daytoy a nangitanggaya iti imana.

Nasemsem. Nayon pay a problemana ti asawana. Agsusukot la ngaruden dagiti parikutna. Kasla awan bibiang ni Lily kadagiti mapaspasamak. Kuarta laeng ti napateg kenkuana manipud nasursurona ti agmadiong. Malmalpasen ti kampania. Ngem dina pay komustaen ti taray ti kampaniada. Pulos a di simmurot a timmulong iti panagbalaybalayda.

"Awan ti mainayonko!" inkusilapna.

Makaipas ti kusilap nga impasurotna ken ni Lily idi tumallikud daytoy a di man la nagpakada.

Idi mabati nga agmaymaysa, timmayab a naminpinsan ti gaganaygayanna. Nalagipna ti nagdakes a tagtagainepna. Pinilitna nga iwaksi iti isipna. Ngem kasla kimmawiwit ketdin ti tagtagainepna. Limmag-an laeng ti riknana idi malagipna ti sangkasao dagiti lallakay ken babbaket. Baliktad kano ti tagtagainep iti mapasamak. Nasinga ti panagpampanunotna idi agsasaruno ti awag dagiti coordinators. Uray dagiti para kagawad, maysamaysa mangibaga iti nayon ti ikurimedda nga ipapetpet.

Nagsanamtek. Daytoy ti narigat iti eleksion. Marunotan. Nakadkadanen. Dayta ti problemana. Manipud idi agkapitan, isu latta ti agibaklay iti gastos ti grupo. Nasikap dagiti kakaduana. Adda met mabalbalin dagiti dadduma. Ngem nadagsen ti imada nga umasut. No mabalin, isu amin ti paggastuenda. Dakkelen ti nabusbosna. Aglalo ita. Saan a kas iti naudi a nakabalubalna a natapalanna iti kuarta. Ita, makautna payen ti inlasinna iti naggapu iti gobernadora. Naisaguramanna pay ti inted da diputado ken ti bise gobernador. Uray ti intulong dagiti senador nga am-ammona. Makurimesna amin. Pati ti inted ni Bise Mayor Nixon Peralta nga isagsaganana a para derby-da koma. Ti laengen nalimed a bankona ti saanna a nagaraw. Dita nga indulinna ti naliksabna iti pannakagatang dagiti daga a nakabangonan ti electric power plant. Awan ti makaammo iti dayta. Uray ti asawana. Dayta ti namnamaenna a pagretiruanna no maumanton nga agkapitan.

"Tawagam man ni tresorera," inkissiimna ken ni Mary.

50

NAAWATAN a dagus ti Mary ti kapitan no apay a paayabanna ti tresorera. Dinagusna nga inawagan daytoy iti selpon.

"Adda mano nga iggemmo dita kaha?" kinuna ti kapitan.

"A-awan ti nabati, kap. Diay petty cash ti naaramat met para kadagiti kasapulan ditoy barangay," insungbat ti tresorera.

"Ania?" inrupanget ni Kapitan Enteng. "Sinalbagen! Apay a dikay nangiruar iti kuarta iti barangay?"

Tumanabutob idi saanna a maawatan dagiti inrason ti tresorera. Marurod a nangiddep iti selpon.

Kasla kasuoran ti rupana.Impunas ni Kapitan Enteng ti manggas ti badona iti tumrem manen a ling-etna. Napangilangil. Daytoy ti kadakkelan a labanna sipud simrek iti politika. Ngem aramidenna amin tapno mangabak. Saanna a maawat a dayta laeng nga Angkuan ti mangibalat kenkuana. Bassit a kuto ti pangyariganna ken ni Angkuan. Kuto a nasken a lig-isenna.

Nadagsen dagiti paddakna a simrek iti kuartona. Idi rummuar, iggemnan ti nabengbeng a sobre. Nadagsen dagiti imana idi yawatna kadagiti para kagawad ti kuarta a nayon ti pagkampaniada. Apagisu a malpasna a kasarita dagiti kakaduana idi agdardaras ni Mary nga agturong iti ayanna.

"Telepono, kap!" matartaranta ni Mary a nangyawat iti selpon.

"Ni Kagawad Banong?" limmawag ti rupa ti kapitan.

Apagawatna iti selpon, nagmasingganen ti ngiwat ni Kapitan Enteng. Magagaran. Namnamaenna a napintas ti maidanon a damag kenkuana.

Ngem limmidem ti rupa ti kapitan idi mangngegna ti timek ni Kagawad Banong!

Nalpay dagiti abagana. Nagkidem a nangtapaya iti mugingna. Umanges-anges. Saanna nga ammo ti sawenna. Nagkallasawan iti isipna dagiti ibagbaga ni Kagawad Banong.

Punieta, imper-akna. Timmakder. Tumanabutob. Nagpagnapagna iti terasa. Pasaray tumangad a mangkudkod iti ulona.

Insursurot da Mary ti panagkitada ken ni Kapitan Enteng. Nadaripespesen iti ling-et. Saan latta a makaidna. Nakatubong ti selpon iti lapayagna.

"Anak ti diables!" pagammuan ta inraedna ket timmayab ti selpon iti sofa.

Kimpes ni Mary iti kigtotna. Saan a nakatimek dagiti napatengngaag a kakaduada.

Nagsasaruno dagiti dadakkel nga anges ni Kapitan Enteng. Sa kunam no nambaan a nangitupak lattan iti bagina a nagtugaw iti sofa. Awan ti masnop a pakaiturongan ti di maputpot a tabbaawna.

Nagbuteng dagiti kakaduana iti panagpunger ni Kapitan Enteng. Rumrumsik dagiti matana. Iti amakda nga isuda ti pagdas-alan ti pungtot ti kapitan, nagal-aludoyda a rimmuar. Ni laeng Mary a pumurpuraddaw ti nabati a nakatakder iti sango daytoy. Di ammo ti balasang ti aramidenna. Matartaranta. Amkenna a maatake ni Kapitan Enteng.

"K-kap, okeykayo met laeng?" arintukiaden ti balasang a nagtugaw iti abay ni Kapitan Enteng.

Inkidem ti kapitan a tinapaya ti mugingna.

Awan ti nauray ni Mary a sungbat ni Kapitan Enteng.

"Anak ti salbag a talaga! Punieta!" Napungot ti kapitan ti buokna a nagtabbaaw. Nagtalinaed a nakakidem.

Nagal-aludoy ni Mary a rimmuar idi isenias ti nakakidem pay laeng a kapitan ti yaadayona.

Iti panagmaymaysana, nagari ti makatitileng nga ulimek. Nagsubli iti isipna ti panagsaritada ken ni Kagawad Banong.

"Naappot dagiti autoridad dagiti kakaduak!" Nadagsen ti barukongna. Kasla mangmangngegna pay laeng ti timek ni Kagawad Banong.

Naglaneden a namimpinsan ti maudi a kartadana a panangipaknida ken ni Angkuan. Kasano pay ti planoda?

"Nalpas! Todas amin ni laing!" intebbagna.

Saan nga imbaga ni Kagawad Banong ti nagpainganna. Ti malagipna a kinunana, naalistuanda ken ni Ka Zoilo ti naglibas. Nagsinada iti tinurong. Dagiti tallo a kakaduada ti nakemmeg.

Nangemkem. Amkenna nga adda mapasamak ni Kagawad Banong. Saan a bale ken ni Ka Zoilo. Patienna, kinamang la ketdin daytoy ti nasamek a kabambantayan iti Cordillera. Aponna ti kabakiran.

Pinilitna a pinagkalma ti riknana. Kabisadona ketdi ni Kagawad Banong. Ammo daytoy ti ar-aramidenna. No bilang man maipasuli, saanto nga agpatiliw daytoy.

KASARSARITA ni Major Dan Guzman ni Angkuan. Indanon ti hepe ti pannakaapput ti blocking force da Major Nap Agustino iti tallo a nagtagiarmas a lallaki. Addan dagiti tallo iti kuerpo ti polisia.

Kasla agbayo ti barukong ni Angkuan iti nerbiosna. Immapay a dagus nga amangan no addan dakes a napasamakna no saan a natiliw ida dagiti autoridad. Nagkintayeg. Nataliawna ni Carlota. Saanna a kayat a mairamraman ti asawana iti gulo ti politika iti Camanguegan.

"Isigurok a saan a mabiangan ti asinoman daytoy a kaso. Nainget ti bilin ni Chief PNP nga special concern ti Barangay Camanguegan. Madama ti hot pursuit operations iti dayta a Ka Zoilo ken iti maysa pay a di nainaganan a kaduana," kinuna ti hepe.

Nakaul-ulimek ni Angkuan. Adda iti abayna ni Carlota. Nakapaspasnek a dumdumngeg iti panagpalawag ti hepe.

"Diosko, yad-adayom. Agari koman ti talna iti Camanguegan," nayesngaw ni Carlota idi agpakada ti hepe.

"Awan ti pagbutngam, sweetheart. Kas kinuna ni hepe, bantayanda ti barangay. Maanninawantayon ti panagbalbaliw iti Camanguegan," pinisel ni Angkuan ti dakulap ti asawana.

Agpigpigerger ni Carlota. Kayatna ti agsao ngem napigsa ti panagbayo ti barukongna.

NAKAUL-ULIMEK iti Barangay Camanguegan. Maipariten ti agkampania. Kasla naakasan a namimpinsan dagiti kalsada kadagiti dati nga agsasallupang a tao a mangipagpagna kadagiti kandidato. Manmanon dagiti aglabaslabas. Naakas payen dagiti naitatek a ladawan dagiti kandidato iti bakrang dagiti lugan.

Iti balay da Kapitan Enteng, saanen a kas idi kangitingit ti kampania a kasla inaldaw a pagpiestaan iti kinaburnok ti tao. Dagiti laengen natured ken nasikap ti pasaray sumrek iti laong ti kapitan. Napigsa ti awis ti sileng ti pirak. Agsebbada a kasla simotsimot. Ikurimedda ti mapan mangitanggaya iti imada. Makisinniimda kadagiti agpatrulia a polis.

Iti panangpalpaliiw ni Kapitan Enteng kadagiti rummuar sumrek iti pagtaenganda. adda nagrimat iti isipna. Napaisem iti nagkallatik iti panunotna.

Kinasaritana dagiti kakaduana. Baliwanda ti estratehia.

"Ag-last minute-tayo! Ultimo remedio!" kinuna ti kapitan. "Ayabanyo amin a coordinators!"

Idi makasangpet dagiti pinaayabanna, imbilin a dagus ni Kapitan Enteng a sumarenda amin ti bilang dagiti agbutos iti tunggal kaamaan.

"No ad-adu ti bilang dagiti agbutos ken ag-straight vote-da, doble ti itedyo!" kinunana.

Dayta ti inaramid da Mary ken dagiti coordinators. Maar-arakattotda a nangsukain kadagiti iggemda a listaan dagiti agbutos.

Idi masumarda ti dagup ti gatad a masapul a maiwaras, napamulagat ni Kapitan Enteng. Nagsanamtek. Dakkel ti masapulna. Napardas a nagwerret ti isipna. Iturturednan ti kumamang iti maudi nga alasna. Papuskolennan ti rupana.

Napardas a nangidayal iti teleponona. Iti apagdarikmat, idi makapagsaritada iti inawaganna, nakarabrabuyen ti isemna.

Kasla uram a nagwaras ti damag. Di pay naorasan, kumaribuson dagiti coordinator ni Kapitan Enteng a mangas-asikaso kadagiti agdadarison a bumarangay.

Naragsakan ni Kapitan Enteng. Naungaran ti namnamana idi maimatanganna a kimmagat ti estratehiana. Napardas a nagdupudop dagiti tao. Ti nakaul-ulimek itay a laongda, nagbalin manen a kasla tiendaan. Kunam no nadanuman a tukak dagiti agdadarison nga agpipila.

51

TAPNO saan a nakadkadlaw ti kinaburnok ti tao iti balayda, nagpaparti a dagus ni Kapitan Enteng iti dua a baka. No addanto man agdamag, irasonna a pagyamanna kadagiti kakabagian ken gagayyemna a timmulong kenkuana iti kampania.

"Uray agmalmalem ken agpatpatnag, agpennekkayo," sangkakunana kadagiti nakagaygayad ti isemna nga immay nakipunsion.

Ad-addan a naungaran ti rikna ti kapitan idi makitana nga awan sarday dagiti agsangpet a tao. Gapu iti pirak, naturedda latta, naisipna a mangkitkita kadagiti kalugaranna a nakapila iti panganan. Nairagpinen iti styrofoam a yan ti taraon ti sobre nga ipapetpetna.

"Nagdaras a talaga a masisirap ti tao no magna ti kuarta," nakuna ni Kagawad Escobar.

"Ngilawenka no awan kuartam iti politika!" inggarakgak ni Kapitan Enteng.

Kas nangngegna iti saritaan dagiti tao, awan kano ti maikaso kadakuada nga immawat ta saan met a maaktuan ida dagiti autoridad nga umaw-awat iti kuarta!

Agpayso nga awan naaramidan dagiti agpatrulia a polis no di ti mangbuya lattan kadagiti makitada a rummuar sumrek iti laong da Kapitan Enteng. Adda amin bitbit dagitoy a nakalanlanit a supot. Nalawag a punsionan ti ginagarada iti laong ti kapitan. Mamgad dagiti polis a sumrek tapno agsiimda wenno agimbestigarda koma. Ammoda nga awan ti linteg a mangiparit iti panagpakan. Sa maysa, nakauniformeda. Amkenda nga adda mangi-video kadakuada iti punsionan! Dinto la ket agballatek ti amin kadakuada ket mabuniaganda pay iti "polis punsionan."

Nalagip ni Kapitan Enteng ni Kagawad Banong. Saanen a naulit ti tawag daytoy kenkuana. Kinasaritanan da Kagawad Escobar. Uray isuda, saan met nga inaw-awagan ida ti kagawad. Gapu itoy, mapilpilit a maakas ti sidungetna no kasta a kasarita dagiti nakipunsion. Pilpilitenna ti umisem. Nalagipna pay ni Ka Zoilo. Ngem naglaneden nga asuk!

Nagpakada kadagiti kasarsaritana idi adda yarasaas ni Mary kenkuana. Nagburek ti darana. Madama a bugbugbogen ti radio ti damag a nayulin dagiti reklamo kontra kenkuana. Nasemsem. Pakadadaelanna dayta. Inawaganna ni Atty. Ferapir. Inkari ti abogado nga ipawaswasna dagiti kaso. Ngem kinarab-asan latta ti danag. Butosen. Saanen a maikamakam dayta ti abogado.

Nalagipna dagiti tallo a tao ni Ka Zoilo a natiliw. Nagwarasen ti damag a kameng dagitoy iti armado a grupo a maupaan nga agdakdakiwas iti Camanguegan. Saan a nadakamat ti nagan da Ka Zoilo ken Kagawad Banong iti damag. Ngem kasanon no agkibaltang? Amangan no ikonektardanto ketdi dagiti tallo kenkuana.

Nangemkem. Kayatna nga iliwliwag ti umip-ipus a danagna.

Nagpagnapagna. Linikmutna pay naminsan a sinaggaysa nga inalamano dagiti madama a mangaldaw. Inulitna nga inyunnoy ti panagpailayonna. Nagayad ti isem dagiti nakasaritana. Namutittitda. Nabengbeng pay ti iggemda a sobre. Nagpakada idi agangay. Nagsubli iti terasa.

Nagpaala iti Chivas Regal iti mini bar. Uminum man ketdi. Iliwliwagna dagiti parikutna. Al-aliaen ti damag nga amangan no ikonektar nga agpayso dagiti autoridad dagiti tallo a natiliw iti napasamak ken ni Teniente Charlito.

Nagsasaruno ti tangnguapna. Idi ta mangngegna ti interview ni Danny Antal iti DWTP ken ni Major Dan Guzman iti transistor.

"Dakkel ti atapmi nga adda pannakainaig dagiti tallo a natiliw iti pannakatambang ni Teniente Charlito. Madaman ti tactical interrogation kadakuada," kinuna ti hepe.

"Asino ti atapenyo a dadauloda, hepe?"

"Maysa a Ka Zoilo. Ngem nagalis! Nakalibas! Adda pay maysa a kaduana a maan-anup met laeng," panangilawlawag pay ti hepe.

Sinalbagnan, naingariet ni Kapitan Enteng a napatakder. Imbarsakna ti transistor.

No makasaritana la koma ni Ka Zoilo. Wenno no umawag la koma ni Kagawad Banong kenkuana. Maikkatan koma ti panagdandanagna.

Iti panagpampanunotna, saan a nadlaw ni Kapitan Enteng ti isasangpet ni Lily. Nakigtot daytoy idi maibaskag ti asawana iti sangona.

"Aggarawkan, a, Vicente! Dayta met inum ti ar-aramidem? Agdinamagen a napigsa ni Angkuan!" kunam no agkabukab iti nakilnet a balikutsa ti ngiwat ti asawana a nagbannikes.

Nagmalanga ni Kapitan Enteng a nangtangad iti asawana.

"Sika ti topikoda itay dagiti amigak iti madiongan! Ania dagitoy mapaspasamak?" imbaragsot ni Lily.

Kunam pay, nagburek ti dara ni Kapitan Enteng. Immulon ti nainumna. Ita laeng a kasarita ti asawana maipapan iti taray ti kampania. Isu pay ti babalawenna? Baribar a panagut-utek, inradiesna. No mabalin, kayatna nga iparupa ken ni Lily a lumlumneden ti panaglayagda iti politika. A dandani payen maikalkagna amin nga urnongda. Nga imbes koma a timmulong iti kampania, ti sugal ketdi ti impangpangrunana.

"Buisit! " intabbaawna. "Ammom ti agsao. Ngem dimo man la a naamiris nga imbes koma a timmulongka iti kampania, ti ketdi madiong ti impamaysam! Dagiti tao iti kaarruba, pinadasmo kadi a napan kinasarita ida? Uray dayta la koma ti naitulongmo!" imper-akna.

Saan a nakauni ni Lily idi tumakder ken tallikudan ni Kapitan Enteng.

IDI makapanaw dagiti immay nakipunsion, inawagan ni Kapitan Enteng dagiti kakaduana. Kasaritana amin ida.

"Panagkunak, no agsustener dagiti nawarasantayo ita, dakkel ti namnama!" panangirugi ni Kapitan Enteng a nakaiggem iti basona.

"Saanda la ketdi nga agbaliktad, kap, atiwem pay laeng ni Angkuan," insungbat ni Kagawad Escobar. " Adu ti immay. Nasurok a kagudua dagiti botante iti Camanguegan ti bilangda segun ken ni Mary," innayonna.

"Wen, nakitak, dakdakkel pay la ti bilang dagiti mamati kadatayo," intung-ed ni Kapitan Enteng. "Ti problema, nakautibo dagiti autoridad dagiti tallo a tao ni Ka Zoilo!"

"Awan latta ti damag ken ni Kagawad Banong, kap?" sinaludsod ni Kagawad Escobar.

Wingiwing laeng ti insungbat ni Kapitan Enteng. Intangnguapna ti basona. Dina impadlaw kadagiti kakaduana nga adda danagna. Pinagkalmana ti riknana. Immisem.

"Talkek ni Kagawad Banong. Panagkunak, nagpaing pay laeng daydiay. Uray datayo, agpalamiistayo met amin. Agsasallupang ti lugan dagiti polis ken mobile force. Narigaten. Urayentayo a malpas ti eleksion," inkarigatan ti kapitan a tinengngel ti panagpigerger ti naliday iti timekna.

"Uminumtayo ketdi!" kinunana idi kasla adda agsullat iti karabukobna. "Ammok awan ti nakasango itay kadakayo a nangaldaw. Agpaitulodkayon ditoy iti pagsasanguantayo. Uminumtayo!" kinunana a nangisungo iti arak iti lamisaan.

Inkeddeng da Kagawad Escobar ken ti grupoda a kadkaduaenda ni Kapitan Enteng.

Nagpairuar pay ti kapitan iti nayon ti inumenda. Adu ti pempenna nga arak. Kinarton no agiregalo kenkuana dagiti gagayyemna a politiko.

KADAGITA a kanito, kasarsarita ni Angkuan dagiti kakaduana iti pagtaenganda. Adda dagiti para kagawad. Kompleto pay ti grupo ti Los Maestros. Adda da General Loreto, pasado Konsehal Jovito, da Atty. Juanario ken dagiti kakaduana nga abogada.

"Ikararagtayo a natalna ti eleksion, kakabsat," kinuna ni Angkuan.

"Agyamantayo iti alibtak dagiti autoridad. Saanda a kayat nga adda dakes a mapasamak iti barangaytayo."

"Liklikanen ti rummuar aglalo inton rabii. Total, maipariten ti agkampania. Paset daytoy ti panagannadtayo amin. Awan sarday dagiti pannakabagi ti linteg nga agrekorida," impalagip ni General Loreto.

"Agdinamag nga adu ti tao a napan itay iti balay da Kapitan Enteng. Nagpunsion iti uray la. Adda pay damag a nabengbeng ti sobre nga inwarasna kadagiti napan nakipunsion," kinuna ni Maestro Amante.

"Adda koma ebidensia tapno mainayon a pakaidarumanna!" imbagi ni Maestro Pitong.

"Agtalektayo a saan nga amin a taga-Camanguegan ket masisirap iti sileng ti pirak, kakabsat," kinuna ni Angkuan. "Ammok a naadalanen dagiti kalugarantayo…"

Maysamaysa nangalamano ken ni Angkuan kalpasanna. Naragsakda. Patienda a dakkel ti namnamada iti eleksion.

Iti nagtugawanna, saan a maun-uni ni Carlota a dumdumngeg iti saritaan. Saan nga agpukaw ti amak nga agam-ampayag iti panunotna iti laksid ti panangisiguro dagiti autoridad a bantayanda ti barangay.

"Saan pay a nalpas ti laban Mr. Dela Cruz," kinuna ni Atty. Juanario. "Ngem maanninagen ti nalawag a masakbayan ti Barangay Camanguegan. Napateg a maisubli ti talek dagiti agindeg iti turay."

Nagtungtung-ed ni pasado Konsehal Jovito a nangkita iti abogada. Dayawenna ti nauneg a panagimutektek ni Atty. Juanario. Nabagas ken natanang nga agibbet iti balikas.

KAALDAWAN ti eleksion. Nasapa pay ngem atiddogen ti linia dagiti mapan agbutos. Adu ti polis nga agbambantay iti presinto. Polis pay ti mangiwanwan iti pannakabilang dagiti butos.

Naurnos ken naulimek dagiti mapan agbutos. Agkikinnissiimda laeng a pasaray mangtaliaw kadagiti nakauniporme a polis.

Dagiti kakadua ni Kapitan Enteng ti kunam no nakukkokan a bisukol. Awanen ti dati nga ariwawada. Nagtutugmokda iti maysa kadagiti dua a bahay kubo iti nalawa nga ikub ti pagadalan a nairanta a paginanaan dagiti agad-adal. Uray dagiti botante, nagbaliwen ti tonadada. Awanen ti mangibando no asino ti manokenda. Kasla saanda nga agaammo, kunam no nataldenganda amin a nakatudtudio a nakipila iti naituding a presintoda.

Iti laong met la ti pagadalan, naurnong iti maikadua a bahay kubo ti grupo da Angkuan. Nasarangsang ti katkatawa ken saritaan da Maestro Pitong ken Maestro Amante. Naragsakda a pasaray manglagip iti adu a nagpasaranda iti panawen ti kampania.

"Awan pay dua lawas ti kampania ngem panagrikrak, kasla mano a bulan ti kinabayagna!" kinuna ni Maestro Pitong.

"Mariknakon ti bambannogko," insungbat ni Maestro Amante.

"Makaagas iti bannog ti nakitatayo a suporta dagiti tao," imbagi ni Manang Ellen.

Saan unay nga adayo ti bahay kubo a yan da Kapitan Enteng iti ayanda Angkuan. Pasaray maallingag ti grupo ti kapitan ti nasarangsang a katkatawa dagiti kakadua ni Angkuan. Masimron ni Kapitan Enteng. Agburek ti darana no mataldiapanna ni Angkuan a kasla awan dadanaganna. Napetpetanna ti insalikadna nga iskuala nga inlemmeng ti maong a diaketna. Saan a makaidna. Kasla adda mangsutsutil iti isipna. Gundawaynan a manggudas ken ni Angkuan!

52

ITAY pay a nadlaw ni Kagawad Escobar a kasla masinsinit ti ubet ni Kapitan Enteng. Inarasaasanna daytoy tapno agparbeng.

"Saan, delikadotayo, kap!" inyarasaasna.

Alisto a naggaraw ni Kagawad Escobar. Inlingedna ti panangalana iti armas iti siket ti kapitan. Impalikudna nga inyawat ti paltog iti maysa a kaduada tapno isu ti mangisalikad. Inyarasaasna a pasimple daytoy nga umunan a pumanaw.

Nangemkem ni Kapitan Enteng a nangtaliaw ken ni Kagawad Escobar.

No mabalin, kayat ti kapitan a malpasen ti eleksion tapno maammuanen no asino a talaga ti itandudo dagiti bumarangay. Iti kinaburnok dagiti winarasanda a nakipunsion idi kalman, mariknana a dakkel ti namnamana a mailayon.

Ad-addan a nabang-aran iti nakitana a ragsak dagiti tao a nagsangpet ken nanglabas a nangkablaaw kenkuana. Nailasinna dagitoy. Karaman dagitoy iti grupo dagiti adu a nakipunsion iti balayda. Iti dakkel a naited kadakuada, saanen nga agbaliktad dagitoy iti panagbutosda.

"Umunanton nga agawid dagiti nalpasen a nakabutos. Masapul nga adda mangimando iti panagsagana idiay balay," imbilin ni Kapitan Enteng.

Nagpaparti ti kapitan iti maysa pay a nuang. Pagsasanguanda. Masapul nga agrambak. No maigasatanna, baliwannanto ti agpabunar. Awisennanto amin a taga Camanguegan.

Agsaruno ti numero iti presinto da Angkuan ken ni Kapitan Enteng. Ngem kasla awan am-ammo ti kapitan idi madanon ti batangda iti pilaan.

Kayat ni Angkuan ti agtimek. Ngem mamgad. Mariknana a nabara latta ti dara kenkuana ti kapitan. Naisipna a nasaysayaat laengen a liklikanna lattan daytoy. Nadlawna a sipsiputan dagiti polis amin a garaw ni Kapitan Enteng ken dagiti kakaduana.

Immuna a nagbutos ni Kapitan Enteng. Idi malpas, rimmuar a dagus daytoy ket tinurongnan ti bahay kubo.

Sumrek koman iti presinto ni Angkuan idi mataldiapanna ti aglaklako iti taho nga itay pay nga ar-araken dagiti mapan agbutos. Naikuleng. Nupay nakapayabyab ken gagangay laeng dagiti aruatenna, nailasinna ti aglaklako iti taho. Natadem dagiti mata daytoy.Madlaw a kasla agsipsiput. Tinung-edan daytoy idi apagapaman nga agsabet ti panagkitada. Sa kasla awan aniamanna kalpasanna a nangibaw-ing iti rupana. Saan a nagbayag, addaytan dagiti dumarup nga ubbing a gumatang iti taho.

Saan a nagbayag, idi taliawen pay naminsan ni Angkuan ti aglaklako iti taho, nakatalikuden daytoy a makisarsarita iti selpon. Adda nagparikna kenkuana. Ngem saannan a naikaskaso pay idi apagisu a mayawag ti naganna. Batangnan ti agbutos. Iniseman ti polis a nangyawat iti balota ken nangisuro iti aramidenna.

Idi malpas nga agbutos, nagyaman kadagiti polis sa nagsubli iti bahay kubo a yan pay laeng dagiti kakaduana. Nakabutosen dagiti dadduma kadakuada.

"Mangabak wenno maabak, awisenkayo amin idiay balay. Pinapartik 'tay maysa a baka a pagsasanguantayo. Awisenyo ti pamiliayo ken amin a kakaduatayo," kinuna ni Angkuan.

"Areglado!" impalakpak ni Maestro Amante. "Bagikto met ti mangawis kadakayo inton malpas ti eleksion," innayonna.

"Ala, uray siak, adda man gasat wenno awan, agpabunarakto latta!" kinuna met ni Maestro Pitong, banag a nagkakatawaanda.

Nasinga laeng ti innestoria da Angkuan idi pagammuan ta agkakaribuso dagiti tao iti kalsada. Nakitada dagiti nagparada a police patrol, military jeep, ken maysa a sibilian a lugan iti batog ti ruangan ti eskuela.

Nagmalanga da Angkuan idi makitada da Major Dan Guzman a nakaal-alisto a dimsaag iti police patrol. Bimmaba met ni Teniente Ferdie Corteza iti military jeep. Iti sibilian a lugan ti nagluganan ni Major Nap Agustino.

Nagkebba ni Angkuan. Naka-full battle gear dagiti polis ken soldado. Awan sipsiparda a simrek iti laong ti pagadalan. Idi lumabas dagitoy iti ayanda, isu pay la ti pannakailasinna iti maysa kadagiti nakauniporme a bayabay ni Major Nap Agustino. Kasla nasulek dagiti mata ni Angkuan. Ti sorbetero! Ad-addan a saan a nakauni idi makitana ti opisial nga immasideg iti aglaklako iti taho. Nasiputanna a nagtinnung-ed dagitoy!

Napardas a tinurong da Major Dan Guzman ti ayan da Kapitan Enteng.

Napatengngaag ti kapitan idi makitana ti grupo ti hepe.

"Kapitan Enteng, imbitarendakayo koma idiay presinto!" nababa ngem naturay ti timek ni Major Dan Guzman.

Napataliaw dagiti tao iti aglawlaw. Nagiinnarasaasda.

Sinaluduan dagiti agbambantay a polis iti pagbutosan ti hepe idi makitada daytoy.

Saan a nakauni ni Kapitan Enteng iti nagtugawanna. Nataliawna ni Kagawad Escobar a kasla agpaarayat. Apagapaman ti tung-ed ti kagawad kenkuana. Nagkaling-etan a nangtangad iti hepe. Kudkodenna a saan ti teltelna. Pinagsinnublatna a kinita ti hepe ken ni Major Nap Agustino.

Kasla nailansa dagiti kakadua ni Kapitan Enteng iti nagtugawanda. Nakapaturong iti daga ti igam dagiti soldado. Saan nga agang-angaw ti langada. Dagiti la matada ti aggargaraw.

"A-ania ti kayat a sawen daytoy, hepe? Ania ti b-basolko?" arig di sumngaw ti timek ni Kapitan Enteng.

"Kayatmi laeng ti agpalutpot, apo kapitan. Sumurotkayo koma kadakami," naturay latta ti timek ni Major Dan Guzman.

Ad-addan a lining-et ni Kapitan Enteng. Agpakpakaasi ti langana a nangtaliaw ken ni Kagawad Escobar.

"Adda kadi mandamiento de arestoyo, hepe?" ni Kagawad Escobar ti nagsaludsod.

"Saanmi nga arestaren ni Kapitan Enteng. Imbitarenmi laeng iti presinto," immulagat ni Major Nap Agustino. "Malaksid no adda ammoyo a rason a pangarestuanmi kenkuana!" bangbangir ti isem ti opisial a nangsaggaysa a nangkita kada Kagawad Escobar ken dagiti kakaduana.

Kasla napak-olan a bisukol ni Kagawad Escobar. Tinaliaw daytoy dagiti kakaduana nga agpapada a napatengngaag.

Kayat ni Kapitan Enteng ti agsao. Ngem awan ti maarikapna a balikas. Nagmaga ti karabukobna. Timmakder. Kasla saanna a mabagkat dagiti dapanna idi bumaba iti bahay kubo tapno sarunuenna dagiti polis.

Naggiinnarasaas dagiti tao nga itay pay nga immaribungbong. Insurotda ti panagkitada ken ni Kapitan Enteng a kunam no nalugi a Sanglay a manguddakudday a nangsaruno kadagiti polis.

Uray idi aglugaden daytoy iti patrol car, agsalsaludsod pay laeng dagiti matada.

Nakaadayon ti bunggoy dagiti lugan dagiti autoridad idi mapasubli ni Kagawad Escobar ti riknana.

"Sumurottayo iti presinto!" intung-edna.

Nakaul-ulimek ni Kapitan Enteng idi pastreken da Major Nap Agustino ken Major Dan Guzman dagiti tallo a tengngelda a balud iti opisina ti hepe. Nagmaga ti karabukobna. Nagdalagudog ti barukongna. Ngem saan a nagpadlaw. Nailasinna a dagus dagiti tallo. Dagiti kadua ni Ka Zoilo! Kasla awan nakitana idi agsabet ti panagkitada.

"Am-ammoyo dagitoy, apo kapitan?" intudo ti hepe dagiti tallo a nakautibo a lallaki.

Nagngilangil ni Kapitan Enteng.

"Awan ti am-ammok kadakuada!" nakatangtangken nga insungbatna.
Immirteng ti rupa ni Major Dan Guzman a nangkita kadagiti tallo a balud.

"Dakayo, am-ammoyo ni Kapitan Enteng?" sinublat ti hepe dagitoy a nagsaludsodan.

Ngilangil laeng ti sungbat dagiti tallo. Nagdumogda. Saan a napnek ni Major Dan Guzman. Inulitna ti saludsodna. Ngem natangken latta ti sungbatda a dida am-ammo ni Kapitan Enteng.

"Okey, maammuantayto no agul-ulbodkayo," kinuna ni Major Dan Guzman a nangtung-ed ken ni Major Nap Agustino.

Imbilinna a maisubli dagiti tallo iti karsel.

"No awanen ti damagenyo, mabalinkon ti pumanaw, hepe?" kinuna ni Kapitan Enteng.

Nagtalnan ti kebbakebbana. Nagyaman ta saan a nagkutak dagiti tallo a kadua ni Ka Zoilo.

Saan a nagbayag, napasungadan ni Kapitan Enteng ti grupo ni Kagawad Escobar. Naungaran ti riknana. Timmayab ti dadanaganna.

Naginnarasaas da Major Nap Agustino ken ni Major Dan Guzman. Madamdama pay, pinalubosandan ni Kapitan Enteng.

Dumayamudom ni Kapitan Enteng a nangsaruno kada Kagawad Escobar idi rummuarda iti opisina ti hepe.

Sakbay a makaruarda, sinaruno ida ni Major Dan Guzman.

"Kapitan Enteng, rugi pay laeng daytoy ti pannakiumanmi kenka. Saanka koma a mauma iti panagruprupami. Imbitarendakanto manen! Ipakpakaunak laeng nga ireport a naupaan dagitoy a manglikidar ken ni Angkuan. Nabibileg nga igam dagiti naala kadakuada!" kinuna ti major.

Naklaat ken napamulagat ni Kapitan Enteng a napataliaw.

"Hepe, ulitek, awan ti ammok kadagiti ibagbagayo. No panggepyo ti mangbutbuteng, nalawag ti sungbatko. Saanko nga am-ammo dagiti iggemyo a balud!" natadem ti kusilap ni Kapitan Enteng. "Laglagipenyo, adda kalintegak. Saandak a mabutbuteng!"

"Kapitan... Amangan met no dagiti dua a nakalibas a kaduada ti am-ammoyo?" imbagi ni Major Nap Agustino.

Kasla nabuyatan iti nalamiis a danum, saan a nakatimek ni Kapitan Enteng. Ngem sakbay a makapagsao, aliston daytoy a ginuyod da Kagawad Escobar nga inruar.

Sakbay a naglugan, tinaliaw pay naminsan ti kapitan dagiti dua nga opisial a nangsaruno kadakuada iti ruar ti presinto.

"Palagip, hepe," intudo ni Kapitan Enteng ni Major Guzman. "Alwadanyo laeng dagiti paddakyo. Laglagipenyo a napino a barut ti pagtaltalaytayanyo!" ingngirsina.

Nangmesmes ni Major Nap Agustino a nangisurot iti panagkitana iti nakapanawen a grupo ni Kapitan Enteng.

"Nakasadag iti pader! Pagpangasna ti koneksionna!" kinuna ti hepe a nagngilangil.

Nadadaelen a namimpinsan ti aldaw ni Kapitan Enteng. Imbes nga agsubli iti pagbutosan tapno urayenna ti bilangan, imbilinna nga agtarusda laengen iti balayda. Agpigpigerger pay la ti riknana. Dina ninamnamana ti napasamak. Iti panangitugot kenkuana dagiti polis, naibabain iti imatang dagiti kabarangayanna. Awan dumana iti kriminal a kinemmeg dagiti polis.

Madin sa ketdi a partaan, insanamtekna idi sumrekdan iti inaladanda. Nalagipna manen da Ka Zoilo ken Kagawad Banong.

Kasarsarita ti asawana dagiti sumagmamano nga amigana a nasangpetanda. Mapilpilit ti isemna a nangkablaaw kadagiti sangaili ti asawana. Linabasanna ida. Saanna a kayat ti makituttot a kas iti aramid ti asawana. Dinto la ket aglalaok ti malablabidda kenkuana. Amangan no ania pay ti imtuodenda. Agpapada a numero uno a labid dagiti amiga ti asawana.

"Mangisaganakayo iti mapulotan. Mangiruarkayo iti mainum!" immandarna kadagiti katulong idi agtarusda iti nalawa a hardin iti likud ti balayda.

Dagus a nagtungpal dagiti binaonna.

"Diaske a hepe dayta!" insalpika ni Kagawad Escobar.

"Wen, agpadada iti sinukatanna a ni Hepe Salvador. Narigatda a kasarsarita! Malpasto laeng ti eleksion!" ingngariet ni Kapitan Enteng. "Daydiay gayam ti ibagbagada a Major Agustino!" immesmesna.

Linengnges ni Kapitan Enteng ti Chivas Regal a naiparabaw iti lamisaan. Nagsasaruno ti tuyagna. Kayatna a lemmesen ti riknana iti napasamak.

"Madi ti agparparikna kaniak, kap," ingngilangil ni Kagawad Escobar.

Iti nangngegna, ad-addan a pinagdadaraddan ni Kapitan Enteng ti tangnguapna. No mabalin, saanna a kayat a lagipen ti panangawis ni Major Dan Guzman kenkuana iti presinto. Iti unos ti panagbiagna, dayta ti umuna a pannakaibabainna. Naibaba ti kinataona iti inaramid ti hepe.

"Awan ebidensiada! Uminumtayo ketdi!" kinunana ket tinung-edanna dagiti kakaduada. "Rabiinton no malpas ti panagbilangda. Makaammon dagiti watchers-tayo?" innayonna a nangkita ken ni Kagawad Escobar.

"Isu ti as-asikasuen ni Mary, kap, dagiti watchers-tayo. Impaitulodnan itay dagiti taraonda," insungbat ni Kagawad Escobar.

Iti paraangan, agsangpeten dagiti tao. Imbilin ni Kapitan Enteng ti pannakaasikasoda. Adu ti makipangaldaw kakaduada. Nabang-aran. Nupay saan a kas iti dati ti kinaburnokda, iti panagkitana, adu dayta a mainayon iti bilang dagiti sinangailida iti panagpunsionda. Nailasinna dagiti nagsangpet. Kaaduanna a dagiti kabagian ken gagayyem dagiti loyal a kakaduada. Inisemanna dagitoy idi kablaawanda.

53

SAANEN nga inuray da Angkuan a malpas ti pannakabilang dagiti butos. Nagawiddan idi makabutos dagiti kakaduana. Intalekdan kadagiti liderda nga isudan ti agbantay iti tabulasion.

Kas imbilin ni General Loreto idi agkikitada iti pagbutosan, urayenda lattan ti resulta ti eleksion iti balayda tapno maliklikanda ti ania man a rumsua a risiris.

"Nabara ti grupo da Kapitan Enteng iti panangsukon kadakuada dagiti autoridad," kinuna ti heneral. "Agannadkayo. Segun ken ni Major Nap Agustino, positive, addan info iti maysa pay a kadua dagiti nakemmeg. Addan paglawagan ti kaso!"

Nagtarusda amin iti balay da Angkuan. Masikoran dagiti agisagana iti pagsasanguan a nasangpetanda. Kumaribuso dagiti tao a naragsak nga agsangpet. Napilitan a nagpanayon ni Angkuan iti padaraenda.

"Nakababain kadagiti sangaili no matukkol ti aklo," kinunana ket binilinna ni Oppong a mangpatiliw iti tallo pay a baboy iti ubongda a nayon a maparti. Nagbulontario dagiti naikkat a tanod a tumulongda a mangpadso kadagiti maparti a baboy.

Napaisem ni Angkuan. Saanen a simmina kadakuada dagiti tanod sipud idi inikkat ida ni Kapitan Enteng. Mapangnamnamaanda. Nagagetda a timmulong iti kampania.

Idi sumrek iti balayda, naragsakan iti naimatanganna a ganaygay ni Carlota a tumultulong ken mangimanmando kadagiti kakaduana iti kosina. Saanna a mailadawan ti rag-o iti barukongna. Nalawlawaganen ti isip ti asawana. Naawaten daytoy ti amin.

Madama nga agsasaritada kadagiti bisitana idi masaripatpatanda ti nagsardeng a lugan iti paraangan. Nailasin a dagus ni Angkuan ti lugan ni Mayor Marcelino. Naklaat idi dumsaag ti mayor. Nagkaluganda ken ni Judge Buena.

Naragsak a nangsabet kadagiti simmangpet a bisita.

"Isapsapamin ti umay kumablaaw, Apo Kapitan Angkuan!" inyalamano ni Mayor Marcelino.

"Ti manamnama a baro a kapitan iti Barangay Camanguegan!" imbagi ni Judge Buena.

Nagpalakpak dagiti tao.

"Saan pay a narugian ti bilangan iti butos, Apo Mayor… Apo Hues," inyisem ni Angkuan.

"Angkuan, awan pay imbutosko a naabak!" ni nag-Konsehal Jovito ti simmungbat a nangiwagis pay iti dolpona.

Ad-addan ti palakpak dagiti tao.

Saan a nagbayag da Mayor Marcelino ken Judge Buena. Nagpakadada met laeng kalpasanna. Adda kano pay napateg nga okasion a papananda.

ITI balay da Kapitan Enteng, mayat ti iriag da Kagawad Escobar tunggal makamatan ti kapitan ti butos ni Angkuan. Napigsa ti kantiawda. Agriaw sada agulimek met laeng a kasla nakapimpiman nga ubbing no tumabla ti butos ni Angkuan iti bilang ti butos ti kapitan. Nainget ti balubalda.

"Uray maabakkami a kagawad basta mailayonka la ketdi, kap!" kinuna ni Kagawad Escobar.

Nagkebba ni Kapitan Enteng iti nangngegna. Saan a mabalin a saan a mangabak dagiti kakaduana. Awanton ti maibanagna pay no saanna a makontrol ti konseho.

Agalas diesen. Dandanin madagup ti bilang ti butos. Kasla nagsardeng nga agpitik ti darikmat ni Kapitan Enteng. Makapatengngel anges ti panagkinnamat ti butosda ken ni Angkuan. Masemsem ta dakkel ti nangitarayan ni Angkuan iti purokda. Maysa laengen a presinto ti saan pay a nalpas a nabilang ti butosna. Ti mismo a purok da Kapitan Enteng. Dakkel ti botante iti sitioda. Dayta ti pangnamnamaanna. Ti purokda ti alasna. Adu ti kakabagianna a namnamaenna a mangbitibit kenkuana.

"Mangabaktayon, kap! Uray agkabalio iti puraw dayta nga Angkuan! Pagpigsaantayo ditoy purok!" inwagis ni Kagawad Escobar.

"Dakkel ti namnama!" impasaruno ti maysa a kagawadna.

Natengngel ni Kapitan Enteng ti angesna a nangtaliaw kadagiti kakaduana a pumalagapag.

Intuloyda ti nagiinum. Awanen ti aridenggan iti kinaariwawada. Tumtumpaw ti timek ni Kapitan Enteng. Kasla nakirog daytoy a pasayan. No mangabak, bay-annan dagiti agsusukot a darum kenkuana. Nalakananto laeng a sanguen dagiti inyulida a kaso iti Comelec.

Kalpasan ti agarup maysa nga oras, nagkiriring ti telepono ni Kapitan Enteng. Ni Mary ti umaw-awag.

"Hello! Hello! Ania ti damag?" naipigsana.

Naiturong amin nga imatang ken ni Kapitan Enteng.

"A-ania?" immulagatna.

Saan a nakatimek dagiti kakadua ti kapitan idi malpay dagiti abaga ni Kapitan Enteng. Nagbingngi ti ngiwatna. Ngem awan ti naurayda a nagaon a balikasna. Umanges-anges iti dadakkel.

"Sinal-iten!" pagammuan ta imper-akna.

Mariknana a kasla nagtupak ti langit kenkuana. Nagsipnget ti panagkitana. Aglulok ket aglulok lattan dagiti tumengna. Sakbay a madalupo iti baldosa, nakaal-alisto ni Kagawad Escobar a nangasibay iti kapitan.

MAKALAWASEN sipud naiproklama ni Angkuan a baro a kapitan iti

Barangay Camanguegan, kasla saan pay la a maaklon ni Kapitan Enteng ti pannakaabakna. Nasurok a sangagasut gasut ti nakaarusanna. Ti pagsakitan unay ti nakemna, naabak iti mismo a purokda!

Kanayon a nabara ti ulo ni Kapitan Enteng. Tumanabbaaw. Saannan a mapagsusurot ti aramidna. Da Mary ken ti tresorera ti ad-adda a maburiboran. Ad-addan nga iti barangay hall ti ayanda. Makumikomda a mangisimpa kadagiti rekord ti barangay. Nabuntuon dagiti papeles a nasken a pirmaan ni Kapitan Enteng. Ngem nagtalinaed dagitoy a nakapempen iti lamisaanna iti barangay hall. Kasla awan bibiangna. Manipud nalpas ti eleksion, saanen a rimrimmuar pay. Kaykayatna ti agin-inum lattan iti balayda a pasaray danggayan dagiti naabak met laeng a ka-kaduana. Pasaray adda agpanggep a mangpasiar kenkuana. Ngem saanna a kayat ti sumango. Kaykayatna ti agmaymaysa nga umin-inum.

Kas iti dayta a malem, nakatugaw manen ni Kapitan Enteng iti terasa. Umin-inum a maymaysana. No maitangadna ti basona, ad-addan a nakamuttaleng. Nakaturong dagiti matana iti planta ti koriente. Isursurotna ti panagkitana iti panagpangato ti nangisit nga asuk. No sadino ti turong ti pul-oy ti angin, isu met ti turongen ti napuskol nga asuk nga in-inut nga agpukaw.

"Umaw-awag da tresorera, pirmaam kanon dagiti papeles ket umadanin ti turn-over," impalagip ni Lily.

Ngem kasla awan ti nangngeg ni Kapitan Enteng. Dina pay tinaliaw ti asawana a nakamattider iti ridaw a kumitkita kenkuana.

"Mabaybay-am payen ti bagim, Vicente. Awatemon ti pangeddeng dagiti tao. Total napadasam metten ti nagserbi," kinuna manen ni Lily idi saan latta nga agkir-in.

Tinaliaw laeng a tinung-edan ni Kapitan Enteng ni Lily. Kasla adda nangriing iti matmaturog a riknana. Wen, umadanin nga agpayso ti panagsapata dagiti baro nga opisial ti barangay. Nasken a nakasagana ti amin a rekord a mayallatiw iti baro nga administrasion.

"Makaammon ti sekretaria ken ti tresorera dita," arig di simngaw ti timek ni Kapitan Enteng. Insenias daytoy ti yaadayona.

Saanna a kayat ti mapan iti barangay hall. Gapu itoy, ad-adda a ni Kagawad Escobar ti mangpasiar ken ni Kapitan Enteng. Sumaranta ti kapitan no pasiaren ken kasarsarita ni Kagawad Escobar. Ti laengen kagawad ti nabatbati a mangpaspasiar kenkuana.

NAKLAAT ni Lily iti maysa nga agsapa nga agrubrubuat a mapan makimadiong. Rummuar koman a makilugan iti amigana a mangdagas kenkuana idi ta mapasungadanna ni Major Dan Guzman. Adda kadua daytoy a dua pay a polis.

"Naimbag a bigatyo, apo kapitana. Imbitaranmi koma ni Apo Kapitan Enteng," indaydayaw ti hepe.

"Ania ti masapulyo iti asawak, hepe?" intingig ni Lily ken ni Major Guzman.

"Adda dagiti palawlawaganmi kenkuana, madam. Mabalin a kasaritami?"

Awan naaramidan ni Lily no di pastrekenna ti hepe. Inturong daytoy iti salas nga ayan da Kapitan Enteng ken Kagawad Escobar nga umin-inum a nakasapsapa.

Nagmalanga ni Kapitan Enteng idi maikuadro iti sanguananna ni Major Guzman.

"Kas nakunak idin, adu ti kayatmi a palawlawagan kenka Kapitan Enteng. Pangngaasim,   sumurotka koma kadakami," naturay ti timek ti hepe.

SAANEN a pinalubosan pay dagiti polis ni Kapitan Enteng. Inamin dagiti tallo a natiliw a tao ida ni Ka Zoilo.

Ngem impetteng ni Kapitan Enteng nga awan ti pannakaibiangna kadagiti tallo.

"Idarumkayo! Awan ammok iti ipabpabasolyo!" makapungtot ni Kapitan Enteng idi tenglen dagiti polis.

"Itinton husgado nga pagpalawaganyo," intung-ed ni Major Dan Guzman.

Inyad-adda ni Kapitan Enteng ti naggulagol. Pinagsawsaw-anna dagiti polis.

"Ipaikkatkayo!" sumsumged dagiti matana a nangitudo ken ni Major Dan Guzman.

Agpigpigerger, uray la agwarsi ti katay ni Kapitan Enteng iti pigsa ti panagwasang ken tabbaawna.

"Sarge," sineniasan ti hepe ti polis a nakatakder iti asideg iti ridaw idi saan nga agpatingga ni Kapitan Enteng nga agbasbassawang.

Rimmuar ti sarhento. Saan a nagbayag, nagsubli met laeng daytoy.

Nakigtot ni Kapitan Enteng idi agsubli ti sarhento.

54

(Maudi A Paset)

KASLA adda nagsullat iti karabukob ni Kapitan Enteng idi makitana ti kadua ti sarhento.

Ni Kagawad Banong!

"Ladingitek, kapitan…" indumog ti kagawad.

"Nagpirman ni Kagawad Banong iti palawagna. Agbalin nga state witness!" kinuna ni Major Dan Guzman.

Idi isu met a sumrek ni Teniente Tabugadir, kaduana ti kabo a warrant officer. Inarasaasan ti deputy COP ni Major Dan Guzman idi yawat ti kabo ti iggemna a papeles.

"Hmmm… " napamulagat ti major idi basaenna ti papeles. "Kapitan, rimmuaren ti mandamiento de arestoyo! Adtoy, pirmadon ni judge. Agsusukot dagiti kasoyo. Premeditated ken attempted murder, panangmantener iti private armed group!" insakuntip ni Major Dan Guzman a nangkita ken ni Kapitan Enteng.

Kasla napleng ni Kapitan Enteng. Rumrumsik dagiti matana. Iti pungtotna, nagbasbassawang a nangitudo ken ni Kagawad Banong.

"Animal! Awan utangmo a naimbag a nakem!" ingngarietna. "Agkokumplotkayo iti daydiay a Judge Jesus Buena!"

Alisto dagiti polis a bimmallaet ken nangtengngel iti kapitan idi panggepen daytoy a tarayen a duklosen ni Kagawad Banong.

"Agtalnakayo, kapitan!" imbugtak ni Major Dan Guzman. "Saan a ni Judge Buena ti nagpirma iti mandamiento de arestoyo. Ni Judge Robert de los Santos, ti baro a hues a nangsukat ken ni Judge Jesus Buena," immulagat ti hepe.

"Ammok a saandak a mapakawan, kap. Ngem naamirisko, dakkel a basol ti immandaryo kadakami. Tapno agtalnan ti barangay ken para iti pagsayaatan ti Camanguegan, nagsurenderak ken ni hepe tapno ipudnok ti amin," nakapsut ngem nabatad dagiti balikas ni Kagawad Banong.

"Balangkantis dayta a kagawad, hepe! Diyo patien!" kinuna ketdi ti kapitan nga arig aglusdoy iti panangkamatna iti angesna.

"Major… diak la ketdi koma mapakawan ti bagik no nagballigikami iti dakes a panggepmi ken ni Angkuan. Nasayaat a tao ni Mr. Juan Dela Cruz…" indumogna ket timmallikuden daytoy.

"Mangsapulkan iti nalaing nga abogadom!" intung-ed ti hepe ken ni Kapitan Enteng idi posasan dagiti polis daytoy nga inturong iti karsel.

ALDAW ti sangsangkamaysa a panagsapata dagiti baro nga opisial dagiti barangay iti San Sebastian. Nangayed ti seremonia. Agdidinnaeg dagiti tarpolin dagiti nangato a turayen iti probinsia a nakasab-it iti sikigan ti auditorium.

Naibandera ti kablaawda kadagiti kappili nga opisial. Naawis a kangrunaan a sangaili ken agsarita da Gobernadora Alconis, Bise Gobernador Remy Negre, ken Diputado Vilmer. Adda pay ni Atty. Baldos ken ni Miss Manuel nga opisial ti DILG.

Naiturong ti imatang dagiti tao idi aklilian ni Angkuan ni Carlota idi sumrekda iti auditorium. Nakatartaraki ni Angkuan iti Barong Tagalogna. Inasmangan daytoy ni Carlota iti inaruatna a Filipiniana. Inawis ni Angkuan da General Loreto ken ti grupo ti Los Maestros. Adda pay da pasado Konsehal Jovito ken Atty. Juanario a kas personal a sangailina. Adda nairanta a pagtugawan ken lamisaan dagiti sangaili.

Iti panagsasaritada, impusing ni Atty. Juanario ni Angkuan. Nakaragragsak daytoy a nangipakaammo a pinatgan ti korte ti petisionda a mabaliwan a maukag ti nabayag a natugawan nga impilada a kaso iti saan a pannakaited iti husto a bayad ti daga ti pamilia ti pimmusay nga asawana kasta met iti kaso maipapan iti kamkamaten dagiti dadduma pay a mannalon a bayad ti dagada a natagamtam a nakaipatakderan ti electric power plant.

"Saan la a dayta, Mr. Dela Cruz. Ti maysa a makapalag-an rikna a damag, isu ti pakaammo ti NBI a napagsisilpodan dagiti missing pieces iti iwaywayatda nga imbestigasion maipapan iti pannakapapatay ti asawak. Konektado ti kaso iti inrusat idi ti asawak a panagusisa maipapan iti problema iti daga a nakabangonan ti planta…" insanamtek ni Atty. Juanario.

"Kasta?" napamulagat ni Angkuan. "Agsusukoten a talaga dagiti kaso ni Kapitan Enteng!"

"Dayta ti linteg ti karma!" intung-ed ni Atty. Juanario.

Napataliaw ti tallaong iti entablado idi yawag ti parawaragawag ti isasangpet ti mamagsapata nga opisial. Ni Justice Jesus Buena.

"Mahistrado gayamen ni Judge Buena!" nayesngaw ni Angkuan.

"Nagkaykaysaan da Mayor Marcelino ken dagiti opisial ti gobierno lokal nga isu ti maiparbeng a maawis nga inducting officeryo. Nabiit pay a nadutokan ni Justice Buena a mahistrado iti Korte de Apelacion," inyisem ni Atty. Juanario.

Natibong ti sipsipat idi lugayan ni Justice Jesus Buena ti tallaong. Nagiintar a timmakder dagiti opisial ti turay a nangalamano iti mahistrado.

Napunno ti auditorium ti ili. Kadua dagiti agsapata nga opisial dagiti kameng ti pamiliada.

"Addada amin! Da apo gobernador, bise, ken diputado. Pari Angkuan, di met isuda ti kamang ni -- " inyarasaas ni Maestro Amante ken ni Angkuan.

Immisem ni Angkuan.

"Pari, kasta ti taray ti politika iti pagilian. Awan ti permanente a gayyem ken kabusor…" insungbatna a nagtungtung-ed.

Idi patakderen ni Justice Jesus Buena dagiti agsapata nga opisial ken kiddawenna nga ingatoda ti kanawan nga imada, nakalaglag-an ti rikna ni Angkuan a nangitag-ay iti imana. Kasla malmes ti pusona iti ragsak. Umukuok iti kaungganna idi isapatana a tungpalenna amin a linteg, nga ipatungpalna ti sinapataanna a takem ken pagalagadan nga awan iti ania man a panangidumduma wenno aripapa.

"Aramidek amin dagitoy a sipupuso, diakto a tallikudan. Tulongannak, Apo!" inkidemna a nangidanggay iti kasla mayag-agus a natibong a timek dagiti padana nga agsapata.

Saanna nga ammo no kasano kabayag ti pannakairayona iti naimpusuan a panagsapatana ngem iti panagrikna ni Angkuan, kasla nagsardeng pay a nagtulid dagiti darikmat. Kasla nakariing laeng iti pannakailibayna idi addaytan dagiti natibong a sipsipat. Idi agmulagat ket iwarasna ti panagkitana, agiiriag ken agpapalakpak dagiti tao. Nakipagpayapay idi maipasirna dagiti kameng ti media a nangkober iti okasion. Nakaturong kenkuana dagiti kamera. Nagwagis la ket ngarud idi adda mangipukkaw iti naganna. Idi ta ipalawlawna ti panagkitana, nailasinna nga adu ti taga Camanguegan. Immayda sinaksian ti panagsapatada kadagiti kakaduana. Inulit-ulitna a linugayan dagiti kalugaranna.

Agtugaw koman ni Angkuan idi pagammuan ta maipasirna ti ummong dagiti agpalpalakpak iti di unay adayo. Natiliw ti imatangna ti maysa a lalaki a manglugluggay kenkuana. Nakakallugong, nakadiaket iti maong, ken naka-rayban ti lalaki. Nagdalagudog ti barukongna. Saan nga agbiddut. Mailasinna ti lalaki.
Ni Teniente Charlito!

Matartaranta, agkalkalamiisan a nangkidag ken ni Maestro Amante nga adda laeng iti abayna. Ngem idi ta isungona ti manglugluggay kenkuana a lalaki, nakatallikuden daytoy nga umad-adayo.

"Ania daydiay, Kapitan Angkuan?" inyarasaas ni Maestro Amante.

Nagmalanga ni Angkuan. Kayatna ti agpalawag. Ngem kasla bilbilinen ti bangir ti isipna a nasaysayaat no agulimek lattan. Nga awan ti nakitana.

Immanges iti nauneg. Namrayanna laengen ti immisem a nangisurot iti panagkitana iti umad-adayon a magmagna a lalaki.

"Pari Angkuan, adda ikidkidagmo itay?" inulit ni Maestro Amante.

"Kua, kompadre, kastoy," nakudkodna ti teltelna. "Dua laeng a tawen nga agtakemtayo. Ita pay laeng, agsagsaganakayon. Adda karik a nasken a tungpalek iti pamiliak," kinunana ket kiniddayanna ni Carlota.

Nakarimrimat dagiti mata ti asawana a nakatugaw iti di unay adayo iti ayanda.

Nakagangganaygay ni Angkuan a nangsiket iti asawana idi mayawag ti naganna a mapan iti entablado tapno makiragup iti photo op kadagiti naisangsangayan a sangaili.

Adayoda pay ngem nakasamsam-iten ti isem ni Gobernadora Alconis a kumitkita kada Angkuan.

"Congratulations, Apo Kapitan Angkuan! Nagasat ti Barangay Camanguegan ta nagpintas gayam ti First Lady-na!" nabara ti panangkablaaw ni Gobernadora Alconis kadakuada idi makaulida iti entablado.

Nasam-it ti isem ti gobernadora ken ni Carlota idi aginnabrasada.

Narikna ni Angkuan, awan panaginkukuna iti panangabrasa kenkuana ti ina ti probinsia. Nagyaman.

Sakbay a bimmabada iti entablado, nagkurno ni Angkuan ken ni Justice Jesus Buena.

Nabagas ti isem ti mahistrado kenkuana. – Gibusna.

Dadduma pay a libro ti
ec𝓔media
Orlino C. and Estrella C. Baldonado

Princess Stories
(Series)
Zacana, the Singing Princess
Zebona, the Princess of Birds
Carlotta, the Librarian Princess
Sunyata, the Sunflower Princess
Anzita, the Princess Who Would Not Grow
Jerika, the Sea Princess
Hannah, the Helpful Princess

Extended Aesop Stories
(Series)
The Greedy Dog
The Ant and the Grasshopper
The Tortoise and the Hare
The Boy Who Cried Wolf
The Two Roosters
The Fox Who Lost His Tail
The Lion and The Mouse

Environmental Series
Mother Penguin and Her Chick
The Two Dolphins
Ofrio, The Sea Otter

Moments   ALONE   HAIKU & ZEN

Dadduma pay a libro ti

ecƐmedia

Orlino C. ken Estrella C. Baldonado

Enhanced Classic Rhymes

(Series)

Itsy Bitsy Spider Extended

Jack & Jill After the Tumble

Humpty Dumpty Revived

Old Ambrocio Had a Farm

Five Little Monkeys Swinging on a Tree

Yassy, the Sister Pig and the Wolf

(Series)

Yassy, the Sister Pig (Background Story)

Yassy Frightens the Wolf

Yassy Pummels the Wolf

Yassy Prepares Bad Bread for the Wolf

Yassy Irritates the Wolf

Yassy's Wedding, Crashed by the Wolf

Buyog and Trella: A Bee and Butterfly Story

Mally & Draky, Loyal Pair of Mallards

Trees & Blooms-The Legacy of Rene and Nena Lapido

Biag da Angalo & Aran

Biag ni Lam-Ang

Magatang dagitoy (as e-book or paperback) iti **www.amazon.com**

Check the Publishers Website: **www.ecEmedia.net**

Contact the authors via email: **orlinob@gmail.com**

DAGITI ESPONSORS

Mayor Pablito V. Sanidad, Sr. • Mayor Jesus B. Bueno, Jr. • Dr. Gus B. Molina
Sec. William D. Dar • Vice Gov. Remy N. Albano • Mayor Vice Mayor Caloy Valera
Vice Mayor Jeremy Jesus Bueno III • Bokal Pablito F. Sanidad, Jr. • Bokal Gina Cordero
Bokal Vilmer V. Viloria • Bokal Efren "Rambo" Rafanan • Atty. Edwin A. Concepcion, Jr.
Atty. Marlou Pacleb • Robert Santos • Eddie Bueno • Angelo & Rowena Mariano
Roland Pena • JRic Domingo • Gloria F. Valdez • Anabelle C. Tinsley • Arsenio Ventura
Jorge Buesa, Jr. • Gen. Loreto Rirao, AFP • Gen. Nestor Felix, PNP
Col. Reynante G. Partible, PNP • Col. Joseph Fajardo, Jr., PNP
Col. Orlando Cabagbag, PN (M) • Col. Benedicto Bajet Barnachea, PA
Col. Simon Damolkis PNP • LTC Nap Agustin, PA • Major Pol Areola, PNP
Major Silvestre Umalla Buis, PN (M) • Major Danilo Guzman, PN, (M)
LtJg Dionne Mae A. Umalla, PN • Rudy Rumbaua • Argee Garcia
Evelyn Vejiga & Melo Santiago • Robert Bueno • Randy Bueno • Arsenio Bragado
Joel Bragado • Dr. Leonora A. Lozana • Jovito Felicitas Amorin • Rey & Mel Patao
Loreto & Minerva Aquino • Vangie Daugherty • Mylah Gervacio Strickland
Librado Cabais • Madison & Evangeline Cabanilla • Amy Cabanilla • Joel Macanaya
Dir. Joel Pilotin• SBM Margarito A. Tejada • SBM Joven Ampo, Jr.
SBM Edna C. Sanidad • SBM Arlon Serdenia • SBM Rico Calibuso
ABC Pres. Fidel Cacas • Lydia Cabotage • Mila Tamayo Sebeniecher • Isabelita Garces
Josie Gambala Omaoeng • Leonida Garces • Dean Felix Eslava • Diosdado Velasco
Elna Villena Escobel • Victorino Marquez • Marlyn Funtanilla Camarillo
Imelda Duque Toledo • Raquel Bueno Ricanor • Dante Tacata • Patricio Contillo
Imelda F. Gasmen • Armenio Abarientos • Dennis Cabuyadao Quemado
Joseph Espinueva • Linda Cabatic Rinon • Jerry Malamion • Flordelino Bajet
Lt. Joven Corres • Lt. Floro Soria, PN (M) • Lt. Virginio Farinas, PAF
Salome Barrias F. Williams • Florecita Bermudo Alonzo • Alex dela Cuadra
Gloria Gullermo Solis • Dr. Farrell Magtoto • Rey Agra • Engr. Aurelio Battad
Joyce Concordia • Jose Dasalla • Amante Liu • Vic Robino • Ferdinand Cortez, PhD
Racquel Ricanor • Dr. Avelino Felicitas • Florentino Lorenzana
Elvie Bragado Espero • Elizabeth S. Bautista • Nestor A. Camero • Violeta Cabalbag
Lelicia Apiit • Caridad dela Cruz • Celso Abaton • Zenaida S. Corrales • Lily Laderas
Cesar Tubon • Benn Cabacungan • Carlo Cachola • Deolindis Nora Baysa Matias
Jasmin Aquino • Jimmy Vivit • Clarissa Villalba • Jhenny Seculles • Norma Dasalla
Jose Abarientos Tan, Jr. • Lennysallong Gaoaen • Engr. Aurelio Battad
Melody Laureta Aguinaldo • Curve Entertainment • JMJM Productions
R.A.C. Racca Surveying and Land Consultant • Precise Solution Security Agency, Inc.
Los Maestros y Companieros

Ti autor ken ni Marilyn a kaingungotna

Nag-Editorial Consultant ti **Silnag Magazine**, agpapaay nga Editorial Director ti **Ariwanas Magazine** ken Managing Editor ti **Vigan Chronicle**, nag- Editor-in-Chief ti **Narvacanews**, ken agsursurat pay iti **Ilocos Herald** ken **Amianan Tribune**. Kas komentarista iti radio, 13 a tawenen nga anchor iti **Punto de Vista**, a linawas a programa iti **DZTP** ken **Tirad Pass Network** Channel 13 iti Candon City. Nagpaay pay a program anchor iti **Komentario ni Eliseo** iti **CORE TV** iti Vigan City, ken nag-news correspondent iti **KNUI Maui** ken **KPOH Honolulu.**

Municipal Information Officer ti LGU Narvacan ken agdama a Presidente ti Ilocos Sur Association of Government Information Officers, Inc. (ISAGIO), Vice President ti Ilocos Sur Provincial Police Press Corps, nag-Vice President for Print iti Capitol Press Corps, Direktor ti Ilocos Sur Integrated Press, Direktor ti GUMIL Filipinas ken GUMIL Ilocos Sur. Nagpaay pay a PRO ken Sekretario ti GMM, kameng ken nag-Assistant Marshall iti Filipino Academy of Movie Arts and Sciences (FAMAS), ken nag-Deputy iti Movie and Television Review and Classification Board (MTRCB).

Nag-Municipal Administrator ti LGU Tineg, nag-Managing Director ken Chairman ti Itag-ayka Quinarayan Multi-Purpose Coop. Inc. (IQMPCI), nagkameng iti Board of Directors ken nag-treasurer iti Ilocos Ventures Corp., nag-consultant iti Department of Agriculture (DA), ken kadagiti nadumaduma a gobierno lokal ken pribado nga institusion.

Sinuratna ti **English-Ilocano Dictionary**, ti **Tan-ok ti Kailokuan**, kabibiag ni Dr. Godofredo S. Reyes, nga impablaak ti GUMIL Metro Manila (GMM) idi 2002, ken ti kabibiag ni Engr. Demetrio A. Quirino,

Jr., pundador ti Technological Institute of the Philippines (TIP) a naipablaak iti **Police Chronicle**. Nagpaay a PR-Manager ni Vhen Bautista, ti Prince of Ilocano Songs.

Kas kompositor, ginasut a kanta ti pinutarna a nairekord iti Millennium Records Int'l a kinanta da Demy Q, Vhen Bautista iti Aweng Records (USA), Armand Curameng (Italy), ken daddduma pay a kumakanta. Namindua a nag-Finalist iti **Awit Awards** iti benneg ti Best in Regional Song Composition.

Napadayawan kas Outstanding Narvacaneo in Journalism, Outstanding Alumnus ti Ilocos Central Academy, naipaayan iti Mayor's Award in Journalism, ken naipaay kenkuana ti Treasures of the North Awards iti tay-ak ti musika iti Manila Hotel babaen ti Kultura ti Amianan Inc. Nag-Grand Champion iti 2nd Horencio Ma. Hernando Interpretative Iluko Poetry Reading a naangay iti National Press Club. Inyalatna ti maikatlo a gungguna iti Don Vicente Pacioles Awards for Iluko Literature, nagab-abak iti On-The Spot Poetry Writing Contest ti Puntanians of Italy, ken inyalatna ti Maika-2 a Puesto iti pasalip iti **Lagip ti Napalabas** a programa ti Bombo Radio Vigan a nagpaayanna iti namindua a moderator iti **Debate sa Bombo** a nagsasalisalan dagiti agad-adal iti nadumaduma a kolehio ken unibersidad iti Ilocos Sur.

Nag-delegado iti 1st ken 2nd International Conference of Ilocano Writers iti Honolulu idi 2002 ken 2006. Maaw-awis nga aglektiur iti Ilocano Journalism kadagiti unibersidad iti Amianan, ken masansan a maawis nga aghurado iti   national school papers contests ti DepEd   Central Office.

Dagdandaniw kadagiti mutia iti Amianan a Luzon, Manila, ken Hawaii. Nakabukaneganna da Apayao Vice Governor Remy Negre Albano iti Cultural Center of the Philippines (CCP) iti Manila, Vigan City, ken iti maika-50 nga anibersario ti GMM iti Quezon City; ken ni Estela B. Guerrero iti awis ti gobierno lokal ti Pogo, La Union iti panagpiestada.

Malasid kadagiti naruay a sinuratna a sarita, salaysay, ken daniw a naipablaak iti **Bannawag, Silnag**, ken **Ariwanas Magazine**, scriptwriter pay iti radio. Nobelana ti **Anaraar ti Parbangon** a naipatangatang iti **DZNC** Cauayan City, ken nobelana **Ti Palimed Ti Bantay Abot** (komiks a naiserye iti **Bannawag**), ken **Ti Engkanto ti Bantay Abot** (prosa) a naiserye iti **Narvacanews**. Ti **Didiosen ti Camanguegan** ti kaudian a nobelana. Adun a saritana ti nairaman iti nadumaduma nga   antolohia ti CCP, GF ken GMM.

Impatarusna iti Ilokano ti **As a Man Thinketh** a libro ni James Allen, ken ti **My Journey**, kabibiag ni International Scientist Dr. Agustin B. Molina, Jr.

Maysa kadagiti napadayawan idi agturpos iti Quinarayan Elementary School (QES), Maika-3 iti klasena idi high school iti Ilocos Central Academy (ICA) a nakapadayawanna nga Artist of the Year, ken nagadal iti kolehio iti TIP. Lima ti bungada ken ni dati a Marilyn Abarientos Corrales, maysa met laeng a mannurat, da: Louie Lyn, Locksmae (agtrabaho iti Supreme Court), Andrea Marie (nag-opisial iti AFP), Eliseo Jr., agpapaay iti MPDO iti LGU Narvacan; ken Avril Nadine, agad-adal iti kolehio.

Da Bibiano Cabatic Contillo (Narvacan, I.S.) ken ni sigud a Feliza Molina Bragado (Santa, I.S.) dagiti dadakkelna. Naipasngay iti Quinarayan, Narvacan, Ilocos Sur.